INDEPENDÊNCIA

CB020007

INDEPE

Paulo Rezzutti

IDÊNCIA

A história não contada

A construção do Brasil: 1500-1825

LeYa

EDITORA EXECUTIVA
Izabel Aleixo

EDIÇÃO
Adriana Moura

PRODUÇÃO EDITORIAL
Ana Bittencourt, Carolina Vaz e Rowena Esteves

REVISÃO
João Rodrigues

DIAGRAMAÇÃO
Alfredo Rodrigues

CAPA
Kelson Spalato

IMAGENS/CRÉDITOS DE CAPA
Primeira capa: Coroação de d. Pedro I. Pintura de Jean-Baptiste Debret, 1826. Acervo Museu Nacional de Belas Artes, RJ.
Quarta capa: Celebração do "grito" ocorrido em 7 de setembro de 1822 na região do Ipiranga, em São Paulo. Pintura de Pedro Américo, 1888. Acervo Museu Paulista da USP. Coleção Fundo Museu Paulista – FMP.

Dados Internacionais de Catalogação na Publicação (CIP)
Angélica Ilacqua CRB-8/7057

Rezzutti, Paulo
  Independência : a construção do Brasil : 1500-1825 / Paulo Rezzutti. - São Paulo : LeYa Brasil, 2022.
  328 p. (A história não contada)

Bibliografia
ISBN 978-65-5643-216-8

1. Brasil - História - Independência, 1822 I. Título II. Série

22-2714   CDD 981.04

Índices para catálogo sistemático:
1. Brasil - História - Independência, 1822

LeYa Brasil é um selo editorial da empresa Casa dos Mundos.

Todos os direitos reservados à
CASA DOS MUNDOS PRODUÇÃO EDITORIAL E GAMES LTDA.
Rua Frei Caneca, 91 | Sala 11 – Consolação
01307-001 – São Paulo – SP
www.leyabrasil.com.br

[...]
Mais do que a mais garrida a minha pátria tem
Uma quentura, um querer bem, um bem
Um libertas quae sera tamen
Que um dia traduzi num exame escrito:
"Liberta que serás também"
E repito!

Ponho no vento o ouvido e escuto a brisa
Que brinca em teus cabelos e te alisa
Pátria minha, e perfuma o teu chão...
Que vontade me vem de adormecer-me
Entre teus doces montes, pátria minha
Atento à fome em tuas entranhas
E ao batuque em teu coração.

Não te direi o nome, pátria minha
Teu nome é pátria amada, é patriazinha
Não rima com mãe gentil
Vives em mim como uma filha, que és
Uma ilha de ternura: a Ilha
Brasil, talvez.
[...]
"Pátria minha", Vinícius de Moraes

Sumário

Introdução

EM 1943, o que deveria ser mais um dia normal de despacho no Museu Imperial, em Petrópolis, acabou se transformando numa caça ao tesouro quando Alcindo Sodré, o diretor da instituição, atendeu a um telefonema em seu gabinete. Do outro lado da linha, falando do Rio de Janeiro, estava Antônio Augusto de Almeida, funcionário da Casa da Moeda.

Almeida contou a Sodré que havia recebido a missão de fundir diversas peças de ouro que tinham chegado ao Tesouro Nacional. O técnico analisou um dos conjuntos e viu que as peças juntas, montadas, formavam uma coroa. Por isso, tomara a iniciativa de ligar para o diretor do Museu Imperial: talvez a instituição pudesse se interessar por aquele objeto. Na ocasião, o museu já possuía a coroa de d. Pedro II, adquirida dos herdeiros do imperador, mas ninguém sabia onde havia ido parar a de d. Pedro I, fundador do Império do Brasil.

Só que havia um porém. O funcionário da Casa da Moeda contou que tinha um prazo para realizar a fundição das peças, portanto Sodré teria que agir logo. Imediatamente, o diretor do museu ligou para o chefe de gabinete de Getúlio Vargas e recebeu a promessa de que a ordem seria suspensa até que o conjunto de ouro fosse analisado. No dia seguinte, Sodré desceu para o Rio de Janeiro e foi se encontrar com o colecionador, numismata e antiquário Francisco Marques dos

Santos. De posse do terceiro volume de *Viagem pitoresca e histórica ao Brasil*, de Jean-Baptiste Debret, os dois rumaram para a Casa da Moeda a fim de ver as peças que Almeida havia separado. Ali, comparando-as com os desenhos da coroa de d. Pedro I, feitos mais de cem anos antes, descobriram que as peças que quase haviam sido derretidas formavam mesmo a joia desaparecida.

Por ordem direta de Getúlio Vargas, o conjunto foi limpo, a coroa foi restaurada, montada e devidamente entregue ao Museu Imperial, que a mantém em exposição desde então. Comparativamente à coroa de d. Pedro II, a de d. Pedro I enche bem menos os olhos dos visitantes, uma vez que dela sobreviveu apenas a armação em ouro de 22 quilates. A peça é formada por uma auréola de ouro, de onde partem oito florões que se unem no topo, encimados por uma esfera armilar arrematada por uma cruz de Cristo vazada. Na auréola, no espaço entre os florões, é possível ver as armas do novo Império e, entre elas, os buracos onde havia rosas de brilhantes. Essas rosas e os demais brilhantes da coroa, somando mais de duzentas pedras, foram retirados dessa estrutura em 1841 para ornarem a coroa de d. Pedro II. Além dos diamantes, falta também na coroa de d. Pedro I o gorro interno de veludo verde.

A coroa de d. Pedro I, ou "do fundador", como era chamada, assim como "a espada do Ipiranga", foram, durante o período do Império, símbolos de nossa Independência. Elas eram utilizadas em algumas cerimônias, como na coroação de d. Pedro II e na inauguração do monumento equestre de d. Pedro I na Praça da Constituição, atual Praça Tiradentes, no centro do Rio de Janeiro. Acredita-se que a "espada do Ipiranga", que tem na lâmina as armas do Reino Unido, seja o sabre que teria pertencido a d. Pedro I e que se encontra hoje no Museu Histórico Nacional.

A trajetória da coroa, e a maneira como ela foi parar no Tesouro e quase acabou sendo fundida, é nebulosa. O que sabemos é que foi feita pelo ourives carioca Manuel Inácio de Loiola, na sua oficina na rua dos Ourives, atual rua Miguel Couto, sob orientação do também ourives carioca Inácio Luís da Costa, que fez o cetro imperial. Essa não foi a primeira coroa confeccionada para um membro da dinastia de Bragança no Brasil. Em 1817, uma outra fora confeccionada no Rio de Janeiro e utilizada para a aclamação de d. João VI, primeiro monarca aclamado na América.

Essa coroa foi com o rei quando de sua partida para Lisboa, em 1821, e pode ser vista no Palácio Nacional da Ajuda; já a do Brasil quase desapareceu. Os brasileiros parecem dar pouca importância para o patrimônio material da nação, ou mesmo para suas perdas. Comoções ocorrem na ocasião de grandes desastres, para logo depois serem esquecidas. Talvez não seja errôneo afirmar que mais cidadãos brasileiros foram à Torre de Londres ver as joias da coroa da Inglaterra do que a Petrópolis ver as coroas de nosso Império. Algo nos falta, como cidadãos, quando não valorizamos nosso patrimônio material e imaterial. Muitas vezes, determinados elementos são menosprezados por se ligarem a certas pautas políticas ou ideológicas. Ainda assim, são parte de uma história em comum e que não pode ser esquecida, devendo ser protegidos contra a destruição causada pelo esquecimento.

O próprio 7 de setembro muitas vezes é acusado de ser uma construção. Afirma-se que o "Grito do Ipiranga" não existiu, e algumas vertentes defendem que a data nem deveria ser comemorada, por não ter contado com a participação popular. Esse discurso – que busca controlar o que deve ou não ser dito, o que deve ser silenciado e o que deve ser enaltecido – foi usado inúmeras vezes na nossa história, até mesmo para justificar a própria data do 7 de setembro. Em 1831, a Assembleia do Império, após a abdicação de d. Pedro I do trono brasileiro, estabeleceu que, a partir de 1832, o 12 de outubro não deveria fazer mais parte dos festejos nacionais relacionados à Independência do Brasil. Nesse dia, nove anos antes, em 1822, após consultas feitas em vilas e cidades brasileiras, d. Pedro I, por "aclamação dos povos", fora escolhido pelos brasileiros como seu primeiro líder. Essa data, que efetivamente poderia marcar a nossa "declaração de Independência", acabou sendo banida do calendário cívico nacional na época por ser também o dia do aniversário do ex-imperador.

Hoje, assim como naquele tempo, a narrativa histórica segue a linha de discurso dos grupos no poder ou que o almejam. Se a data do aniversário do primeiro imperador devia ser esquecida, com ela também desaparecia a recordação da vontade do povo brasileiro que escolhera, pela primeira vez, seu governante. Assim, a imagem do "grito" acabou se consolidando. Essa alegoria do imperador com a espada erguida foi bem acolhida em 1972, nas comemorações do Sesquicentenário da

Independência, durante o período da ditadura militar. Nessa época, os brasileiros, com seus direitos democráticos cerceados, não podiam eleger diretamente seu presidente ou governador, nem os prefeitos de suas capitais, portanto a data da aclamação, que lembrava a soberania da vontade popular, era melhor continuar esquecida. Nessa celebração, ressurge um d. Pedro I de forma militar, uma figura quase messiânica, o ungido que com um sabre na mão defende o Brasil e os brasileiros. Seu corpo é tratado com toda a pompa, praticamente como uma relíquia de santo, sendo enviado para diversos lugares do Brasil e passando uma noite em Pindamonhangaba, na mesma cripta com os demais membros de sua guarda de honra do Ipiranga. A jornada terminou efusivamente na Cripta Imperial, onde ficaria sepultado. Ou quase: o caixão não cabia no esquife de granito e precisou ficar do lado de fora por algum tempo.

Muito mais do que ser apenas mais um livro lançado durante o Bicentenário da Independência do Brasil, esta obra busca explicar de maneira concisa o processo de nossa Independência e de construção da nossa identidade nacional, tentando ao máximo inserir o povo brasileiro. Em 1822, como em 1821, 1820 e, retrocedendo, até 1500, não existia um Brasil coeso, uno: existiam ideias locais, das elites regionais, a respeito do que elas achavam ser bom para si e, por consequência, para o povo. Diferentemente da população brasileira, essas elites eram majoritariamente brancas e faziam parte da minoria livre, numa sociedade nascida e criada sobre a base econômica da escravização de outros seres humanos. Essa herança, até os dias de hoje, causa marcas e consequências ao Brasil.

Pensarmos e estudarmos o processo da nossa Independência é um exercício necessário para projetarmos nosso futuro como brasileiros e cidadãos.

Paulo Rezzutti
Abril de 2022

Parte I:
Uma terra chamada Brasil

Os Braganças

O FUTURO primeiro governante do Brasil independente, d. Pedro I, nasceu em 12 de outubro de 1798 como herdeiro da Casa de Bragança, uma das mais poderosas dinastias portuguesas, que surgira da união da filha de um santo com o filho ilegítimo de um rei de Portugal.

Enquanto no Brasil nosso primeiro imperador é conhecido como d. Pedro I, em Portugal ele é d. Pedro IV, pois lá houve outros soberanos com esse nome. O primeiro foi um rei da Idade Média que nasceu em 1320 e faleceu em 1367. Ele pertencia à Primeira Dinastia, também chamada de Dinastia de Borgonha, ou Dinastia Afonsina, que governou Portugal de 1139 a 1383. Esse d. Pedro I ficou mais famoso por causa de seu romance com uma dama galega chamada Inês de Castro. D. Pedro casou-se com ela em segredo após a morte da primeira esposa, falecida em consequência do parto de seu filho e herdeiro, d. Fernando. Após o trágico assassinato de Inês, d. Pedro teve um relacionamento com Teresa Lourenço com quem teve um filho chamado João. Aos 6 anos, o menino foi feito por seu pai Mestre de Avis, chefe dessa antiga ordem militar e religiosa.

D. Pedro I morreu em 1367, e seu primogênito assumiu como d. Fernando I. Quando este faleceu, em 1383, teve início uma crise de sucessão. O rei só tinha uma filha viva, que havia se casado com o rei de Castela. Ela e o marido reivindicaram o trono, apoiados pela rainha viúva, d. Leonor, natural desse reino. Um herdeiro viável ao trono seria outro d. João, filho de d. Pedro I com Inês de Castro, se não tivesse matado a esposa e fugido para Castela. Para tirá-lo da disputa pelo trono português quando d. Fernando morreu, o rei castelhano mandou prendê-lo.

O Mestre de Avis

O outro meio-irmão do falecido rei, d. João, Mestre de Avis, em teoria não tinha direito à sucessão. No entanto, aliou-se a algumas famílias nobres portuguesas, principalmente da baixa nobreza, e conseguiu o apoio da burguesia e do povo, que não queriam que o Estado português fosse dominado por Castela. Em 1384, d. João e seus aliados mandaram assassinar o amante da rainha d. Leonor, o nobre galego João Fernandes Andeiro, que de fato dominava a política portuguesa na ocasião. Isso fez d. Leonor fugir de Lisboa, cidade fiel ao Mestre de Avis e a seu partido nacionalista, e Portugal dividiu-se numa guerra civil, alguns combatendo por d. João; outros, pela rainha; outros ainda, pelos castelhanos.

O principal líder militar ao lado do Mestre de Avis era o jovem d. Nuno Álvares Pereira, um dos melhores estrategistas de sua época. Ele compensava em muito a falta de habilidade militar de d. João e foi o responsável por derrotar as forças contrárias à sua causa, incluindo os castelhanos, que invadiram Portugal e foram estrondosamente vencidos na batalha de Aljubarrota.

D. João foi formalmente declarado rei de Portugal pelas Cortes de Coimbra em 1385. Pela primeira vez, o povo elegeu seu monarca numa assembleia popular. Não apenas os grandes senhores e o clero tiveram voz, mas também as pessoas comuns e a burguesia. Essa união do povo ao redor de um único líder levou Portugal a ser considerado o primeiro Estado nacional moderno. Enquanto outras nações europeias passariam séculos em guerras civis, com senhores feudais lutando uns contra os outros, reis lutando contra vassalos, Portugal teria uma estrutura interna que possibilitaria a paz, permitindo que o Estado pudesse caminhar rumo às grandes navegações.

O Condestável

Com a subida de d. João I ao trono, iniciou-se a chamada Dinastia de Avis, também chamada de Segunda Dinastia, que reinou de 1385 a 1580. Um dos aliados mais recompensados foi d. Nuno Álvares Pereira, pelo seu papel militar fundamental. Ele recebeu o título de Condestável de Portugal, ou seja, chefe dos exércitos lusitanos, ficando apenas abaixo do rei. Também foi feito conde de Ourém, Arraiolos e Barcelos e recebeu outros domínios, como o de Vila Viçosa, no Alentejo.

Dos filhos de d. Nuno, a única a chegar à idade adulta foi d. Beatriz Pereira de Alvim. Ela tornou-se a herdeira mais rica de Portugal e uma das mais ricas da Europa, e chegou-se a cogitar sua união com um dos filhos legítimos do rei. D. Nuno, entretanto, não gostou da ideia. Caso a filha se casasse com um príncipe de sangue real, a linhagem do Condestável se perderia dentro da casa real portuguesa. Em vez disso, foi acertado o casamento de d. Beatriz com d. Afonso, filho ilegítimo de d. João com Inês Perez, filha de um sapateiro.

O início da Casa de Bragança

Quando d. Beatriz e d. Afonso se casaram, em 1401, receberam o título de condes de Barcelos. Tiveram três filhos, e d. Beatriz faleceu em 1415. Anos depois, em 1442, d. Afonso recebeu o título de duque de Bragança, que acabou sendo herdado por sua descendência.

D. Nuno Álvares Pereira, na velhice, passou a se dedicar à vida religiosa. Em 1389, após ficar viúvo, criou em Lisboa o Convento do Carmo e entrou definitivamente para a ordem dos carmelitas, em 1425.

Ele dividiu as posses entre os três netos, de maneira que todos pudessem tecer boas alianças matrimoniais, fortalecendo a Casa de Bragança. D. Nuno morreu no domingo de Páscoa, em 1º de abril de 1431, aos 71 anos, e logo se tornou um santo popular, que os portugueses chamam de "Santo Condestável". Apesar disso, somente em 1918 ele foi feito beato, e sua canonização ocorreu em 2009.

A dinastia dos duques de Bragança estabeleceu-se inicialmente em Guimarães, mas fincou raízes em Vila Viçosa, no Alentejo, onde tinham um castelo, o qual ainda pode ser visitado. Mais tarde, com a pacificação da fronteira com a Espanha, a vila espalhou-se para fora das muralhas da fortificação, e teve início ali, em 1501, a construção do Palácio dos Duques de Bragança.

A União Ibérica

Em 4 de agosto de 1578, o rei d. Sebastião desapareceu na batalha de Alcácer-Quibir, no Marrocos, sem deixar descendentes. O trono de Portugal passou a seu tio, o cardeal d. Henrique, que também faleceu sem herdeiros em 1580. Mais uma vez, Portugal viveu uma crise sucessória, com vários pretendentes disputando o poder. Quem venceu foi o rei da Espanha, Filipe II, que inaugurou a Terceira Dinastia em Portugal, subindo ao trono como Filipe I. Essa dinastia, chamada de Filipina, durou de 1581 a 1640.

Enquanto isso, em Vila Viçosa, funcionava uma corte paralela com uma vida cultural riquíssima sob os auspícios dos duques de Bragança, que eram observados de perto pelos reis da Dinastia Filipina. Estes até mesmo chegaram a vetar casamentos de membros da Casa de Bragança, buscando controlar o acúmulo de terras e possessões e até mesmo evitar a ligação deles com outras casas reais.

Essa situação, com os reis da Espanha governando os portugueses, entrou para a história como União Ibérica e perdurou até que o terceiro rei da Dinastia Filipina, Filipe IV da Espanha e III de Portugal, tentou transformar o país numa mera província espanhola. Além disso, sobretaxou os comerciantes lusitanos, e a nobreza local foi em grande parte posta de lado, com quase todos os postos-chave do governo sendo ocupados por nobres espanhóis.

A restauração da independência de Portugal

Os portugueses, aproveitando-se de que uma parte do Exército espanhol combatia uma revolta na Catalunha enquanto a outra estava envolvida na Guerra dos Trinta Anos, ergueram-se contra Filipe III. Em 1º de dezembro de 1640, eles mataram o secretário de Estado e renderam a prima do rei, a duquesa de Mântua, que atuava como vice-rainha de Portugal.

D. João, duque de Bragança, tomou parte na conspiração, encorajado pela esposa, d. Luísa de Gusmão, que, segundo a lenda, teria dito preferir ser rainha por um dia que duquesa a vida toda. Ele foi aclamado rei de Portugal em 15 de dezembro como d. João IV, iniciando a Quarta Dinastia, que só deixaria de governar o país 270 anos depois, em 1910, com a instalação da República.

Uma das ações de d. João IV foi dedicar a coroa de Portugal a Nossa Senhora da Conceição, em Vila Viçosa, e torná-la padroeira do país. A partir de então, mais nenhum rei português foi coroado, e sim aclamado pelo povo. É por isso que a coroa que seu descendente d. João VI mandou fazer no Rio de Janeiro é imensa. Trata-se de uma peça que foi feita para ser vista, não usada.

"Príncipes do Brasil"

Outro ato de d. João IV ligaria a dinastia ao Brasil. Em 27 de outubro de 1645, o rei instituiu que todos os príncipes primogênitos, herdeiros do trono de Portugal, receberiam o título de príncipes do Brasil. O decreto foi feito dois meses depois da vitória luso-brasileira contra os holandeses na Batalha do Monte das Tabocas, em Pernambuco. Na época, o domínio português na América estava ameaçado com a tentativa de ocupação do nordeste brasileiro pela Holanda. Portugal temia a desintegração do Brasil caso a Inglaterra, seguida de outras nações, reconhecesse a parte territorial dominada pela Holanda.

O título, que nasceu como uma afirmação de posse sobre um território, mostrando a importância dele ao ligá-lo ao herdeiro da Coroa, foi a primeira demonstração pública de um governante sobre a importância do Brasil. Ao longo da história, os reis portugueses usaram diversos títulos, sobretudo relacionados a seus direitos comerciais na Ásia e na África, principais fontes da riqueza do reino durante muitas gerações. Mas até então não havia qualquer menção ao Brasil nos títulos da Coroa, embora já fizesse mais de um século que Pedro Álvares Cabral tomara posse dessas terras do Novo Mundo em nome do rei de Portugal, em 22 de abril de 1500.

Além de criar uma proximidade entre os Braganças e o Brasil, essa dinastia reafirmou a histórica aliança entre Portugal e Inglaterra, atualmente a mais antiga do mundo, firmada em 1386. Para isso, foi arranjada a união de Catarina de Bragança, filha de d. João IV, com o rei da Inglaterra, Carlos II, em 1662. Como parte do acordo de casamento, foram entregues a fortaleza de Tânger e a ilha de Bombaim aos ingleses, além de um dote vultoso que geraria cobranças no Brasil para ajudar com o pagamento. Do mesmo modo que essa aliança marcou a história da Europa, também marcaria diversos eventos no Brasil.

O Brasil

É COMUM dizer-se que o Brasil foi descoberto em 1500, o que não passa da reprodução de um discurso eurocêntrico. Isso porque os europeus consideravam como "descobertas" as terras desconhecidas que encontravam em suas viagens. Como não conheciam as terras que se encontravam a oeste do oceano Atlântico, os portugueses que aqui chegaram "descobriram" o Brasil, oficialmente, em 1500. Mas, na realidade, o território já era ocupado por diversos povos originários, com línguas, costumes e culturas próprios. Estima-se que entre 2 e 3 milhões de pessoas viviam no território brasileiro quando Pedro Álvares Cabral desembarcou no Brasil.

Não foi sem relutância que essa população nativa viu a construção das primeiras feitorias nas regiões onde hoje ficam Rio de Janeiro, Pernambuco e Bahia. O objetivo de tais fortificações era a defesa da terra contra franceses, espanhóis, ingleses e quaisquer outros povos que quisessem vir explorar o território que os portugueses passaram a considerar como sua propriedade. As feitorias, além de instrumentos de defesa, serviam como depósito para os produtos que seriam enviados para Lisboa, o centro do império comercial ultramarino português.

Inicialmente, além de peles, penas e animais vivos, o principal produto econômico explorado na nova terra foi o pau-brasil, uma árvore da qual se obtém um corante vermelho. Esse produto era extremamente valioso e enriquecia tanto os cofres portugueses quanto o bolso dos traficantes estrangeiros, que negociavam diretamente com os indígenas. O nome Brasil, derivado da árvore, designaria o novo território português na América, enquanto o termo "brasileiro", que hoje se refere a seus habitantes, era usado, no início da colonização, para denominar os trabalhadores que extraíam o pau-brasil e, posteriormente, como um qualificativo depreciativo da origem dos naturais dessa colônia.

As tentativas de se unir a nação sobre um mesmo gentílico que distanciasse seus naturais do ofício do pau-brasil gerou, ao longo dos séculos, termos como "brasílicos", "brasilienses", "brasilianos" etc. Mas todos acabaram sendo superados pelo termo "brasileiros". Somente durante o processo da independência o termo se fixaria por meio de jornais, como o *Revérbero Constitucional Fluminense*, de Joaquim Gonçalves Ledo, e das proclamações de d. Pedro. Até a segunda década do século XIX, a identificação dos naturais era com seu lugar de nascimento: Bahia, Minas Gerais, São Paulo etc., e não com o Brasil.

Com diversas nações explorando as riquezas do Brasil, este passou a fazer parte do sistema colonialista internacional que se desenvolvia na época, no qual novos territórios passaram a ser explorados; seus povos, escravizados; e novos produtos, traficados para os centros consumidores europeus.

Três séculos mais tarde, a 6 de agosto de 1822, em seu *Manifesto às nações amigas*, o então príncipe regente d. Pedro denunciaria a exploração desse período:

> Quando, por um acaso, se apresentara pela vez primeira esta rica e vasta Região Brasílica aos olhos do venturoso Cabral, logo a avareza e o proselitismo religioso [...] se apoderaram dela por meio de conquista; e leis de sangue, ditadas por paixões e sórdidos interesses, firmaram a tirania portuguesa. O indígena bravio e o colono europeu foram obrigados a trilhar a mesma estrada da miséria e escravidão.[1]

O comércio do pau-brasil, de aves, penas, frutas e outros produtos, apesar de dar bons lucros aos portugueses, ainda era relativamente menos rentável que o comércio com a Ásia e a África. Assim tiveram início as primeiras tentativas de se plantar cana para produzir açúcar no Brasil. Em 1516, foi construído no litoral pernambucano o primeiro engenho de que se tem notícia no país, na Feitoria de Itamaracá, confiada ao administrador colonial Pero Capico.

Tanto a extração do pau-brasil como essa primeira produção de açúcar eram feitas por pessoas que conseguiam uma carta régia para explorar por determinado tempo uma região ou um produto. Inicialmente, eles contavam com a boa vontade de algumas tribos, até começarem a escravizar os nativos e tomar suas terras.

Os degredados e os "homens bons"

Além de receber portugueses em busca de enriquecimento, preferencialmente rápido, as novas possessões na América passaram a ser um local de degredo, para onde condenados eram mandados para cumprir suas penas. Isso acabou levando a imaginação portuguesa a ver essa região como uma prisão a céu aberto, povoada por monstros míticos e indígenas canibais. "Ora assim me salve Deus e me livre do Brasil", diz a personagem Marta Gil na peça *O auto da barca do purgatório*, escrita por Gil Vicente em 1518.[2] Não que todos que aqui aportaram tenham cometido crimes bárbaros. Um degredado poderia ser culpado de um rapto por amor ou de ter faltado com o respeito a alguém de classe superior à dele, por exemplo. Posteriormente, com o estabelecimento do tribunal da Inquisição em Portugal, em 1547, também começaram a ser mandados ao Brasil aqueles que tivessem ido contra os costumes e a fé. Nem todas as sentenças de degredo eram perpétuas, mas, embora vários retornassem a Portugal após o fim da pena, muitos se estabeleciam em terras brasileiras.

Um bom número dessas pessoas eram instruídas e, ao decidirem permanecer no Brasil, acabariam por integrar a base da administração local. Eram os chamados "homens bons", aqueles que não praticavam ofícios manuais, eram "limpos de sangue", ou seja, não judeus, e podiam votar e ser votados para as câmaras das cidades e vilas.

O sistema de capitanias hereditárias

A primeira experiência oficial do governo português em colonizar o Brasil deu-se com a vinda da expedição comandada por Martim Afonso de Sousa, em 1531. A esquadra de cinco embarcações, bem armada e aparelhada, reunia quatrocentos colonos e tripulantes. Os três principais objetivos da missão eram:

- combater os traficantes, principalmente franceses, de pau-brasil e de outros produtos nativos;
- fazer incursões na direção do rio da Prata à procura de metais preciosos;
- estabelecer assentamentos no litoral do Brasil, para o que traziam colonos, ferramentas, mudas de plantas e animais.

Martim Afonso foi encarregado de mapear e dividir o Brasil em capitanias hereditárias e tomar para si, como parte de seu pagamento, uma das porções de terra. Em 22 de janeiro de 1532, ele fundou no litoral a que é considerada a primeira vila no Brasil, São Vicente. Também criou ali o primeiro engenho de cana-de-açúcar de grande produção no território brasileiro, denominado Engenho de São Jorge dos Erasmos. Isso deu a partida para os primeiros grandes engenhos, os quais se estabeleceram principalmente na região Nordeste, mais próximo geograficamente de Portugal. Essa nova exploração da terra impulsionou o aumento das tentativas de escravização dos nativos brasileiros e, posteriormente, a vinda da mão de obra escrava da África.

As capitanias hereditárias eram distribuídas para fidalgos portugueses, que tinham que arcar com parte da colonização a fim de obterem lucros futuros. Muitos deles nunca chegaram a pisar no Brasil, apenas dividiram suas terras em sesmarias e repassaram-nas para quem quisesse colonizá-las.

Uma dessas pessoas que jamais pôs os pés no continente americano, d. Ana Pimentel, foi responsável pela medida que levou à criação das primeiras vilas no interior do país. Ela era esposa de Martim Afonso de Sousa e, quando ele foi enviado pelo rei de Portugal para uma missão na Ásia, ficou como sua procuradora em Portugal. Dessa forma, passou a administrar os bens do casal, que incluíam a capitania de São Vicente, no Brasil. Ela tomou diversas providências, como a introdução da cultura do arroz e da laranja e o envio de gado bovino para o território. Em 1544, uma das suas decisões abriu as portas para a expansão dos domínios portugueses no Novo Mundo. Pelo alvará de 11 de fevereiro de 1544, d. Ana Pimentel revogou uma ordem anterior do marido, permitindo a entrada dos colonos portugueses nos Campos de Piratininga. Ou seja, passava a ser permitida a colonização serra acima na capitania de São Vicente, o que possibilitou a expansão portuguesa para além do litoral e a criação de povoações no interior. A primeira foi Santo André da Borda do Campo, elevada a vila em 1553, seguida por São Paulo de Piratininga, que daria origem à cidade de São Paulo, cuja fundação ocorreu em 25 de janeiro de 1554.

O pau-brasil e o açúcar, os franceses e os holandeses

As capitanias hereditárias acabaram não se desenvolvendo como esperado, e o Estado português unificou muitas delas, adquirindo as terras doadas e centralizando, ou ao menos tentado centralizar, a administração do Brasil nas mãos dos governadores-gerais. O primeiro deles foi Tomé de Sousa, que fundou a primeira capital do Brasil, Salvador, em 29 de março de 1549. Essa decisão também foi importante para combater os traficantes franceses de pau-brasil nas costas brasileiras. O interesse econômico da França pelo Brasil foi tanto que motivou duas tentativas de estabelecer colônias na América. A primeira foi a França Antártica, na região da baía da Guanabara, no Rio de Janeiro, que durou de 1555 a 1570. A outra foi a França Equinocial, no Maranhão, que durou de 1612 a 1615, resultando na fundação de São Luís, única capital brasileira criada por estrangeiros.

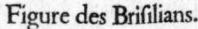

Representação do Brasil, seus habitantes, fauna, flora e costumes e a extração e o tráfico do pau-brasil. A imagem reproduz a cena de uma "Festa Brasileira" encenada em Rouen, em 1550, para celebrar a chegada do rei e da rainha da França à cidade. Acervo do autor.

Além do pau-brasil, engenhos de cana-de-açúcar instalados no Brasil começavam a dar lucro e atraíam outros estrangeiros: os holandeses. Desde o início, eles financiaram alguns desses empreendimentos no Brasil, enquanto, ao mesmo tempo, dominavam o refino e a distribuição do produto na Europa.

Durante a União Ibérica, após o fim da Dinastia de Avis, o rei da Espanha, e também de Portugal, estava em guerra com os Países Baixos. Como retaliação, acabou proibindo a exportação do açúcar brasileiro para a Holanda. A reação dos holandeses, que faziam fortuna com o produto, não se fez esperar: a Companhia das Índias Ocidentais, uma organização militar, administrativa e econômica dominada por financistas, invadiu o Brasil e estabeleceu-se no Nordeste em 1630. Essa organização, após derrotar os principais focos de reação portuguesa no local, investiu numa política de boa vizinhança. Os grandes senhores de engenho estabelecidos anteriormente na região aceitaram o novo domínio: a guerra era cara, prejudicava os negócios, e agora eles poderiam fazer comércio diretamente com quem comprava o açúcar deles e lhes vendia os escravizados adquiridos em Angola. Os Países Baixos assim passaram a dominar, por algum tempo, todo o processo açucareiro: do fornecimento da mão de obra à venda do açúcar no mercado final.

Em 1644, o conde João Maurício de Nassau, administrador da companhia no Nordeste, foi demitido e obrigado a retornar para a Europa. Uma das causas de sua demissão envolvia a prorrogação das dívidas acumuladas pelos senhores de engenho e a recusa de Nassau em penhorar os engenhos endividados.

Esses senhores de engenho passaram a ser pressionados pela nova administração a pagarem suas dívidas, o que foi um dos estopins da Insurreição Pernambucana de 1645, quando à elite local se juntaram o povo, os negros e os indígenas para lutar contra o domínio holandês. Pela primeira vez, os três principais grupos étnicos formadores do povo brasileiro uniram-se por uma causa comum. Do lado dos indígenas, tiveram destaque Clara Camarão e seu companheiro, Antônio Filipe Camarão. Ainda antes da Insurreição Pernambucana, ambos tiveram destaque na resistência portuguesa na Batalha de Porto Calvo, quando tropas holandesas atacaram suas posições em 18 de fevereiro de 1637. O comandante Henrique Dias, que liderava os negros, foi ferido, e Filipe Camarão, que comandava os indígenas, começava a esmorecer quando surgiu Clara à frente de um grupo de mulheres, o que insuflou ânimo no exército. A noite fez a sangrenta batalha cessar. Os sobreviventes recuaram para Alagoas, e Clara e suas guerreiras deram escolta às refugiadas e seus filhos.

Henrique Dias, negro, filho de libertos africanos, destacou-se nas ações contra os holandeses, principalmente nas duas Batalhas dos Guararapes, comandando a unidade militar dos Homens Pretos e Mulatos do Exército Patriota. Durante séculos, até a Independência do Brasil, batalhões formados por negros e mulatos teriam o apelido de "Batalhão de Henrique Dias" ou "Batalhão dos Henriques". Essa seria a primeira vez na história do Brasil em que o abalo da estrutura social permitiria a presença lado a lado de homens, mulheres, negros, indígenas e brancos lutando por uma causa comum. Passado o perigo, tudo voltaria a ser como era antes. O mesmo ocorreria durante o processo da Independência.

Após a expulsão definitiva dos holandeses, em 1654, estes acabaram levando as técnicas do cultivo de cana-de-açúcar e da produção açucareira para as Antilhas, causando a decadência do ciclo do açúcar no Brasil. Outra consequência foram os Tratados de Haia de 1661 e de 1669, nos quais ficou estabelecida a paz entre as duas nações em troca do pagamento de 63 toneladas de ouro para os Países Baixos como indenização pela perda do Nordeste brasileiro e dos territórios africanos tomados dos portugueses. Essa conta também foi paga pelo povo brasileiro até 1727. Não seria o único caso da nossa história em que os brasileiros lutariam e morreriam por uma causa para depois terem que pagar pelo reconhecimento de sua vitória.

Engenho de açúcar, gravura de Johann Moritz Rugendas, 1835. Acervo: Biblioteca Nacional.

A primeira corrida do ouro da Idade Moderna

Após a chegada dos Braganças ao trono, Portugal começou a criar incentivos para a exploração de ouro e pedras preciosas no Brasil. Isso beneficiou sobretudo os bandeirantes paulistas, que desde o século XVI vinham desbravando o sertão desconhecido em busca dessas riquezas. São Paulo ainda era uma das poucas povoações instaladas no interior e não na costa litorânea, e os rios do planalto paulista ajudavam na empreitada, por correr para dentro do território. Essas expedições levaram à fundação de outras vilas, bem como à descoberta de ouro e, posteriormente, de diamantes. Até o século XVI, havia cerca de 150 minas de ouro pelo Brasil.

A descoberta de ouro e diamantes criou à coroa portuguesa a necessidade de proteger suas terras na América e controlar melhor as riquezas vindas de lá. Com esse intuito, foi estabelecida em São Paulo, em 1580, a primeira casa de fundição do Brasil. O ouro encontrado era levado para lá, onde se descontava um quinto do total, que ia para a coroa na condição de imposto. O restante era fundido em barras com os cunhos reais, o que legalizava o produto e informava seu peso. A barra era então entregue a seu proprietário, que nesse momento poderia dispor livremente da sua riqueza, desde que não a levasse para fora do reino de Portugal.

Por volta de 1690, um mulato, numa expedição para caçar indígenas, jogou sua gamela num riacho – provavelmente um afluente do rio das Velhas, no atual sul de Minas Gerais. Ao retirar a gamela da água, vieram junto umas pedras brilhantes, que ele vendeu na vila de Taubaté, no vale do rio Paraíba, atual estado de São Paulo. O comprador enviou amostras para o Rio de Janeiro e descobriu que aquilo era ouro. Assim teriam sido descobertas as Minas de Cataguases, ou Minas de Taubaté, ou, ainda, Minas de Ouro, na região que acabaria ficando conhecida como Minas Gerais.

Em janeiro de 1697, a fim de incentivar a busca pelos metais preciosos, a coroa Portuguesa comprometeu-se a dar aos paulistas as mesmas honras, foros de fidalgos da Casa Real e outros privilégios para quem encontrasse e explorasse lavras de ouro, além de uma ajuda de custo de seiscentos mil-réis por ano. Assim, explodiu a primeira Corrida do Ouro da Idade Moderna.

Esperando enriquecer com a descoberta dessas novas lavras, milhares de pessoas migraram e imigraram para a região. O fluxo de portugueses para o Brasil foi tão grande que, em 1709, na tentativa de inibir a saída da população, a coroa portuguesa passou a exigir a emissão de passaporte e visto para que as pessoas viajassem para a colônia. Mas isso não foi suficiente, e os navios passaram a ser vigiados e vistoriados em busca de portugueses embarcados clandestinamente para o Brasil. Além dessa lei, houve também outras em 1711 e em 1720 tentando proibir a travessia. Na última, as autoridades portuguesas afirmaram que a região do Minho, em Portugal, anteriormente a mais povoada do país, estava em tal estado de abandono que não havia mais gente suficiente para cultivar a terra. Para se ter uma ideia, enquanto aproximadamente 300 mil habitantes[3] viviam no Brasil em 1700, um século depois esse número já ultrapassava 3 milhões e 250 mil pessoas.[4] E Portugal não foi o único lugar abalado por essa corrida do ouro. Aqui mesmo, vilas e plantações inteiras foram abandonadas no Nordeste, com uma massa imensa de população migrando para a região das minas recém-descobertas.

Com essa migração, os paulistas e os moradores de Taubaté, que vinham disputando entre si a posse das minas, aliaram-se contra os recém-chegados, que chamavam de emboabas. Há duas versões para a origem da palavra "emboaba". A primeira remete a aves com penas nas patas, em referência aos calçados usados pelos forasteiros, já que os paulistas geralmente andavam descalços, como os indígenas. A segunda diz que emboaba viria de um termo tupi que designava aquele que vinha de fora.

A região das minas era mal explorada e de difícil acesso e a viagem dos aventureiros, árdua. Muitos morriam pelo caminho, de fome, doença, picados ou atacados por animais. Quase todo o trabalho de mineração era feito por africanos escravizados, que viviam em condições terríveis, trabalhando o dia inteiro dentro da água ou embaixo da terra. Embora houvesse regulamentações de segurança, elas raramente eram respeitadas, e muitos morriam em consequência dos vapores tóxicos ou de desabamentos. A expectativa de vida de um escravizado trabalhando nas minas era de apenas sete anos.

Mineração de ouro por lavagem perto do morro do Itacolomi. Gravura de Johann Moritz Rugendas, 1835. Acervo: Biblioteca Nacional.

Inicialmente, enquanto era abundante o ouro de aluvião – aquele encontrado nos rios –, os forasteiros chegavam, procuravam peneirar o quanto conseguissem o mais rápido possível e iam embora. Quando esse ouro escasseou, exigindo escavações no solo, eles começaram a se fixar na região, gerando outro problema: a escassez de alimentos.

A inflação no Brasil

Nesse final do século XVII, havia pouca produção de gêneros alimentícios no Brasil voltada apenas para consumo próprio. As grandes plantações eram formadas por monoculturas, como a da cana-de-açúcar, que visavam ao mercado externo. Do dia para a noite, surgiu um grande mercado interno, que não era suprido em quantidade suficiente nem pela produção local, nem pelos mantimentos que chegavam de outras partes da colônia. A coroa tinha o monopólio do comércio de gêneros e, aproveitando-se desse aumento da demanda, impôs uma cobrança de taxas sobre as mercadorias que entrassem na região das minas, inclusive escravizados.

O resultado disso foi uma grande inflação no preço dos alimentos. Um boi, que valia 10g de ouro na Bahia, passou a valer 359g na região das minas. Um alqueire de milho valia 1,5g de ouro em São Paulo e 143g nas minas, o equivalente a dois dias de trabalho de um escravizado. Um pedaço de queijo ou uma galinha tinham preço equivalente a 25 dias de trabalho.[5] Dessa forma, muitas pessoas viam-se cercadas de ouro, mas não tinham o que comer. Eram obrigadas a abandonar as lavras para ir atrás de caça e frutas na mata e chegavam a matar umas às outras por um pouco de comida.

As capitanias de São Paulo e Minas

No meio desse caos, uma disputa entre os paulistas e os emboabas pelo controle da região começou em 1707. Os paulistas, liderados por Borba Gato, julgavam que deveriam ter a exclusividade da exploração do ouro e entraram em conflito com os forasteiros, liderados pelo português Manuel Nunes Viana. O confronto, conhecido como Guerra dos Emboabas, durou até 1709, quando o governador do Rio de Janeiro viajou para a região e destituiu Nunes Viana, que havia se proclamado líder do governo local. Mesmo assim, o governador manteve a administração criada pelos emboabas, tirando dos paulistas derrotados o controle da região das minas.

Afastados da região, os paulistas foram procurar ouro em outros lugares. Em 1719, a bandeira de Pascoal Moreira Cabral descobriu o mineral em Mato Grosso. Em 1725, foi descoberto também em Vila Boa de Goiás.

Nessa época, a capitania de São Vicente, à qual a vila de São Paulo e outras pertenciam, era administrada a partir do Rio de Janeiro. Com o potencial da riqueza da região das minas, a coroa portuguesa comprou essa capitania e a de Santana, separou o Rio de Janeiro e criou a capitania de São Paulo e Minas de Ouro. São Paulo recebeu assim, em 1711, o título de cidade e de capital, ou cabeça da capitania, como se dizia na época.

Entre 1709 e 1720, a capitania de São Paulo teve três governadores, todos membros da alta nobreza lusitana que haviam lutado pela libertação de Portugal em relação à Espanha. Nenhum deles, porém, permanecia muito tempo na capital. Mal chegavam, partiam para Ribeirão do Carmo, hoje Mariana, ou para Sabará, ambos localizados na rica região das minas. Essa organização durou até 1720, quando foi criada a capitania de Minas Gerais, separada da de São Paulo.

Os caminhos do ouro

Para que toda essa riqueza pagasse os impostos devidos, foi necessário aumentar o controle sobre a região das minas. Para isso, criou-se uma política de estradas e caminhos. O controle das estradas que ligavam os distritos mineradores a Bahia, São Paulo e Rio de Janeiro era complexo. Mais difícil ainda era impedir a passagem pelas trilhas e picadas clandestinas. A "política dos caminhos" definia as rotas proibidas e as de acesso permitido, onde ficavam os postos de controle.

Havia três rotas oficiais: o Caminho Paulista, o Caminho Velho e o Caminho Novo. Através delas, primeiro o ouro e depois os diamantes chegavam a Portugal. O Caminho Velho saía de Vila Rica (atual Ouro Preto) e ia até Paraty, de onde seguia por mar até Sepetiba, no Rio de Janeiro. A partir daí, os bens percorriam o antigo Caminho dos Jesuítas, rebatizado Caminho das Minas, que passava pela fazenda jesuítica de Santa Cruz, até chegar à capital.

O trecho marítimo, porém, era sujeito a piratas e corsários atrás de riquezas. E também havia risco de as embarcações naufragarem. Por conta disso, em 1728, o rei d. João V recomendou a construção de uma nova estrada, que passou a funcionar em meados do século XVIII. O chamado Caminho Novo da Piedade saía do Caminho das Minas, perto de Santa Cruz, e alcançava o vale do rio Paraíba do Sul, onde entroncava com o Caminho de São Paulo, na altura da atual cidade de Lorena. Essa via era duzentos quilômetros mais curta que o Caminho Velho e reduzia o tempo de viagem de 60 para 48 dias.

A união dessas rotas com os caminhos que levavam à região dos diamantes deu origem à chamada Estrada Real. Todas as outras vias que levassem à área eram consideradas ilegais.

Comboio de diamantes passando por Caeté. Desenho de
Ferdinand Denis, 1846. Acervo: Biblioteca Nacional.

Os diamantes

Conforme as riquezas descobertas e exploradas no Brasil iam aumentando, o controle que o governo do Reino passava a exercer no país ficava maior. Esse controle ia desde a quantidade de impostos até a demarcação da zona de diamantes. Por volta de 1729, foi anunciada a descoberta de diamantes na região das minas. Na verdade, as primeiras pedras haviam sido encontradas mais de uma década antes, em 1714, na região do Arraial do Tijuco, atual Diamantina (MG). Porém os primeiros exploradores contrabandeavam-nas sem informar às autoridades. Quando o governador da capitania das Minas, d. Lourenço de Almeida, anunciou a descoberta, já havia uma grande quantidade de pessoas minerando na região.

A reação do governo português foi tentar tirar os garimpeiros do local, anulando a posse de todas as terras onde houvesse diamantes. Em seguida, o imposto passou a ser cobrado por pessoa escravizada trabalhando no garimpo. A extração foi tornada um monopólio régio e, finalmente, em 1734, houve a delimitação do Distrito Diamantino ao redor do Arraial do Tijuco. A região tornou-se praticamente uma propriedade privada do Estado português, com administração e regras próprias, diferentes do restante da colônia, e circulação de pessoas rigidamente controlada.

As pedras acima de vinte quilates descobertas no local pertenciam diretamente ao rei. O seu descobridor, geralmente um escravizado, por lei, deveria ser liberto se achasse um "diamante do rei". Essas pedras de tamanho extraordinário foram usadas politicamente para causar admiração nas demais cortes europeias ao ostentar a riqueza do Reino de Portugal. Um bom exemplo disso foi a embaixada que negociou o casamento do príncipe herdeiro d. Pedro com a arquiduquesa Leopoldina da Áustria, em 1817. Na ocasião, a corte austríaca e os embaixadores estrangeiros em Viena ficaram boquiabertos com o tamanho e a quantidade dos diamantes engastados em presentes para a noiva e os diversos dignitários.

A mudança da capital do Brasil

Até a descoberta das minas, o centro de poder no Brasil localizava-se em Salvador, a primeira capital do Estado do Brasil, criada em 1549. Essa cidade ficava na rota mais rápida entre o Brasil e a Europa e era próxima ao centro de produção, e consequentemente de fiscalização, tanto do pau-brasil como do açúcar. Com o ouro, porém, o foco da riqueza transferiu-se para o Sudeste. O escoamento dos minerais preciosos para a metrópole passou a ser realizado pelo porto mais próximo, no Rio de Janeiro. Isso levou à mudança da capital, em 1763, de Salvador para essa cidade. Na ocasião, os governadores-gerais do Brasil passaram a ter o título de vice-reis, entretanto o território manteve a denominação de Estado do Brasil, sem nenhuma mudança administrativa ou política substancial.

O primeiro vice-rei, o conde Antônio Álvares da Cunha, instalou-se na então casa de governo da capitania, que passou a ser conhecida como Palácio dos Vice-Reis. Mais tarde, com a vinda da corte portuguesa para o Brasil, o prédio passaria a ter a designação de Paço Real e, posteriormente, Paço Imperial. No local onde o edifício fora construído, em 1743, ficava a casa de fundição, demonstrando a estreita ligação entre o controle da riqueza e o poder.

As primeiras ideias de liberdade

EM 1801, um navio mercante britânico avariado abrigou-se no porto de Salvador, na Bahia. Sem dinheiro para pagar as taxas portuárias, o capitão não podia sequer desembarcar, quanto mais fazer os reparos necessários. Entretanto, um dos marinheiros, Thomas Lindley, teve a ideia de negociar as mercadorias que carregavam. A tentativa deu tão certo que o navio seguiu para Porto Seguro, onde começaram a trocar os produtos manufaturados que carregavam por pau-brasil, ouro e até diamantes.

O sucesso do empreendedor Lindley chegou ao fim quando ele foi capturado pelas autoridades e condenado por contrabando. O problema não era que os produtos vendidos não tinham passado pela alfândega: mesmo que ele quisesse legalizar seu comércio, isso não seria permitido, pois o governo português tinha o monopólio de tudo o que entrava e saía do Brasil. Ou seja, tanto os produtos brasileiros indo para a Europa como aqueles enviados para a colônia tinham que necessariamente passar pelo controle de Portugal e só podiam ser transportados por navios e empresas autorizados. A pena para navios estrangeiros que aportassem no Brasil sem permissão era a perda do barco e das mercadorias, além da punição dos transgressores.[6] Até mesmo a entrada de pessoas de outras nacionalidades no país era restrita.

CULTURA,
E OPULENCIA
DO BRASIL
POR SUAS DROGAS, E MINAS,
Com varias noticias curiofas do modo de fazer o Aſſucar ; plantar,
& beneficiar o Tabaco ; tirar Ouro das Minas ; & defcu-
brir as da Prata ;

*E dos grandes emolumentos , que eſta Conquiſta da America Meridional
dá ao Reyno de PORTUGAL com eſtes, & outros gene-
ros , & Contratos Reaes.*

OBRA
DE ANDRE JOAÕ ANTONIL
OFFERECIDA
Aos que defejaõ ver glorificado nos Altares ao Veneravel Padre JOSEPH DE ANCHIETA
Sacerdote da Companhia de JESU, Miſſionario Apoſtolico , & novo Thau-
maturgo do Braſil.

LISBOA,
Na Officina Real DESLANDESIANA.
Com as licenças neceſſarias Anno de 1711.

Frontispício do livro *Cultura e opulência do Brasil*, apreendido pelo
Conselho Ultramarino em 1711. Acervo: Biblioteca Nacional.

A censura e o controle sobre o Brasil

Não eram apenas as relações comerciais que eram controladas pela metrópole. Com receio de que a informação sobre as riquezas brasileiras atraísse aventureiros de outros países, como já acontecera com as invasões francesas e holandesas, Portugal buscava evitar que dados sobre a colônia fossem muito divulgados. Como exemplo desse controle, temos o célebre caso da obra *Cultura e opulência do Brasil por suas drogas e minas*. Esse livro foi escrito por André João Antonil, um religioso morador do Brasil, e, após conseguir todas as licenças da censura, foi publicado em Lisboa, em 1711. No entanto, o órgão administrativo que governava as possessões portuguesas, o Conselho Ultramarino, quando soube da existência da obra, mandou apreendê-la, pois revelava ao mundo as riquezas existentes no Brasil.

Além disso, também havia restrições sobre o que podia ser lido na colônia. A imprensa era proibida no Brasil, de modo que todos os jornais e livros tinham que vir de fora e, para serem transportados, precisavam da aprovação dos órgãos de censura em Portugal. Mesmo a leitura de um livro considerado proibido era punível, a menos que a pessoa dispusesse de uma licença, que só poderia ser dada a quem "certo souberem que são doutas e firmes, nos princípios da religião, e da moral, e sabedoria civil".[7] Entre os temas fiscalizados com mais rigor estavam aqueles que tratavam de reflexões políticas, os que questionavam os ensinamentos da Igreja Católica e os considerados imorais, como os eróticos.

Embora essas determinações já estivessem em vigor desde o século XVI, o controle da metrópole sobre o Brasil foi pouco rígido nos primeiros tempos. Foi só no século XVIII, a partir da subida de Sebastião José de Carvalho e Melo, o marquês de Pombal, ao poder, que esse domínio foi intensificado. Para tornar mais eficiente a obtenção de riquezas da colônia, por exemplo, ele extinguiu o sistema de capitanias hereditárias, incorporando todos os territórios à coroa, e criou algumas companhias de comércio, que detinham o monopólio da compra e venda de produtos em certas regiões brasileiras. E, embora tenha abolido a escravidão em Portugal continental, em 1761, e proibido a escravização de indígenas no Brasil, em 1757, continuou encorajando o comércio de africanos escravizados para as colônias.

O controle sobre a atividade produtiva colonial chegou ao ponto de decidir o que podia ou não ser realizado no Brasil. No mesmo ano de 1761, um decreto real proibiu a utilização de mulas no país, sob a alegação de que isso prejudicava a criação de cavalos.[8] Mais tarde, em 1785, já no reinado de d. Maria I, foi proibida a produção de tecidos, afirmando-se que a migração de mão de obra para essa atividade estava causando "grave prejuízo da cultura, e da lavoura, e da exploração das terras minerais".[9] Na prática, isso garantia à Inglaterra, principal parceira comercial de Portugal, continuar dominando o mercado têxtil no Brasil.

Expulsão dos jesuítas

Foi também Pombal quem colocou a censura de livros sob o poder do Estado, com a criação da Real Mesa Censória, em 1768, como parte de seu esforço para reduzir o domínio da Igreja. Esse esforço havia tido início em 1759, com a expulsão dos religiosos jesuítas de Portugal e das colônias. Os jesuítas detinham um grande poder sobre a sociedade e eram considerados um "Estado dentro do Estado",[10] cujos objetivos iam de encontro à centralização administrativa desejada por Pombal. No Brasil, eles eram acusados de ser um obstáculo na integração dos indígenas à civilização portuguesa e até mesmo de incitar rebeliões dos nativos. Além disso, os jesuítas tinham vastas propriedades que constituíam provavelmente o patrimônio mais rico da colônia. Esse poderio econômico era cobiçado pela elite colonial e pela própria coroa.

A expulsão fez com que todos os bens dos jesuítas fossem confiscados e passassem a pertencer ao Estado português. Entre esses bens, estavam propriedades que viriam a ter grande importância durante o processo de Independência do Brasil. Uma delas é a fazenda de Santa Cruz, no caminho do Rio de Janeiro para Minas Gerais e São Paulo. Compreendendo uma enorme extensão de terra, de Mangaratiba até Vassouras, a fazenda era considerada a maior produtora de gêneros alimentícios do Brasil, com milhares de cabeças de gado e cultivo de arroz, batata, milho e outros produtos. Ao passar a ser administrada pela coroa, continuou sendo uma referência tanto para a agropecuária quanto para os viajantes.

Expulsão dos jesuítas de Portugal e seus territórios. Detalhes do diploma da Sociedade de Socorros Mútuos Marquês de Pombal, s.a., *circa* 1880. Acervo: Biblioteca Nacional.

Também no Rio de Janeiro, outra fazenda, no atual bairro de São Cristóvão, acabou dividida em várias propriedades, uma das quais foi comprada pelo traficante de escravos Elias Antônio Lopes, que construiu uma grande casa no local. Em São Paulo, o antigo Colégio dos Jesuítas, marco da criação da cidade, também foi confiscado, sendo transformado no palácio do governo.

Outra medida de Pombal que visava colocar o Brasil sob maior controle do governo de Portugal foi a proibição de se falar a chamada língua geral, obrigando todos os cidadãos a se expressarem em português, idioma até então de uma minoria dos brasileiros. A língua geral era falada pela maior parte da população no norte e no sul durante o século XVIII e dividia-se em dois ramos: língua geral meridional, também chamada de língua geral paulista, e língua geral setentrional, ou amazônica. Ambas tinham como base o tupi antigo, misturado com outros idiomas dos povos originários e o português. A proibição não adiantou muito, e ambos os ramos só se extinguiriam completamente no final do século XIX. A língua geral amazônica, porém, ainda sobrevive em parte no idioma nheengatu, falado por algumas populações da região do rio Negro.

A educação dos brasileiros

Com a saída dos jesuítas, a educação no Brasil sofreu um desmantelamento. Esses religiosos eram responsáveis por praticamente todo o ensino na colônia, e demorou treze anos até que um novo sistema educacional laico fosse estabelecido. Alguns dos próprios jesuítas, por fim, acabaram se tornando professores dos filhos da elite brasileira, praticamente os únicos com acesso à educação na colônia. Porém havia poucas opções para que os jovens continuassem os estudos em nível superior, a menos que o objetivo fosse a carreira religiosa ou a militar. Havia os seminários, que proviam uma formação humanística aos futuros padres, e em 1792 foi criada no Rio de Janeiro a Real Academia de Artilharia, Fortificação e Desenho, ligada ao Exército, considerada o primeiro curso de engenharia do Brasil.

Como não havia universidades na colônia, para que os filhos obtivessem o título de bacharel, importante para a formação de uma elite intelectual e administrativa no Brasil, as famílias de mais posses enviavam-nos para estudar na Europa. Entre 1772 e 1785, trezentos brasileiros matricularam-se na Universidade de Coimbra, em Portugal, enquanto outros iam estudar medicina na Universidade de Montpellier, na França.[11] Entre os que foram para Coimbra, estava o filho mais velho de uma família de Santos (SP), José Bonifácio de Andrada e Silva, que viria a fazer carreira como cientista na Europa.

Assim como José Bonifácio, muitos desses jovens brasileiros acabavam ficando em Portugal, onde assumiam postos no governo. Caso desejassem se dedicar à magistratura ou à administração pública, por exemplo, não teriam nenhuma oportunidade na colônia, já que todas as regulações vinham da corte. Até mesmo para assumir um cargo no Brasil era necessário antes ter subido os degraus do serviço público em Lisboa. Conforme o número de brasileiros crescia na metrópole, disputando os melhores empregos e as vagas nas universidades, aumentava também o sentimento dos reinóis contra eles. Para muitos moradores do reino, era um atrevimento que jovens vindos do Brasil, estigmatizado como um local de degredados, não se considerassem inferiores, fossem tratados como iguais nas universidades e repartições e ainda se orgulhassem de sua origem.

Ao longo do século XVIII em Portugal, surgiram diversos folhetos nos quais os brasileiros eram tratados de maneira preconceituosa. O padre João da Silva Rebello (1710-1790), por exemplo, doutor em teologia, ou cânones, pela Universidade de Coimbra, em sua *Carta de guia para os novatos* portugueses que fossem estudar na famosa instituição, advertia em 1765:

> Isto mesmo usarás c'o Brasileiro,
> Que tem velhacaria e muita treta.
> E se vires que he filho de mineiro,
> Arreda-te já delle, que he forreta.
> [...] nunca te fies nesta gente,
> Que trova muy de pressa, e de repente.[12]

> [...] Porém o Brasileiro, tanto monta
> Ser a Apollo afrontoso, ou reverente;
> Porque sempre há de ter o tal talento
> Cabeça humana, orelhas de jumento.[13]

No *Discurso que fizeram duas senhoras portuguesas depois de lerem o papel dos conselhos que deu um Brasileiro*, de 1789, escrito por um autor anônimo que assinou somente "M.D.", temos:

Fujamos, Delmira amada,
De tudo que é Brazileiro:
E dos filhos da Bahia
Devemos fugir primeiro.[14]

O Iluminismo

A Universidade de Coimbra tivera seus estatutos reformados em 1772, adotando um ensino mais alinhado com as ideias do Iluminismo, que estavam em voga no restante da Europa. O Iluminismo era um processo social, político, cultural, econômico e filosófico que visava, entre outras coisas, ao uso da razão como o melhor caminho para se alcançar a liberdade, tomando o lugar do pensamento religioso. Para tanto, era considerada fundamental a disseminação do conhecimento. Essas ideias estavam por trás até mesmo das decisões de Pombal, considerado um dos "déspotas esclarecidos", que buscavam reformar seus Estados para atualizá-los aos novos tempos.

Além de inspirar governantes, os princípios do Iluminismo também começaram a influenciar pessoas que desejavam mudar completamente a concepção de Estado. Filósofos iluministas como Montesquieu e Voltaire defendiam um sistema político baseado em democracia, liberdade de expressão, igualdade e tolerância religiosa, e essas ideias não se enquadravam bem com o sistema absolutista e colonialista vigente na época. Num período em que a difusão pública das ideias era restrita, a nova forma de entender a sociedade encontrou terreno fértil para se alastrar na Maçonaria. Essa sociedade secreta fornecia um ambiente seguro para que os membros discutissem novos pensamentos em condição de igualdade. Assim, por meio de suas lojas em diversos países e continentes, a maçonaria acabou funcionando como um disseminador das ideias liberais trazidas pelo Iluminismo.

Independência e revolução

O primeiro movimento com essas bases a ser vitorioso foi a Revolução Americana, cujos líderes eram, em grande parte, maçons. Esse foi um movimento militar e político que levou à independência de treze colônias britânicas na América do Norte, que adotaram o nome de Estados Unidos da América. Na sua Declaração de Independência, assinada em 4 de julho de 1776, a influência dos ideais iluministas é clara:

> Consideramos estas verdades como evidentes por si mesmas, que todos os homens são criados iguais, dotados pelo Criador de certos direitos inalienáveis, que entre estes estão a vida, a liberdade e a procura da felicidade. Que a fim de assegurar esses direitos, governos são instituídos entre os homens, derivando seus justos poderes do consentimento dos governados; que, sempre que qualquer forma de governo se torne destrutiva de tais fins, cabe ao povo o direito de alterá-la ou aboli-la e instituir novo governo, baseando-o em tais princípios e organizando-lhe os poderes pela forma que lhe pareça mais conveniente para realizar-lhe a segurança e a felicidade.[15]

O novo país implementou outras inovações políticas, como a forma de governo republicana, adotando a divisão de poderes apregoada por Montesquieu. Isso se opunha à Monarquia que era adotada tanto pela antiga metrópole, a Inglaterra, quanto pela quase totalidade dos países europeus. Essa nova forma de entender as relações entre o povo e seus governos acabou retornando à Europa e refletindo-se no pensamento da época. Isso desembocaria na Revolução Francesa, quando o povo francês derrubou a Monarquia absolutista e criou um novo regime.

A Revolução Americana e a Revolução Francesa acabariam levando a uma série de revoltas nas colônias americanas. Uma das mais perigosas, do ponto de vista dos que se utilizavam da mão de obra escrava, foi a revolta de São Domingos, em 1791, que levou à independência do Haiti. Essa foi a única revolta de africanos que terminou numa revolução e transformou uma antiga colônia europeia na América no primeiro país governado por antigos escravizados. As notícias chegaram logo ao Brasil, e durante décadas negros escravizados e libertos podiam ser encontrados falando sobre o líder da revolução de São Domingos, Jean-Jacques Dessalines, e até usando miniaturas com seu rosto. Mesmo d. Pedro, no *Manifesto às nações amigas*, de 1822, usaria essa revolução para justificar suas ações, acusando as cortes de Lisboa de ameaçarem o Brasil "com as cenas horrorosas de *Haiti*, que nossos furiosos inimigos muito desejam reviver".[16]

A Inconfidência Mineira

Esses ideais de liberdade e independência também começaram a chegar ao Brasil por intermédio das altas classes, principalmente dos jovens que iam estudar na Europa e retornavam trazendo na bagagem o contato com as novas ideias. Muitos desses jovens eram de Minas Gerais, que vivia os problemas resultantes da decadência na produção de ouro, aliada ao acirramento do controle fiscal colonial. Para piorar o descontentamento, em 1751, foi estabelecida uma meta fiscal garantindo à coroa que recebesse um valor anual em impostos, equivalente a cem arrobas de ouro, independentemente da quantidade de metal que fosse fundida. Caso esse valor não fosse atingido, a diferença seria arrecadada diretamente da população: era a chamada "derrama". Buscava-se, assim, evitar a sonegação, mas, embora a medida fosse adotada apenas duas vezes, em 1763 e 1771, isso enfureceu a elite, que já considerava haver uma taxação excessiva sobre seus ganhos.

D. Pedro, anos depois, em 1822, condenaria esses abusos nas cobranças de impostos na região:

> [...] Se cavaram o seio de seus montes para deles extraírem o ouro, leis absurdas e o *Quinto* vieram logo esmorecê-los em seus trabalhos apenas encetados: ao mesmo tempo em que o Estado Português com sôfrega ambição devorava os tesouros que a benigna Natureza lhes ofertava, fazia também vergar as desgraçadas Minas sob o peso do

mais odioso dos tributos, da *Capitação*. Queriam que os brasileiros pagassem até o ar que respiravam e a terra que pisavam. [...].[17]

O desagrado com o governo colonial, aliado ao contato com as ideias iluministas e ao sucesso da Revolução Americana, acabou levando algumas pessoas a planejar uma revolta contra o poder colonial em Minas Gerais. Já em 1786, José Joaquim Maia e Barbalho, estudante da Universidade de Montpellier, entrou em contato em Paris com um dos líderes da independência norte-americana, Thomas Jefferson, então embaixador na França. Este registraria em sua correspondência com seu governo:

> Eles consideram a Revolução Norte-Americana como um precedente para a sua [...]; pensam que os Estados Unidos é que poderiam dar--lhes um apoio honesto e, por vários motivos, simpatizam conosco [...] no caso de uma revolução vitoriosa no Brasil, um governo republicano seria instalado.[18]

Embora ele não tenha feito promessas de apoio, afirmou a Barbalho que um movimento no país sul-americano geraria simpatia nos Estados Unidos, o que poderia levar a um eventual apoio financeiro.

O movimento parece ter se organizado ao longo dos anos seguintes, movido por uma elite não tanto econômica quanto intelectual, envolvendo fazendeiros, magistrados, poetas, padres e militares como Joaquim José da Silva Xavier, conhecido como Tiradentes. Também havia mulheres, como a fazendeira Hipólita Jacinta Teixeira de Melo, mulher culta, herdeira de uma grande fortuna, que abrigava reuniões do grupo e muitas vezes se encarregava da comunicação entre os membros.

Em seus encontros secretos, discutiam mais planos teóricos que práticos para tornar a região um país independente. Embora a maioria fosse republicana, havia alguns, como o cônego Vieira, que defendiam a Monarquia. Também não tinham uma posição firmada a respeito da escravidão, de que a região se utilizava em grande escala.

Entre outros projetos discutidos pelos conjurados, estavam a criação de uma universidade em Vila Rica, o incentivo à indústria e à exploração de ferro e salitre, o fim dos regulamentos sobre a mineração de ouro e pedras preciosas, a criação de uma milícia nacional em lugar de um exército permanente e até o estabelecimento de um prêmio para mulheres que tivessem um certo número de filhos. Eles também desenharam uma bandeira, atualmente utilizada como símbolo do estado de Minas Gerais, cuja divisa é uma herança desse movimento: "Liberdade ainda que tardia".

Alferes JOAQUIM JOSÉ DA SILVA XAVIER
"O TIRADENTES"

Joaquim José da Silva Xavier, o Tiradentes, zincogravura, s.a., s.d., Pantheon Escolar Brazileiro. Acervo: Biblioteca Nacional.

Havia uma nova "derrama" prevista para acontecer em 1789, devido ao atraso de impostos, que chegava à casa de centenas de arrobas de ouro. O movimento separatista, que ficaria conhecido como Inconfidência Mineira, planejava aproveitar-se disso para desencadear uma revolta. A cobrança, no entanto, foi suspensa em 14 de março, e no dia seguinte um dos conjurados, Joaquim Silvério dos Reis, foi procurar o governador da capitania, o visconde de Barbacena, denunciando a conspiração.

As investigações que se seguiram levaram à prisão de dezenas de pessoas, das quais apenas um, Tiradentes, confessou sua participação. Nascido em 1746, ele era, entre os inconfidentes, um dos de origem mais humilde. Mesmo assim, tinha acesso, por meio dos colegas mais instruídos, a livros e ideias proibidos e estava entre os mais exaltados defensores da conspiração. Ficou conhecido por defender publicamente a ideia de separar Minas do domínio português e teria até mesmo chegado a tramar a morte do visconde de Barbacena.

Diversos outros conspiradores buscaram se livrar das acusações entregando seus companheiros. O marido de Hipólita Teixeira de Melo, Francisco Antônio de Oliveira Lopes, chegou a escrever uma carta de delação, mas a mulher queimou-a junto com outros documentos que implicavam os inconfidentes. Ela também tratou de avisar o maior número de conjurados que pôde após a delação de Joaquim Silvério, para que pudessem fugir, e tentou organizar militares mineiros para que levassem a revolta adiante mesmo assim, porém sem sucesso.

Em 1792, Francisco Antônio acabaria sendo um dos dezessete inconfidentes condenados ao degredo perpétuo na África, dez dos quais haviam sido inicialmente condenados à morte e tiveram a pena comutada. Outro conjurado, o poeta Cláudio Manuel da Costa, morreu na prisão. O único efetivamente executado foi Tiradentes, enforcado em 21 de abril de 1792 no Rio de Janeiro. Depois, seu corpo foi esquartejado e salgado para não apodrecer. Seus membros e tronco foram expostos em diversos locais ao longo da Estrada Real, e sua cabeça foi colocada num poste em Vila Rica, mas desapareceu na primeira noite. Em segredo, algumas pessoas conseguiram que pedaços do corpo de Tiradentes fossem enterrados na antiga Capela de Santa Ana, no município de Paraíba do Sul (RJ).

A Conjuração Baiana

Enquanto a Inconfidência Mineira foi majoritariamente uma conspiração da elite local branca, o mesmo não pode ser dito de outro movimento, que eclodiu em 1798 em Salvador, na Bahia. Embora tivesse a participação de proprietários de terras, padres e intelectuais, a chamada Conjuração Baiana foi organizada majoritariamente por membros das classes inferiores, como militares de baixa patente, mestres-escolas e artesãos, principalmente alfaiates. Por esse motivo, ficou conhecida também como Revolta dos Alfaiates. A maior parte dos integrantes do movimento era negra e mestiça, libertos e alguns escravizados. Apenas um dos líderes pertencia à elite formada na Europa, o cirurgião Cipriano Barata.

A Bahia vinha sofrendo com uma escassez de gêneros alimentícios, que provocara diversas revoltas populares desde o ano anterior. Na loja maçônica local, Cavaleiros da Luz, livros e jornais desembarcados em segredo alimentavam discussões sobre as ideias iluministas e a Revolução Francesa, ocorrida alguns meses após a Inconfidência Mineira. Essas ideias, junto com as notícias da vitoriosa revolução haitiana, acabaram espalhando-se pelas classes populares da capital baiana, levando à ideia de construir uma sociedade livre, democrática e igualitária, em que as diferenças raciais não impedissem a felicidade de cada um.

Diferentemente dos mineiros, os conjurados da Bahia eram claramente republicanos, antiescravagistas e favoráveis a um Estado laico, sem interferência da religião nos assuntos públicos. Também defendiam a abertura do porto de Salvador para o comércio internacional. Em manifestos que começaram a aparecer por toda a cidade a partir de 12 de agosto de 1798, eles clamavam pelo fim do "detestável jugo metropolitano de Portugal", defendiam uma sociedade em que "não haverá diferenças, haverá liberdade, igualdade e fraternidade" e na qual "todos os negros e castanhos serão libertados para que não exista escravidão de tipo nenhum".[19]

Foi a partir da análise da letra desses panfletos manuscritos que o governo da capitania da Bahia conseguiu capturar os primeiros conjurados, e logo algumas pessoas delataram que reuniões aconteciam no campo do Dique do Desterro, levando à identificação de outros membros.

Cerca de 35 sediciosos foram presos, e no curso da investigação apurou--se que os envolvidos planejavam saquear a cidade para distribuir os bens entre todos, abrir as prisões e conventos e, se não conseguissem convencer o governador a aderir ao movimento, executá-lo.

O processo contra os conjurados teve início em dezembro de 1798, e a sentença foi dada a 7 de novembro de 1799. Para um movimento que nem chegou a sair do chão, a sentença foi severa. Quatro líderes foram enforcados – os militares Luís Gonzaga das Virgens e Lucas Dantas de Amorim Torres e os alfaiates Manuel Faustino dos Santos Lira e João de Deus do Nascimento. Outros oito réus receberam penas de degredo. Os escravizados envolvidos foram açoitados e seus senhores, obrigados a vendê-los para fora da capitania. Os representantes da elite branca, porém, receberam penas leves ou foram absolvidos. Esse foi o caso de Cipriano Barata, que sobreviveu para ser um dos mais importantes jornalistas e revolucionários brasileiros do início do século XIX.

Tanto a Conjuração Baiana quanto a Inconfidência Mineira, assim como outros movimentos que não foram além do patamar das ideias, como a Conjuração Carioca de 1794 e a Conspiração dos Suassunas, em Pernambuco, de 1801, buscavam o fim do domínio português apenas em suas regiões. Não havia uma ideia de independência do Brasil como um todo, porque ainda não existia uma visão de nação brasileira. Esta só viria anos mais tarde, depois de a sede do império português ser transferida para o Brasil com a chegada da Família Real, em 1808.

Parte II:

A construção do Estado

A chegada da Família Real

DAS AGITAÇÕES políticas do final do século XVIII, a que teve consequências mais extensas foi a Revolução Francesa. A causa inicial do movimento foi a crise financeira na França, aliada à falta de alimentos para a população. Para tentar conter a situação, o rei Luís XVI foi obrigado a convocar os Estados Gerais, uma espécie de parlamento dividido em três estados: nobreza, clero e burguesia. Cada um deles valia um voto, assim, a vasta maioria da população, incluída no estado da burguesia, era sub-representada. Influenciados pelos ideais iluministas, os burgueses criaram uma Assembleia Nacional, que ganhou o apoio da população, levando a uma revolta generalizada que teve seu auge com a queda da prisão da Bastilha, em 14 de julho de 1789.

O movimento acabou levando ao fim do Antigo Regime no país, com a promulgação de uma Constituição que proclamou a igualdade em direitos e deveres entre todos, aboliu os poderes absolutos do rei e acabou com os privilégios do clero e da nobreza. A nova ordem, porém, descambou para a execução indiscriminada de aristocratas e opositores do regime, fase que ficou conhecida como O Terror. Entre os executados, estavam o rei Luís XVI e sua esposa, Maria Antonieta, julgados e levados à guilhotina em outubro de 1793.

Esses acontecimentos extraordinários, que levaram à quebra da estrutura de poder, inspiraram várias revoltas, não só nas colônias, mas também em territórios europeus. Em consequência, as grandes potências, sentindo-se ameaçadas, tentaram se unir para lutar contra essa nova França. Portugal chegou a participar da campanha ao lado de sua antiga aliada Inglaterra, mas, quando a Espanha mudou de lado e se alinhou à França, em 1795, o país viu-se numa situação difícil. O vizinho mais forte começou a pressionar os portugueses para se voltarem contra os seus aliados ingleses.

Isso colocou d. João, príncipe regente de Portugal, numa posição delicada. Ele havia assumido o governo devido à doença de sua mãe, a rainha d. Maria I, cuja saúde mental se deteriorara nos anos anteriores a ponto de deixá-la incapaz de gerir os negócios de Estado. D. João buscou manter a neutralidade do Estado português, que, por um lado, dependia do comércio com a Inglaterra e, por outro, com seu Exército negligenciado havia anos, não tinha poderio militar para fazer frente à Espanha e à França. Se não contava com muito poder de fogo, Portugal compensava pela habilidade de seus diplomatas e espiões em outras cortes. Assim, d. João ficou sabendo dos planos da Espanha de invadir seu país a tempo de invocar o tratado de aliança com a Inglaterra, que enviou seis mil homens. O conflito, no entanto, não aconteceu, e a força foi desmobilizada.

Portugal e Espanha chegaram a se enfrentar brevemente em 1801, na chamada Guerra das Laranjas, que durou apenas de 20 de maio a 6 de junho. Combates aconteceram tanto no território português quanto nas colônias dos dois países na América, e, no final, houve ganhos e perdas para os dois lados. Enquanto a Espanha tomou a região portuguesa de Olivença, Portugal conquistou terras espanholas no Brasil, aumentando o território do Rio Grande do Sul em um terço e fixando a fronteira do atual Mato Grosso do Sul na margem do rio Apa.

Enquanto Portugal se esforçava para se manter fora da disputa, as fronteiras europeias vinham sendo redesenhadas pelo líder que surgiu após a Revolução Francesa: Napoleão Bonaparte. Nascido na Córsega, em 1769, destacou-se como importante estrategista militar nas campanhas pós-revolucionárias. Em 1799, tornou-se o "primeiro cônsul", na prática um ditador com poderes absolutos, e seria coroado como imperador dos franceses em 1802. Suas vitórias foram refazendo o mapa da Europa e espalhando os ideais da Revolução Francesa, o que apavorou as antigas monarquias. Numa tentativa de continuar à margem da luta, d. João aceitou pagar, e caro, por sua neutralidade. Em maio de 1803, ele concordou em dar à França 1 milhão de libras, divididas em prestações de 40 mil por mês, sob protestos do conselheiro Rodrigo de Souza Coutinho, futuro conde de Linhares, para quem esse dinheiro seria mais bem empregado para reorganizar o Exército lusitano.[1]

Dom João, Príncipe do Brasil Regente de Portugal, gravura de Francesco Bartolozzi, 1804. Acervo: Biblioteca Nacional.

O Bloqueio Continental

A única potência europeia a fazer frente à França no período foi a Inglaterra, que derrotou a Marinha de Napoleão em 1805 na batalha de Trafalgar, próximo à costa da Espanha. A destruição da frota acabou com as esperanças do imperador francês de invadir sua rival insular, assim, ele resolveu atacá-los onde causaria mais danos: na economia. A Inglaterra, na época, estava em plena Revolução Industrial e dependia fortemente tanto da entrada de matéria-prima quanto de mercados consumidores externos para seus produtos. Assim, Napoleão instituiu, em 1806, o Bloqueio Continental, proibindo que produtos britânicos e até mesmo seus cidadãos entrassem em qualquer território controlado pela França. Posteriormente, a medida estendeu-se para considerar qualquer navio proveniente de um porto inglês, independentemente da nação, como passível de ter sua carga confiscada.

A pressão para que Portugal aderisse ao Bloqueio Continental, fechando seus portos aos produtos ingleses, tornou-se mais forte em agosto de 1807. A França exigia que o país expulsasse o embaixador britânico, prendesse os súditos desse país em seu território e confiscasse suas propriedades. Além disso, Portugal teria que entregar sua frota de navios para a França e a Espanha e fornecer fundos para essas nações lutarem contra os ingleses. Caso as exigências não fossem obedecidas até o dia 1º de setembro, ambas as potências declarariam guerra ao país.

Uma ideia antiga

D. João viu-se entre duas alternativas igualmente catastróficas. Por um lado, se aceitasse as condições, a poderosa armada britânica, que dominava o Atlântico, tomaria para si as ricas colônias na América, efetivamente tirando de Portugal a condição de potência colonial. Por outro, não tinha condições de enfrentar o poderio militar franco-espanhol, e recusar poderia colocar em risco a própria existência do país. O príncipe regente então fez o que sabia melhor. Continuou insistindo em promessas e conversas diplomáticas com os franceses enquanto procurava ganhar tempo para um terceiro caminho: a transferência da corte portuguesa inteira para o Brasil.

A ideia não era nova. Em outros momentos de crise para a dinastia portuguesa, já havia sido sugerida por diversos soberanos, intelectuais e políticos a mudança do centro de poder através do Atlântico para a segurança da colônia, distante das disputas na Europa. A primeira vez que se considerou essa medida foi durante a luta para evitar a União Ibérica, em 1580, e a hipótese vinha sendo estudada novamente. Em 1801, d. Pedro, marquês de Alorna, escreveu para d. João:

> Portugal [...] não é mais essencial parte da monarquia; [...] ainda resta ao seu soberano, e aos seus povos, o irem criar um poderoso império no Brasil, donde se volte a conquistar o que se possa ter perdido na Europa [...] e donde se continua uma guerra eterna contra o fero inimigo, que recusa reconhecer a neutralidade de uma potência, que mostra desejar conservá-la. Quaisquer que sejam os perigos, que acompanham tão nobre, e resoluta determinação, os mesmo são sempre muito inferiores aos que certamente hão de seguir-se da entrada dos franceses nos portos do reino, e que ou hão de trazer a abdicação de V. A. R. à sua real coroa, a abolição da Monarquia, ou uma opressão fatal.[2]

Enquanto buscava ganhar tempo negociando o cumprimento parcial das imposições de Napoleão e conseguia um adiamento do prazo para outubro, d. João mandou chamar de volta a frota portuguesa que patrulhava o Mediterrâneo em busca de piratas e reuniu o Conselho de Estado em 26 de agosto de 1807. Foi decidido então que o príncipe da Beira, d. Pedro, de 8 anos, seria enviado para o Brasil.

D. Pedro era o quarto filho e segundo menino de d. João e sua esposa, a infanta espanhola d. Carlota Joaquina. Nascido em 12 de outubro de 1798 no Palácio de Queluz, tornou-se príncipe da Beira, segundo na linha de sucessão ao trono, em 1801, quando seu irmão mais velho, d. Francisco Antônio, faleceu de varíola. Assim se cumpria mais uma vez a chamada maldição dos Braganças, que teria sido lançada por um franciscano contra d. João IV antes de ele ser aclamado rei de Portugal. Por ter sido expulso pelo duque com um pontapé ao pedir esmolas, o religioso rogou-lhe uma praga, segundo a qual a descendência dos Bragança nunca passaria pelo primogênito. Verdade ou não, raros foram os primeiros filhos homens dos Braganças que chegaram a subir ao trono, e os que conseguiram não reinaram tempo suficiente para deixar herdeiros.

D. Pedro deveria viajar acompanhado da tia, a infanta d. Maria Benedita, irmã de d. Maria I e viúva do irmão de d. João, e dos condes de Belmonte, nomeados camareira-mor e aio principal do príncipe. Inicialmente, pensou-se em mandá-lo para São Paulo, mas depois foi escolhido o Rio de Janeiro, capital do Estado do Brasil. A ideia de enviar o pequeno herdeiro para a colônia americana serviu de pretexto para o preparo de uma frota, que começou a ser carregada com bens da Família Real.

O príncipe regente encarregou-se de avisar a mãe, a rainha d. Maria, que, com surpreendente lucidez, se posicionou contrária: "E tuas tias, que ficam aqui fazendo? Ou vamos todos, ou não vá ninguém".[3] Em 30 de setembro, ele também informou d. Carlota Joaquina de que pretendia enviar, além de d. Pedro, mais dois filhos, para dar garantias aos ingleses, e que, se necessário, enviaria a família inteira. Aterrorizada, d. Carlota chegou a escrever aos pais na Espanha implorando para que a recebessem com as crianças restantes.

Com o fim do prazo, França e Espanha perderam a paciência com a procrastinação de d. João e retiraram seus embaixadores de Portugal. O príncipe regente desesperadamente tentou apaziguá-los, expulsando o embaixador britânico e tentando negociar o casamento de d. Pedro com uma sobrinha de Napoleão, mas tudo o que conseguiu foi deixar a Inglaterra em alerta. O país enviou uma frota para a costa portuguesa, com ordem de destruir os navios no Tejo caso Lisboa caísse, para que as embarcações não fossem parar nas mãos dos franceses e acabassem servindo para atacar a Grã-Bretanha.

A partida

Em meados de outubro, as tropas de Napoleão começaram a se organizar para a invasão. Na noite de 24 de novembro, com o Exército francês já em território português, o comandante da frota inglesa, Sidney Smith, enviou um ultimato a d. João, afirmando que bloquearia os portos, apreenderia os navios de guerra portugueses e sequestraria os navios mercantes partindo para o Brasil. O príncipe regente então convocou um último Conselho de Estado, no qual foi decidido que ele e toda a sua família embarcariam imediatamente para cruzar o Atlântico.

À meia-noite, d. João já estava a postos dando ordens sobre o que deveria ser embarcado e quem poderia viajar. Não apenas os objetos pessoais da Família Real, incluindo joias e adereços, mas também o tesouro, os pertences da igreja Patriarcal de Lisboa e até a biblioteca deveriam seguir para o Brasil. O embarque iniciou-se no dia 27, sob o olhar mal-humorado dos lisboetas.

O embarque de d. João, príncipe regente de Portugal, e toda a Família Real para o Brasil no cais de Belém. Gravura de Henri L'Évêque, *circa* 1813. Acervo: Biblioteca Nacional de Portugal.

Milhares de membros da corte amontoaram-se no cais de Belém para tentar embarcar com a Família Real. O sétimo marquês de Fronteira, que tinha então 6 anos, relembraria a desordem:

> As bagagens da corte, expostas ao tempo e quase abandonadas, ocupavam desde a rua da Junqueira até ao Cais, e as carruagens não puderam entrar no largo de Belém, porque o Estado do Príncipe, o imenso povo que estava no largo, as bagagens, e o regimento de Alcântara que fazia a guarda de honra, impediam o trânsito. Não pudemos, portanto, ver os nossos parentes que partiam. [...]
>
> A maior parte das famílias, em consequência da confusão que reinava, dividiram-se, embarcando no primeiro navio que encontravam: as bagagens, em grande parte, ficaram em terra, e muita da que embarcou foi em navios onde não iam os seus donos [...].[4]

A perda das bagagens seria causa de lamentos para muitas pessoas da corte. Não ficaram para trás apenas roupas e outros elementos necessários para se instalar no destino remoto, mas também objetos de valor que tanto poderiam servir como símbolos de sua posição superior quanto garantir a sobrevivência em tempos difíceis. Além disso, perdiam-se coisas de valor sentimental, cuja memória afetiva poderia tornar o exílio menos difícil.

Na nau *Príncipe Real*, junto com mais de mil pessoas, embarcaram d. Maria, d. João, d. Pedro e d. Miguel. Dessa maneira, tanto a rainha quanto toda a linha de primogenitura masculina da Casa de Bragança estava no mesmo navio; se algo acontecesse com ele, a dinastia praticamente se extinguiria.

Finalmente, em 29 de novembro, a esquadra partiu rumo ao destino incerto, encontrando-se com a frota britânica, parte da qual acabou fazendo a escolta dos portugueses para o Brasil. A colônia para a qual partiam, além de clima e natureza diferentes, tinha outros hábitos e costumes e muito menos estrutura. Universidades, indústrias e imprensa eram inexistentes, pois continuavam proibidas, a infraestrutura era precária, e a máquina administrativa ainda precisava ser construída.

O início do processo da Independência

Não é coincidência que essa realidade começou a ser mudada a golpes de pena quase imediatamente após a nau *Príncipe Real* e as outras embarcações da esquadra que não se perderam nas tempestades do Atlântico aportarem em Salvador, em 22 de janeiro de 1808, após 54 dias no mar. Em meio à recepção efusiva na capital baiana, d. João assinou, no dia 28, uma carta régia que abria os portos do Brasil para as nações amigas. A partir desse momento, ficou encerrado o monopólio de Portugal no comércio com a colônia, uma medida necessária para reorganizar as finanças do Reino com a mudança na sede do poder.

Decreto da abertura dos portos. Acervo: Biblioteca Brasiliana Guita e José Mindlin – PRCEU/USP.

Esse pode ser considerado efetivamente o primeiro passo para a Independência brasileira. A medida, porém, pode ter sido tomada tão rapidamente devido às centenas de navios parados nos portos brasileiros desde outubro de 1807, que haviam recebido ordens para não zarpar com suas cargas de pau-brasil, açúcar e outros produtos. Na prática, a abertura dos portos beneficiava a Inglaterra, principal parceira comercial de Portugal. Isso dava ao país aliado acesso direto tanto às riquezas naturais do Brasil quanto a seu mercado interno, mediante taxas especiais de importação e exportação, mais baixas até que para os navios portugueses.

O novo mercado brasileiro era uma dádiva para a Inglaterra, que vivia a Revolução Industrial. A invenção do tear a vapor, em 1776, fez com que pela primeira vez uma máquina fizesse o trabalho no lugar de seres humanos, o que permitiu aumentar exponencialmente a produção de tecidos a um custo muito mais baixo. Para escoar o excesso de produtos industrializados, os ingleses buscaram aumentar o número de consumidores em todos os lugares do mundo, ao mesmo tempo que necessitavam de uma quantidade muito maior de matéria-prima.

Quando chegou a notícia de que podiam negociar livremente com o Brasil, os comerciantes ingleses não tinham muita ideia do que poderia ser de interesse desse novo mercado que se abria. A falta de informações sobre o país, consequência do antigo monopólio colonial, fez com que seus primeiros carregamentos estivessem repletos de fogões e tecidos grossos de lã para aquecer os brasileiros.[5]

Mais dados sobre o país começaram a chegar à Europa por meio de viajantes estrangeiros, que passaram a poder desembarcar aqui. Seus relatos, publicados ao longo dos anos seguintes, levariam ao resto do mundo o conhecimento das riquezas, da natureza, dos hábitos e dos costumes do Brasil, o que Sérgio Buarque de Holanda chamou de seu "novo descobrimento".[6]

Mas a abertura dos portos brasileiros não foi a única ação de d. João ao chegar ao Brasil. Ainda na Bahia, ele decretou a incorporação da primeira companhia de seguros brasileira, intitulada Comércio Marítimo, dessa forma a carga dos navios passaria a ser assegurada diretamente no Brasil; autorizou a criação de uma fábrica de vidro, uma de pólvora e uma fundição de artilharia; tomou decisões em prol da criação de um plano de defesa para Salvador, incluindo a construção de navios e a fortificação do porto; e ainda mandou abrir estradas, especialmente para o Rio de Janeiro.[7]

Outra das medidas tomadas por d. João em Salvador foi a criação da primeira faculdade do Brasil não voltada para as carreiras militar e religiosa: a Escola de Cirurgia da Bahia. O decreto autorizando a formação desta foi assinado em 18 de fevereiro de 1808. A escola passou a se chamar Faculdade de Medicina da Bahia em 1832 e está em funcionamento até hoje.

Enquanto isso, a corte sentia o choque de sua chegada à colônia portuguesa do outro lado do Atlântico. À primeira vista, com suas ladeiras e construções em diversos níveis, Salvador deve ter lembrado Lisboa, porém a semelhança parava por aí. Além da exuberante natureza tropical e do calor úmido, a capital da Bahia tinha uma população em que negros e mestiços eram maioria, superando o número de brancos em quase três vezes.

D. João pareceu ter gostado da cidade, onde foi cercado de pompa e homenagens pela população, que desejava que a corte se instalasse ali, assim Salvador se tornaria de novo a capital e o centro do poder do Brasil. Os comerciantes da cidade chegaram a prometer construir às próprias custas um palácio real para moradia da família. Mas, embora tenha prolongado sua permanência, cobrindo os baianos de honras e condecorações, o príncipe regente não lhes fez o desejo: embora Salvador fosse uma cidade ampla e bem edificada, era vulnerável, difícil de defender, e estava mais próxima da Europa do que ele gostaria no momento. D. João, a família e o resto da corte zarparam em 26 de fevereiro para a então capital colonial do Brasil, o Rio de Janeiro.

"O novo império que vai criar"

A notícia da vinda da Família Real havia chegado ao Rio de Janeiro em 14 de janeiro, trazida pelo brigue *Voador*. Três dias depois, entraram no porto sete navios portugueses e três barcos ingleses da escolta, parte da esquadra que havia se separado durante a tempestade. Mas, para a decepção dos cariocas, os únicos Braganças a bordo eram duas irmãs de d. Maria I e duas das filhas de d. João. Finalmente, em 7 de março, surgiram na baía de Guanabara os barcos restantes, trazendo a rainha, o príncipe regente, a princesa d. Carlota e os demais filhos. Salvas de canhão e badaladas de sinos comemoraram a chegada, embora o desembarque da família só ocorresse no dia seguinte, numa grande parada militar.

Uma das primeiras medidas de d. João ao chegar ao Rio de Janeiro é datada de 1º de maio de 1808, cinco meses após a invasão francesa de Portugal. Da segurança da corte em sua sede na América, o príncipe regente declarou guerra à França. No manifesto em que dava as razões para a medida, ele afirmou:

> Não é com injúrias, nem com vãs e inúteis ameaças que a corte de Portugal levantará sua voz no seio do novo império que vai criar; é com fatos autênticos e verdadeiros [...] que fará conhecer à Europa e seus vassalos tudo que acaba de sofrer; despertará a atenção dos que podem ainda desejar não serem vítimas de uma tão desmedida ambição, e que poderão ainda sentir quanto a sorte futura de Portugal e a restituição dos seus Estados, invadidos sem declaração de guerra e no seio da paz, deve ser preciosa para a Europa [...].[8]

Muito mais que uma justificativa para a guerra com a França, o manifesto de d. João ressaltava a criação desse "novo império" que ele começava a construir na América, deixando para trás a antiga metrópole, que, nesse momento, estava nas mãos do inimigo.

Na construção desse império americano, d. João criou, na data de seu aniversário, 13 de maio de 1808, a Imprensa Régia. Com ela, pela primeira vez, foi possível imprimir no Brasil os próprios jornais e livros. Entretanto, nem todas as medidas ditas como civilizatórias, do ponto de vista eurocêntrico, tomadas por d. João foram positivas. No mesmo dia, uma carta régia do príncipe regente declarou "guerra justa" contra os indígenas conhecidos como botocudos do Rio Doce, estabelecidos nos atuais estados de Minas Gerais e Espírito Santo. Tidos como ferozes e inconquistáveis, resistiam à assimilação pelos colonizadores e costumavam atacar invasores. Num retrocesso de décadas, desde que o marquês de Pombal proibira a escravização dos povos originários, em 1755, foi permitido que os botocudos fossem escravizados e suas terras, tiradas deles. Mais tarde, essa guerra se estenderia aos caingangues de São Paulo. O resultado foi o extermínio de boa parte desses povos originários.

Guerra aos botocudos. Gravura de Jean-Baptiste Debret, 1835. Acervo: Biblioteca Brasiliana Guita e José Mindlin – PRCEU/USP.

Enquanto seres humanos eram dizimados e aprisionados em nome da civilização, a corte portuguesa viu-se instalada em meio à beleza natural do Rio de Janeiro. Cercado de morros e florestas tropicais, deve ter encantado os viajantes, mas a capital em si não estava à altura da paisagem. Diferentemente de Salvador, o Rio era construído quase que inteiramente ao nível do mar. Embora fosse o principal porto do Brasil, ligando várias regiões, era uma cidade apertada, espremida entre o mar, os mangues e as montanhas, com apenas 46 ruas estreitas e tortuosas e algumas vielas, muitas delas sem calçamento, e sem muito espaço para crescer. A topografia era bem diferente da atual, já que muitos morros existentes na época foram arrasados e transformados em aterros, ampliando a área edificável da cidade.

Os moradores sofriam com a insalubridade. Na época, acreditava-se que isso ocorria porque os morros impediam que o ar circulasse adequadamente, tornando o local abafado. Além disso, o centro urbano era cercado de brejos e terrenos alagadiços. Para completar, devido à falta de saneamento básico, o esgoto corria a céu aberto em valas no meio das ruas. Isso fazia com que doenças como varíola, cólera e disenteria se multiplicassem, sobretudo no verão. Também havia problemas crônicos de abastecimento de água, segurança pública e moradia. Todas essas questões agravaram-se com a chegada dos milhares de pessoas que acompanharam a Família Real.

A questão mais urgente era como abrigar esse contingente todo imediatamente, já que o Rio de Janeiro não tinha nem sequer um hotel ou pensão para viajantes. Para d. Maria, d. João e sua família, assim como para os seus trezentos serviçais e as repartições do governo, o vice-rei do Brasil, o conde dos Arcos, preparou com antecedência o Palácio dos Vice-Reis, reformando-o e redecorando-o com sedas. Apesar de todo o esforço do conde, o chamado Palácio Real de palácio só tinha o nome, sendo pouco confortável e nada suntuoso. O edifício foi ligado por passadiços ao Convento do Carmo, que foi evacuado e destinado para os aposentos da rainha, além de para algumas repartições e a sede da biblioteca real. Também foi requisitado o prédio da Casa de Câmara e Cadeia para abrigar o restante da corte.

Já os demais membros da comitiva foram beneficiados por um sistema conhecido como "aposentadoria ativa". Esse costume permitia aos membros da nobreza que estivessem a serviço da coroa longe de seu local de residência escolher a moradia que quisessem, mesmo que estivesse ocupada pelos proprietários legais. Assim que a requisição era feita, um juiz mandava intimar os ocupantes, e a casa era marcada com as letras P. R. (Propriedade Real ou Príncipe Real). Rapidamente, os cariocas começaram a interpretar essa inscrição jocosamente como "ponha-se na rua" ou "prédio roubado".[9] Isso não ajudou a tornar os cortesãos portugueses mais queridos pela população, especialmente porque muitos desses funcionários carregavam na bagagem o preconceito contra os brasileiros.

Essas residências também estavam bem distantes do que os aristocratas portugueses estavam acostumados. A maioria das casas do Rio eram prédios acanhados, baixos e estreitos e de aspecto desagradável se comparados com as construções lisboetas. As janelas eram cobertas por muxarabis e rótulas, estruturas de madeira que visavam ocultar os moradores, sobretudo as mulheres, dos olhares de quem passava. Um ano mais tarde, d. João proibiu essas coberturas, que davam à cidade um ar de vila mourisca. Alguns acreditam que a medida visava modernizar a aparência do Rio, mas outros pensam que se tratava de uma questão de segurança: por trás das rótulas e muxarabis, poderia se esconder um atirador.

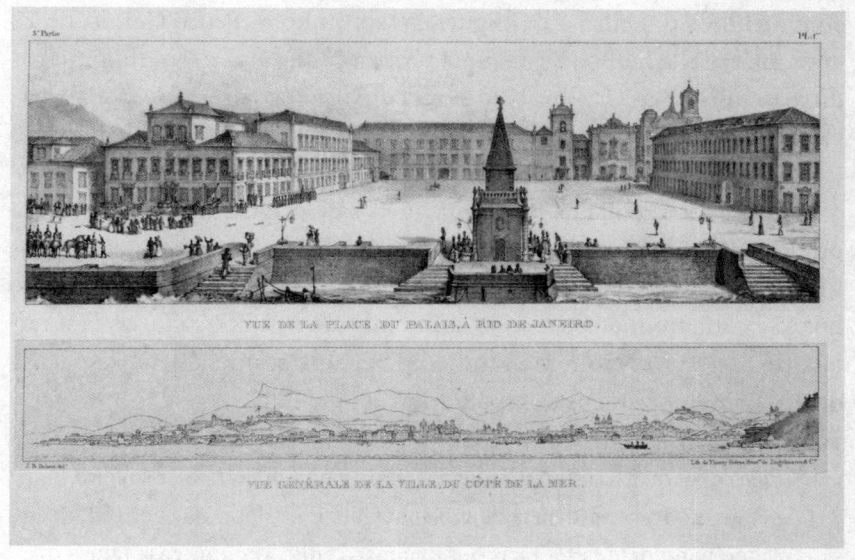

O Rio de Janeiro retratado por Debret. Em cima, vê-se, ao centro, em primeiro plano, o chafariz de Mestre Valentim, que servia para abastecer a região e os navios no porto do Rio de Janeiro. Do lado esquerdo, está o antigo Paço Real, depois renomeado Paço Imperial; ao fundo, o Convento do Carmo; e, na sequência, a Capela Real, depois Imperial. Embaixo, há uma vista do centro do Rio de Janeiro a partir da baía da Guanabara. Gravura de Jean-Baptiste Debret, 1835. Acervo: Biblioteca Brasiliana Guita e José Mindlin – PRCEU/USP.

Nos anos seguintes, a situação da moradia melhorou, com novas edificações espalhando-se para outras áreas, como Botafogo, Catete e Engenho Velho, onde a nobreza construía chácaras e casarões. Enquanto isso, as populações mais pobres tiveram de se mover para o

norte e o oeste da cidade, como para o Morro do Valongo, Catumbi e
Mata-Porcos. Tal como Salvador, a maior parte da população carioca
era formada por negros, escravizados ou libertos, que compunham dois
terços do total de habitantes.

Até d. João e d. Carlota deixaram o desconforto do palácio improvisado no centro da cidade por residências em áreas mais distantes. E, como ocorria em Portugal, os dois voltaram a viver separados.
Enquanto d. Carlota e as filhas dividiam seu tempo entre uma casa em
Botafogo e chácaras no Andaraí e em Mata-Porcos, d. João instalou-se,
com os filhos d. Pedro e d. Miguel e o sobrinho d. Pedro Carlos, de 22
anos, na Quinta da Boa Vista, uma propriedade rural a seis quilômetros
da cidade, em São Cristóvão. O nome do local fazia referência ao cenário deslumbrante que se enxergava da residência, com o mar de um lado
e o maciço e a floresta da Tijuca, do outro.

A casa da Quinta da Boa Vista havia sido originalmente construída
por Elias Antônio Lopes, nome aportuguesado do traficante de escravos
Elie Antun Lubbus, de origem sírio-libanesa. Ele aproveitou um edifício
que já existia num dos terrenos desmembrados da antiga fazenda jesuítica de São Cristóvão e mandou edificar uma residência tão espaçosa
que os contemporâneos se espantaram.

> Esta casa era extraordinariamente grande para um particular solteiro,
> pequena para a residência de um soberano. É de notar que em 1803,
> sendo perguntado este Elias por que razão edificava uma casa tama-
> nha, respondeu (talvez baseado em certas profecias, que o povo su-
> persticioso cria deverem-se realizar por aquela época) que era para
> residência do príncipe regente de Portugal, e com efeito em 1808 a
> ofereceu ao príncipe, que a aceitou.[10]

Assim que a Família Real chegou ao Rio de Janeiro, Lopes mandou
reformá-la e ofereceu-a como um presente a d. João. Esse presente não
era sem segundas intenções: o comerciante esperava receber recompen-
sas e benefícios em troca. De fato, além de uma vultosa compensação
em dinheiro, ele recebeu posições e o título de Cavaleiro Fidalgo da
Casa Real. Isso fez dele um dos primeiros cidadãos brasileiros a ascen-
der socialmente, passando de comerciante burguês a fidalgo.

Gravura de Jean-Baptiste Debret representando a evolução do Palácio de São Cristóvão, na Quinta da Boa Vista, no Rio de Janeiro, desde a chegada da Família Real, em 1808, até a abdicação de d. Pedro I, em 1831. Gravura publicada em 1835. Acervo: Biblioteca Brasiliana Guita e José Mindlin – PRCEU/USP.

Além dessas propriedades, a Família Real ainda dispunha para si da Fazenda de Santa Cruz, onde costumavam passar várias semanas por ano. As terras haviam sido incorporadas ao patrimônio da coroa após a expulsão dos jesuítas.

Como d. João ia todos os dias até o centro, onde a rainha d. Maria I permanecia morando, ele mandou construir um novo caminho ligando São Cristóvão até lá e, para isso, foi feito um aterro. Buscando que as carruagens não saíssem da pista durante a noite e caíssem no terreno alagadiço em volta, a estrada foi delimitada por postes de alvenaria e iluminada por lampiões de azeite.[11] Depois da morte de d. Maria, d. João passaria a viver permanentemente na quinta, que serviria de residência para a dinastia dos Braganças no Brasil pelos oitenta anos seguintes.

A saúde pública

A cidade do Rio de Janeiro passou a contar com diversas melhorias promovidas pela chegada da corte. As antigas edificações, predominantemente térreas, foram dando lugar a novas habitações de dois ou três pavimentos. Buscando melhorar a salubridade da capital, d. João ordenou que o físico-mor[12] do Reino, Manuel Vieira da Silva, investigasse suas causas. Silva concluiu que o problema não era tanto a falta de circulação do ar, como se acreditava, e sim os pântanos e charcos da cidade. Ele apontou como soluções aterrar os terrenos alagadiços e alargar e corrigir os traçados das ruas. Também defendeu a criação de um lazareto para colocar em quarentena os africanos escravizados recém-chegados, o fim dos enterramentos dentro das igrejas, o cuidado com a localização dos matadouros e a necessidade de que a medicina fosse exercida apenas por profissionais qualificados, o que ia ao encontro da criação da Escola de Cirurgia da Bahia, uma das primeiras medidas de d. João logo que desembarcara em Salvador.

Ainda na área da saúde, d. João determinou a primeira campanha de vacinação de que se tem notícia no Brasil. Ele mandou vir da Europa a tecnologia para imunizar a população contra a varíola, doença que matara seus dois irmãos, d. José e d. Mariana, e seu filho mais velho. A vacina contra esse mal fora desenvolvida pelo médico britânico Edward Jenner em 1796, e já em 1804 tentara-se a introdução do método no Brasil. O próprio d. João havia ordenado que seus filhos fossem vacinados em público, ainda em Portugal, para acabar com a desconfiança da população a respeito do novo método. Em 1811, ele criou a Junta Vacínica da Corte, por meio da qual foi instituída a vacinação em massa no Rio de Janeiro. A Junta também se ocupou de distribuir o método por todo o território brasileiro.

Remodelando o Estado brasileiro

As melhorias no Brasil não se resumiram à área da saúde, porém. Com a transferência da sede do Reino, era necessário recriar nos trópicos as condições que existiam em Portugal, e, para isso, as restrições foram sendo removidas uma a uma. A proibição de manufaturas foi abolida logo após a chegada ao Rio, em 1º de abril de 1808, e a da imprensa, em 13 de maio. Em 12 de outubro do mesmo ano, foi fundado o Banco do Brasil, primeiro banco público em todo o império português, que funcionava como um banco central, emitindo moeda, e foi fundamental para fomentar a incipiente indústria brasileira.

Além disso, com a criação da Mesa de Desembargo do Paço, em 22 de abril, e da Casa de Suplicação do Brasil, em 10 de maio, todas as altas decisões da Justiça, que até então eram realizadas somente em Lisboa, passaram para o Brasil. Assim, não era mais necessário para os súditos vivendo no continente americano remeterem seus processos judiciários para Portugal em casos mais complexos, que exigissem petições e recursos. No entanto, as capitanias do norte continuavam tendo de se dirigir ao Rio de Janeiro para obter respostas, o que era quase tão complicado quanto enviar os processos à Europa.

A criação dessas novas instituições no Brasil levou à abertura de vários postos governamentais, permitindo à elite intelectual brasileira formada em Coimbra oportunidades de colocação na sua terra natal.

Mas o maior investimento da administração de d. João foi provavelmente na formação intelectual e cultural dos brasileiros, ao menos os da elite. A educação e a ciência, particularmente no que poderia se traduzir em benefícios econômicos, estiveram entre as principais preocupações do príncipe regente. Além da Escola de Cirurgia, foram criados cursos superiores nas áreas de matemática, que deu origem à engenharia, de agricultura, de música, entre outros. D. João também criou a primeira biblioteca pública do Brasil, origem da Biblioteca Nacional, com os livros da biblioteca real trazidos de Portugal e que mandara instalar em algumas das salas do antigo Convento do Carmo, no centro do Rio de Janeiro. Adicionam-se a isso a Academia de Belas Artes; um museu de História Natural; e o Jardim Botânico do Rio de Janeiro. Este foi formado no que originalmente era um horto anexo à Fábrica de Pólvora, cujo objetivo principal era aclimatar ao Brasil plantas do mundo inteiro para que fossem cultivadas aqui. Entre as espécies do Jardim Botânico, estava o chá, cujo cultivo d. João queria introduzir no Brasil. Para isso, ele chegou a trazer um grupo de chineses da colônia portuguesa de Macau para trabalhar na plantação, mas a experiência não deu certo.

Plantação chinesa de chá no Jardim Botânico do Rio de Janeiro. Gravura de Johann Moritz Rugendas, 1835. Acervo: Biblioteca Nacional.

Missão Artística Francesa

Foi nesse espírito que, em 1816, depois da queda de Napoleão, diversos artistas franceses chegaram ao Brasil, custeados por alguns mecenas portugueses. Esse grupo, que ficou conhecido como Missão Francesa, foi prontamente encampado por d. João, que os encarregou do funcionamento da recém-criada Escola Real de Ciências, Artes e Ofícios. Os membros da missão, que incluíam, entre outros, o arquiteto Grandjean de Montigny e os pintores Nicolas-Antoine Taunay e Jean-Baptiste Debret, foram importantes para o desenvolvimento das artes no Brasil. Alguns deles acabaram se fixando definitivamente no país. Debret, particularmente, que viveu aqui por quinze anos, tornou-se pintor oficial da corte até depois da Independência, produzindo não apenas retratos de pessoas da Família Real, pinturas de grandes eventos e obras efêmeras para celebrações, mas também brasões, bandeiras, uniformes e símbolos majestáticos.

Os novos impostos

Nesse período, o centro administrativo do império lusitano havia se estabelecido firmemente no Brasil. Nos anos seguintes à transferência da Família Real, funcionários continuaram vindo de Portugal para fazer seu trabalho na nova sede, onde todos os departamentos da burocracia do Estado foram recriados. Enquanto isso, novos postos eram estabelecidos tanto para preencher as necessidades da nova estrutura quanto para fornecer rendimentos aos cortesãos portugueses. Sem receber os valores a que tinham direito por suas propriedades na Europa e sem nenhuma fonte de renda na América, estes viam-se sem condições de se sustentar e dependiam da nomeação para funções na corte. Assim, d. João multiplicou o número de camaristas, estribeiros, guarda-roupas e outros cargos exclusivos da nobreza, permitindo a seus ocupantes receberem a honra de servir a Família Real e o dinheiro equivalente.

O resultado foi uma máquina pública inchada, sustentada por uma série de novas taxas e impostos que recaíam sobre os cidadãos comuns, mesmo os que viviam em lugares distantes da capital. Uma delas era a taxa de iluminação pública urbana da corte. O Rio de Janeiro, diferentemente de outras cidades, passou a ter suas ruas iluminadas com lampiões, e as outras capitanias brasileiras foram taxadas por isso mesmo sem usufruírem desse privilégio. Outra taxa criada por d. João, em vigor até hoje, é a de utilização dos faróis, cobrada de navios que percorrem a costa brasileira.

Gravura de Jean-Baptiste Debret mostrando as primeiras ocupações da manhã nas ruas do Rio de Janeiro. Na cena, vemos um escravizado descendo um lampião de rua para apagá-lo. Gravura de 1831. Acervo: Biblioteca Brasiliana Guita e José Mindlin – PRCEU/USP.

Novos habitantes e novas classes sociais

Também se juntaram à população brasileira, a partir da abertura dos portos, imigrantes de diversas origens, como franceses, ingleses e espanhóis, que se estabeleceram sobretudo como artesãos e comerciantes. A presença de franceses no Rio de Janeiro, por exemplo, tornou-se sinônimo de artigos de luxo, por seus trabalhos como modistas, perfumistas, cabeleireiros etc. Toda essa imigração transformou o Rio de Janeiro: a população aumentou de 60 mil para mais de 79 mil pessoas entre 1808 e 1821. Destas, cerca de 10 mil pessoas eram estrangeiras.[13]

Poucos membros da alta nobreza portuguesa fizeram a viagem para a América. A maioria dos que vieram pertencia a famílias decadentes, com mais status que dinheiro.[14] Isso propiciou o surgimento de uma nova elite emergente no Brasil, formada sobretudo por famílias ricas de comerciantes – em sua maioria traficantes de escravos, o negócio mais lucrativo na época – e, em menor número, de fazendeiros. Eles consolidavam sua influência na corte por meio de trocas de favores e estabelecimento de relações pessoais, incluindo casamentos, com os grupos que concentravam o poder. Essa elite detinha o poder econômico e, consequentemente, dava sustentação financeira à corte, até mesmo fornecendo fundos diretamente por meio de subscrições públicas e doações particulares.

O meio de que d. João dispunha para dar reconhecimento a essa burguesia ascendente era a distribuição de honrarias, como títulos de nobreza, mercês e condecorações, em retribuição pelas contribuições financeiras. Na prática, o capital comprava prestígio, independentemente dos méritos individuais de cada um. Segundo João Armitage[15], "indivíduos que nunca usaram de esporas foram crismados cavaleiros, enquanto outros que ignoravam as doutrinas mais triviais do Evangelho foram transformados em Comendadores da Ordem de Cristo".

Por exemplo, Elias Antônio Lopes, que cedera o palácio da Quinta da Boa Vista aos Braganças, recebeu o título de Cavaleiro Fidalgo. Mas outros tiveram honras ainda maiores, ascendendo à nobreza: durante seu período no Rio, d. João concederia 73 títulos, uma média de seis por ano, sendo apenas quatro para brasileiros natos.[16] Foi o caso de Ana Francisca Rosa Maciel da Costa, viúva do comerciante português Brás Carneiro Leão e membro de uma das famílias mais ricas do Rio de Janeiro, cujo dinheiro vinha do comércio de produtos brasileiros na época da Colônia. Em 1812, ela recebeu o título de baronesa de São Salvador dos Campos de Goytacazes, tornando-se a primeira brasileira nata a receber um título nobiliárquico no Brasil. Uma de suas netas se casaria com o conde de Linhares, principal conselheiro de d. João VI. Dessa maneira, d. João, elevando a burguesia à nobreza, evitou que, a exemplo da França, a elite econômica brasileira se voltasse contra a aristocracia lusitana.

Novos espaços de sociabilidade

Toda essa nova elite gravitava em torno do Paço, onde estava a sede do governo e onde se realizavam as cerimônias e celebrações oficiais. Na estrutura da corte portuguesa, o paço era o lugar onde o rei recebia seus cortesãos; assim, tanto o antigo Palácio dos Vice-Reis quanto a Quinta da Boa Vista tinham esse título. Nesta última, todos os dias, menos domingos e feriados, entre oito e nove horas da noite, d. João recebia para o beija--mão. Durante essa cerimônia, qualquer pessoa, nobre ou plebeu, nacional ou estrangeiro, poderia se dirigir a ele, beijar sua mão e fazer petições, assim como solicitar mercês. Os peticionários, porém, eram filtrados previamente pelos ministros da corte. Já os beija-mãos de gala, realizados nas festividades oficiais, eram realizados durante o dia, no Paço da Cidade.

Receber uma honraria significava ter acesso a esse novo espaço de sociabilidade e à pessoa do soberano, assim como a certas benesses, como cargos que ofereciam rendas ou mesmo a possibilidade de se servir da mesa real, recebendo refeições à custa do Estado. Além disso, para os grandes comerciantes, por exemplo, isso significava ter influência em benefício de seus negócios.

A presença da corte ainda colaborou para mudar os hábitos dos moradores do Brasil, em particular do Rio de Janeiro. Viajantes que chegaram à cidade nos primeiros anos da presença da Família Real notaram a escassez e precariedade das distrações. Havia poucos teatros, com repertórios pobres, e a principal diversão eram as festas religiosas. Isso começou a mudar, sobretudo, com a inauguração do Teatro São João, hoje Teatro João Caetano, em 1813. Essa casa de espetáculos era frequentada pela sociedade, inclusive a Família Real, e chegava a trazer companhias da Europa.

Além de novos hábitos, a corte dos Braganças trouxe para o Brasil todo o aparato musical do qual se cercava em Portugal. A música era uma forma de demonstração de poder para as monarquias europeias, e nem a corte de d. Maria I, nem a de d. João ficavam a dever às demais. Além daquela apresentada nos teatros, a música sacra, de especial predileção de d. João, passou a ser ouvida em todo o seu esplendor na Capela Real, com regente de coro, orquestra e toda a estrutura que acabou sendo adaptada no Rio de Janeiro. A ela, começaram a ser incorporados também músicos e compositores brasileiros. Foi o caso, por exemplo, do

Gravura de Jean-Baptiste Debret mostrando um funcionário do governo saindo de casa com a família. Gravura de 1831. Acervo: Biblioteca Brasiliana Guita e José Mindlin – PRCEU/USP.

padre José Maurício Nunes Garcia (1767-1830), um mulato brasileiro que tinha 41 anos quando da chegada da Família Real. Ele foi nomeado, em 1808, Mestre da Capela Real e foi professor de música do príncipe d. Pedro. José Maurício foi um dos maiores compositores brasileiros de sua época e granjeou grande prestígio junto a d. João.

Oferecer bailes e banquetes, usando roupas elegantes à moda europeia, também passou a fazer parte dos divertimentos da alta sociedade, que aos poucos sofisticava suas residências. Os interiores simples, onde os maiores luxos eram baús para guardar roupas, foram ganhando objetos como escrivaninhas e armários, decorados com porcelanas e cristais vindos do exterior. Enquanto isso, os portugueses da corte trouxeram estabelecimentos como as confeitarias, onde o consumo das iguarias servia de desculpa para encontros sociais.

Para as mulheres, sobretudo, houve uma grande mudança. Antes, a elas só era permitido sair de casa para ir à igreja. Escondidas atrás das rótulas e das roupas severas, não recebiam nenhum tipo de educação e não desenvolviam habilidades sociais. Agora, no entanto, podiam sair para se divertir, indo a bailes ou ao teatro e disputando entre si quem usava as roupas mais luxuosas e as joias mais resplandecentes.

Reino Unido

ENQUANTO D. João criava seu novo império americano, Portugal vivia um dos períodos mais duros de sua história. As tropas francesas, que haviam partido de seu país em outubro de 1807, atravessaram a Espanha, onde receberam reforços espanhóis, e montaram uma base na cidade de Alcântara, fronteira com Portugal. Enquanto isso, em 27 de outubro, França e Espanha assinaram o Tratado de Fontainebleau, dividindo o território português entre si. Como se não bastasse a dissolução antecipada do reino pelas potências que já se viam vencedoras de uma guerra que ainda nem havia começado, Napoleão fazia ameaças à família Bragança. Ele afirmava que os tiraria do trono e que a Inglaterra estava mais interessada em tomar a colônia do Brasil do que em defender os aliados.

O general Jean-Andoche Junot, que liderava o exército, tinha ordens de chegar o mais rápido possível a Lisboa, já que se temia que tropas britânicas desembarcassem a qualquer momento e complicassem a invasão. Para tanto, foi decidido que ele deveria seguir pelo vale do rio Tejo, que se acreditava ser o caminho mais curto e menos defendido.

Porém, não pela última vez, a perspicácia dos portugueses enganou os franceses. A estrada que deveria seguir junto ao rio só existia no mapa e a região era povoada apenas por camponeses pobres em aldeias

distantes umas das outras. As tropas passaram maus momentos, avançando sob um clima inclemente por um terreno difícil e, em alguns lugares, inundado, sem possibilidade de se reabastecer. Ao chegarem a
Abrantes, estavam tão desgastados e com o equipamento tão destruído
que tiveram que encomendar 12 mil pares de sapatos para os soldados.[17]

Junot esperava resistência do Exército português, mas tudo o que
encontrou no caminho foi uma representação diplomática, cujo objetivo, muito mais que deter as tropas francesas, era atrasá-las. A estratégia
não funcionou, pois o general francês, deixando para trás boa parte de
suas tropas e quase todas as peças de artilharia, entrou em Lisboa em
30 de novembro, um pouco antes da data que estimara. Porém já era
tarde demais: a Família Real e o resto da corte haviam partido para
o Brasil na véspera. Junot tinha ordens de prender d. João e obrigá-
-lo a abdicar do trono, mas o mais próximo que o general chegou do
príncipe teria sido ver os navios dele afastando-se no horizonte. Mais
tarde, Napoleão Bonaparte escreveria que d. João havia sido o único
governante que o enganara.

A resistência portuguesa
contra os franceses

D. João havia nomeado um conselho para governar Portugal em sua
ausência, mas este foi retirado do poder por Junot, que declarou o trono vago e incorporado ao império francês em fevereiro. Mas, se a faci-
lidade da invasão fizera o general pensar que não haveria resistência,
estava enganado. Apenas alguns dias depois de sua chegada, o hastea-
mento da bandeira francesa no castelo de São Jorge fez estourar um
motim em Lisboa. Pequenos focos de rebelião continuaram aparecen-
do, até que, em junho, uma revolta se iniciou no norte e rapidamente
se espalhou pelo país. Apesar da falta de armas e dinheiro, batalhões
de voluntários portugueses iam se formando e enfrentando os franceses com ações de guerrilha, sendo reprimidos com violência. Entre os

membros dessa resistência lusitana, estava o brasileiro José Bonifácio, professor da Universidade de Coimbra. Ele tornou-se comandante de parte do Batalhão Acadêmico da universidade, que permaneceu defendendo a cidade. Sob suas ordens, estava um magistrado português, José Clemente Pereira, que mais tarde se mudaria para o Brasil.

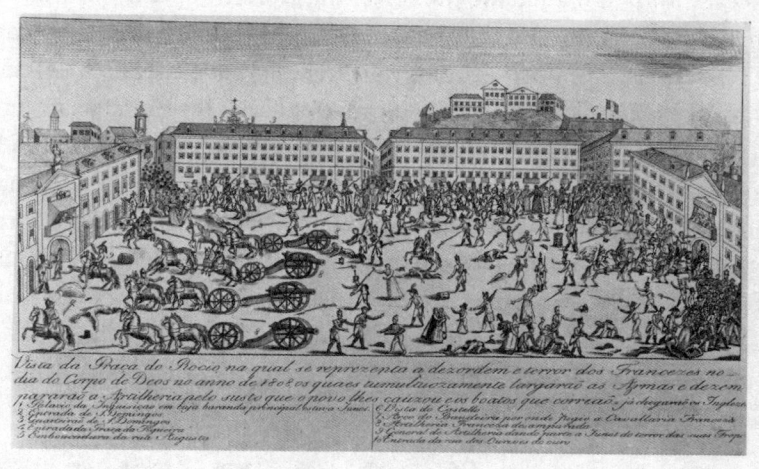

Na legenda da gravura, lê-se: "Vista da Praça do Rocio, na qual se reprezenta a dezordem e terror dos Francezes no dia do Corpo de Deos no anno de 1808, os quaes tumultuozemente largarão as Armas e dezempararão a Artilheria pelo susto que o povo lhes cauzou e os boatos que corrião: já chegarão os Inglezes". Gravura, *circa* 1808. Acervo: Arquivo Municipal de Lisboa.

Foi de Coimbra que saiu um batalhão que tomou Figueira da Foz, abrindo caminho para o desembarque de tropas inglesas, em agosto. Liderados pelo general Arthur Wellesley, futuro duque de Wellington, os britânicos juntaram-se às poucas tropas portuguesas que conseguiram reunir e marcharam para Lisboa, com o apoio da esquadra que ainda fechava o porto. Após alguns combates, os franceses foram derrotados em Torres Vedras e forçados a assinar a rendição.

Com os invasores em retirada e a junta de governo restabelecida, d. João resolveu passar à ofensiva e retaliar do outro lado do Atlântico. Em dezembro de 1808, uma frota enviada do Rio de Janeiro invadiu Caiena, capital da Guiana Francesa, tomando essa possessão da França depois de um mês de combates. Dois anos e meio mais tarde, em julho de 1811, outra expedição militar tomou rapidamente a Banda Oriental, atual Uruguai. Além de revidar contra a participação dos espanhóis na invasão de Portugal, a ocupação garantia o controle do rio da Prata.

Contando com a desorganização do Exército português após a ocupação anterior, uma segunda invasão ocorreu em Portugal, em 1809. Os franceses tomaram a cidade do Porto, mas foram repelidos novamente com a ajuda dos britânicos sob o comando de Arthur Wellesley. Forçados a se retirarem, foram perseguidos por Wellesley, que chegou a entrar no território espanhol. A terceira e última tentativa teve início em junho de 1810. Os franceses contavam com a maior força até então, 30 mil homens, mas foram surpreendidos pela reorganização do exército anglo-português, liderado pelo general britânico William Carr Beresford, e pelas fortificações defensivas que haviam sido construídas em torno de Lisboa. Depois de seis meses de combate, as forças da França recuaram.

A queda de Napoleão e o "Concerto da Europa"

O fim da aventura de Napoleão viria quatro anos mais tarde. Depois do fracasso de sua campanha na Rússia, em 1812, quando a estratégia de terra arrasada do inimigo e o inverno rigoroso dizimaram o Exército francês, o imperador teve que enfrentar uma nova aliança, a Sexta Coalizão, que incluía Portugal e os Estados germânicos. Acabou derrotado na Batalha de Leipzig, em outubro de 1813, e os aliados conseguiram marchar até Paris, forçando-o a abdicar e se exilar na ilha de Elba em abril do ano seguinte. Ele escaparia da ilha em fevereiro de 1815 e retomaria o trono por um curto período, que ficou conhecido como os Cem Dias. Definitivamente derrotado na Batalha de Waterloo, em 18 de junho, Napoleão foi enviado para a remota ilha de Santa Helena, na costa da África, onde viria a falecer em 1821.

As nações europeias não perderam tempo e, enquanto Napoleão ainda estava exilado em Elba, reuniram-se em Viena, entre maio de

1814 e junho de 1815, para realizar o "Concerto da Europa", que visava restabelecer no continente europeu o equilíbrio abalado pelas guerras napoleônicas. Durante o Congresso de Viena, reis, príncipes e aristocratas de todo o continente afluíram à capital austríaca, onde participaram de uma infinidade de festas, bailes e desfiles.

Uma crônica das festividades pode ser observada no diário e nas cartas da arquiduquesa Leopoldina, uma das filhas de Francisco I, imperador da Áustria. Em 28 de setembro de 1814, por exemplo, ela escreveria para sua irmã Maria Luísa, que havia sido mantida longe do Congresso por ter sido dada como esposa a Napoleão, alguns anos antes:

> [...] Nossa vida atual não me agrada em nada: das dez da manhã às seis da noite estamos continuamente em vestido de gala, de pé, passando o dia em cumprimentos e ociosidade. Todos os dias temos um jantar de 34 pratos, que começa às quatro e dura três horas, já que o czar da Rússia deixa-nos esperando durante duas horas; gosto muito do rei da Prússia, pois é um príncipe muito bonito e bem educado. A czarina da Rússia também tem todo o meu aplauso, é um tanto embaraçada, mas de resto tem bom coração. Hoje chegaram o rei, a rainha, o príncipe herdeiro e o príncipe Carlos da Baviera, que me agradam muito.[18]

Mas nem tudo era diversão no Congresso. Ao longo de uma série de conferências, fronteiras foram redesenhadas, casas reinantes depostas por Napoleão retomaram seus tronos e Estados que haviam sido criados foram reabsorvidos ou, em alguns casos, mantidos. Numa época em que o conceito de igualdade entre as nações soberanas ainda não existia, foi decidido que apenas teriam direito a voto as grandes potências que lideravam a coalizão: Áustria, Rússia, Inglaterra e Prússia. Os países menores e menos poderosos viram-se obrigados a aceitar a tutela dos mais fortes e a acatar suas decisões.

Portugal era um dos países integrantes da Sexta Coalizão, porém foi decidido que seus interesses seriam representados no Congresso por seu mais antigo e mais poderoso aliado, a Inglaterra. Isso ocorreu porque nenhum diplomata português na Europa dispunha de credenciais que permitissem representar o país no Congresso. Além disso, como a corte fora transferida para o Rio de Janeiro, nenhum membro da Família Real encontrava-se em Lisboa, capital reconhecida do Reino de Portugal. Assim, os ingleses argumentaram que d. João abandonara o governo e, portanto, o país estava sob sua proteção.

Enquanto isso, sem saber dessa deliberação por conta da distância, d. João nomeou três diplomatas como plenipotenciários de Portugal no Congresso de Viena. Eles foram enviados com instruções para defender os interesses portugueses em alguns pontos, incluindo o pagamento de uma indenização de guerra pela França, a devolução de Olivença, a questão da anexação da Guiana e a manutenção do tráfico de escravizados africanos. Temia-se que a Inglaterra, que havia começado a combater esse comércio, tentasse passar uma deliberação no Congresso para acabar com o tráfico de pessoas entre a África e a América. A questão não era exatamente humanitária, mas principalmente econômica. Os ingleses, em plena Revolução Industrial, necessitavam de grande quantidade tanto de matéria-prima, como algodão e tinturas, quanto de mercado consumidor. Para isso, era importante para eles que os africanos permanecessem na África, trabalhando para os grandes latifundiários britânicos na produção agrícola e comprando seus produtos industrializados.

Isso, porém, seria desastroso para os interesses de Portugal. Além do lucro do comércio em si, que alimentava os cofres de portugueses e brasileiros ricos, toda a estrutura econômica do Brasil estava ligada à escravidão fazia séculos, tanto internamente quanto na produção de itens destinados à exportação.

As dificuldades encontradas pelos diplomatas portugueses para serem reconhecidos como representantes de seu país e assim defender essa pauta juntaram-se à pressão dos britânicos para que a corte portuguesa retornasse a Lisboa. Em 1815, a Inglaterra chegou a enviar uma frota para transportar a Família Real de volta à Europa sem a solicitação do príncipe regente, o que o irritou. A decisão de d. João de ficar no Brasil, seis anos antes do Fico de seu filho d. Pedro, seria determinante para o futuro do país.

Em Viena, os portugueses eram forçados a circular ao largo das principais reuniões, o que os colocou em contato com o representante francês, o príncipe de Talleyrand. Um habilidoso diplomata que servira tanto a Luís XVI quanto a Napoleão, Talleyrand sugeriu a eles que igualar o status entre Brasil e Portugal, eliminando os últimos resquícios do sistema colonial, poderia ser uma saída para preservar a ordem monárquica e fortalecer o Reino.

A criação do Reino Unido

O conselho encontrou ressonância entre os portugueses, e, em 16 de dezembro de 1815, d. João elevou o Brasil à posição de reino, criando o Reino Unido de Portugal, Brasil e Algarves. Pela primeira vez, o território na América era mencionado como "domínio", uma mudança no seu status internacional. Mesmo quando os governadores-gerais do Brasil passaram a usar o título de vice-reis, o país continuou a ser chamado de Estado, e não de vice-reino, indicando sua falta de autonomia. A elevação a reino fazia com que o Brasil, em tese, deixasse de ser uma colônia e passasse a estar em pé de igualdade com Portugal e o Algarve, este último um reino nominal, sem autonomia, ao sul de Portugal.

O decreto deixa claro que a medida era uma consequência direta do Congresso de Viena:

> Dom João, por graça de Deus, Príncipe Regente de Portugal e dos Algarves daquém e d'além-mar [...]. Faço saber [...] dando ao mesmo tempo a importância devida à vastidão e localidade dos meus domínios da América, a cópia e variedade dos preciosos elementos de riqueza que eles em si contêm e outros em reconhecendo quanto seja vantajosa aos meus fiéis vassalos em geral uma perfeita união e identidade entre os meus Reinos de Portugal, dos Algarves, e os meus domínios do Brasil, erigindo estes àquela graduação e categoria política [...] na qual os ditos meus domínios já foram considerados pelos plenipotenciários das potências que formaram o Congresso de Viena [...]: sou portanto servido, e me praz ordenar o seguinte:
>
> – Que dada a publicação desta carta de lei o Estado do Brasil seja elevado à dignidade, preeminência e denominação de Reino do Brasil.

– Que os meus Reinos de Portugal, Algarves, e Brasil formem d'ora em diante um só e único Reino debaixo do título de Reino de Portugal, e do Brasil, e Algarves. [...].[19]

Com a criação do Reino Unido, ficava claro que, mesmo após a queda de Napoleão, o príncipe regente não tinha intenção alguma de retornar a Lisboa. Assim, em vez de um território que recebera uma corte europeia num momento de perigo, o Brasil tornou-se a sede de um império e, desse modo, uma parte importante no "Concerto da Europa". Apesar disso, os plenipotenciários portugueses tiveram que fazer grandes esforços para serem ouvidos em Viena. Sem o apoio da Inglaterra, Portugal não conseguiu a devolução de Olivença, nem a indenização de guerra paga pela França. Ainda foi obrigado a devolver a região da Guiana para a França, em 1817, mas conseguiu que a fronteira fosse demarcada no rio Oiapoque, uma reivindicação antiga. Apesar da perda da Guiana, a Banda Oriental, tomada à Espanha, permaneceu como um território brasileiro. Tudo o que os portugueses obtiveram foi uma indenização de 300 mil libras esterlinas pelo apresamento ilegal de seus navios.[20]

Restava lidar com a pressão inglesa pela proibição do tráfico de escravizados entre a África e o Brasil. Com sua antiga aliada numa posição contrária, os portugueses tiveram que buscar apoio com outras potências. Essa ajuda acabou vindo da Áustria, que auxiliou Portugal a retirar a questão dos acordos do Congresso, deixando-a em aberto para ser discutida num futuro indefinido. Os austríacos viam com bons olhos esse novo império lusitano reluzindo como um farol do absolutismo do outro lado do Atlântico. Enquanto isso, seus vizinhos da América espanhola transformavam-se em repúblicas, representantes, aos olhos dos governantes europeus, dos odiados valores da Revolução Francesa que o "Concerto da Europa" tentava banir.

As colônias espanholas haviam começado a buscar independência a partir de 1808, quando Napoleão se aproveitou da presença de seus exércitos na Espanha, com a desculpa de invadir Portugal, para depor os Bourbons do trono espanhol. Com toda a família real espanhola aprisionada, criou-se um vácuo de poder nas colônias, levando à criação de diversas juntas de governo que não obedeciam mais à metrópole. Muitos dos membros dessas juntas, influenciados pelos ideais da Revolução

Americana, tinham ideias separatistas e começaram a proclamar a independência de suas regiões a partir de 1810. Como resultado, os antigos domínios espanhóis explodiram numa série de países que começaram a lutar pela autonomia. Esse processo só terminaria na década seguinte.

Primeira página do decreto de criação do Reino Unido. Acervo: Biblioteca Nacional.

Assim, uma monarquia nos moldes conservadores, com o poder centralizado num rei estabelecido no Rio de Janeiro, parecia às lideranças austríacas um contraponto que precisava ser encorajado. A Áustria formava, junto com a Rússia e a Prússia, a chamada Santa Aliança, que se considerava uma guardiã dos valores cristãos. Para essas potências, tais valores estavam ameaçados pelas ideias liberais e republicanas, e era seu dever defendê-los, mantendo assim o equilíbrio da Europa contra um possível novo Napoleão. Além disso, os austríacos, com suas finanças em frangalhos depois de mais de duas décadas de guerra, esperavam beneficiar-se de um tratado de comércio com o Brasil.

A aproximação com a Áustria

Para d. João, a aproximação com a Áustria era um modo de reduzir a dependência de Portugal em relação à Inglaterra. Visando fortalecer esses novos laços, foi trazida de volta uma ideia que surgira pela primeira vez em 1806: casar seu filho mais velho e herdeiro, d. Pedro, com uma princesa austríaca. Os primeiros contatos diplomáticos nesse sentido datam do início de 1816, e um dos obstáculos esperados era, justamente, a manutenção da corte portuguesa na América. D. João buscou reduzir esse temor dando a desculpa de que sua presença salvaria o Brasil dos conflitos separatistas nas colônias vizinhas, como demonstra uma nota escrita para os diplomatas encarregados da negociação:

> [...] o Seu Real Intento é regressar à Europa, logo que haja conseguido preservar este Reino do Brasil do contagioso espírito revolucionário que conflagra pelas Colônias Espanholas; e que, outrossim, tenha inteiramente estabelecido e consolidado o novo sistema que tem começado a pôr em prática, para o fim de estreitar os enlaces entre Portugal, o Brasil, e as demais possessões da Coroa [...]; e por conseguinte o mesmo Senhor poderá então sem sustos de futuras subversões restituir-se à sua corte de Lisboa. Tais são as graves e atendíveis razões que vmc. [vosmecê] alegará (se preciso for), para dissolver qualquer hesitação da parte de S.M.I [Sua Majestade Imperial] a esse respeito.[21]

A noiva era a segunda filha de Francisco I da Áustria, a arquiduquesa Leopoldina. Então com 19 anos, um ano e oito meses mais velha que o noivo, Leopoldina era uma jovem culta, interessada em ciências e preparada desde a infância para ser a melhor companheira que um governante podia ter, como todas as arquiduquesas da família Habsburgo, que tradicionalmente favorecia alianças matrimoniais para ampliar seu poder. As princesas austríacas passavam por um programa de estudos que incluía línguas, história, matemática, música e até apresentações de teatro, para que aprendessem a agir com desembaraço na frente de um público.

Com as negociações avançadas, d. João encarregou das tratativas de casamento um dos homens mais ricos da nobreza de Portugal, Pedro José Joaquim Vito de Meneses Coutinho, marquês de Marialva. Marialva já havia sido responsável por uma tentativa anterior de casar d. Pedro com uma das irmãs do czar da Rússia. Com o fracasso das negociações, fora enviado como embaixador extraordinário ao Congresso de Viena, onde sua atuação nos bastidores visava tecer alianças com as demais potências. Ele retornou à Áustria no final de 1816 para concluir o tratado de casamento entre d. Pedro e d. Leopoldina, assinado em 29 de novembro.

Só em 17 de fevereiro de 1817, porém, o marquês de Marialva fez sua entrada oficial em Viena, com um espetáculo de luxo e grandeza sem igual. O cortejo era composto de 41 carruagens, das quais 24 foram construídas especialmente para a ocasião, puxadas por seis cavalos e servidas por cocheiros vestidos de libré. D. João não mediu gastos para impressionar Viena com a riqueza do Brasil. Além de um crédito de 10 mil libras, que se adicionavam a seus próprios rendimentos, Marialva recebeu barras de ouro e joias para distribuir como presentes, além de 167 diamantes. Essas pedras, grandes o bastante para impressionar a corte vienense, faziam parte daquelas recolhidas no distrito diamantino, no Brasil, que por seu tamanho eram destinadas ao rei.

Condecorações cravejadas de pedras preciosas agraciaram o imperador, o herdeiro e outros dignitários. Embaixadores, membros da nobreza, a preceptora da arquiduquesa, damas de honra e até mesmo pajens e criados receberam presentes condizentes com seu status, de medalhões de ouro trabalhados até brincos de diamantes e caixas com o retrato de d. João VI. O arcebispo de Viena, que realizaria a cerimônia, foi presenteado com uma cruz peitoral de ouro com pedras preciosas. Mas o presente mais extraordinário estava destinado à noiva: uma miniatura com o rosto de d. Pedro, emoldurado por diamantes enormes. A peça valia 68 contos de réis e foi descrita num inventário como:

> uma medalha com o retrato de S.M. [Sua Majestade] o Imperador, cujo círculo tem dezessete brilhantes grandes quadrados, que não são muito iguais na cor nem em tamanho; tem mais três ditos empregados na coroa que servem de arremate à mesma medalha advertindo que um dos três é muito maior que todos os outros; tem mais outros muitos miúdos de vários tamanhos. Prende esta mesma medalha em um colar que tem oitenta e dois ditos brilhantes que seguem do meio para as pontas gradualmente de maior a menor [...].[22]

A data escolhida para o casamento por procuração foi 13 de maio, aniversário de d. João. Após a cerimônia, na igreja de Santo Agostinho, usada pela família real austríaca, d. Leopoldina recebeu os cumprimentos do corpo diplomático pela primeira vez como esposa do herdeiro do trono de Portugal. Entre as festividades que se seguiram, estava um baile em que mais uma vez Marialva se excedeu em suntuosidades, encomendando ao compositor Joseph Wilde, especialmente para a festa de casamento, as *Tänze des brasilianischen Ballfestes* [*Danças do baile brasileiro*].

Todo o casamento, das danças aos diamantes, da suntuosidade dos eventos aos presentes, era uma forma de vender o Brasil como um baluarte do absolutismo no Novo Mundo. Era gritante o contraste entre toda aquela riqueza da América e a miséria de uma Europa devastada por anos de guerra, e o Brasil passou a ser sinônimo de opulência e riquezas inimagináveis.

Em 3 de junho de 1817, d. Leopoldina começou sua viagem em direção ao remoto Brasil. Era a primeira vez que uma princesa europeia cruzava o Atlântico para se casar numa corte na América. Junto com ela, além de embaixadores, seguiria também uma missão de cientistas, enviados com o fim de estudar a natureza, as paisagens e a população do desconhecido Brasil, que despertara o interesse no país de origem da noiva. A arquiduquesa partiu de Viena para a Itália, onde uma frota portuguesa enviada do Rio de Janeiro deveria buscá-la em Livorno. Mas logo recebeu notícias desanimadoras: não havia sinal da chegada dos navios. Os ingleses tentaram se aproveitar disso para desviar a princesa para Lisboa numa tentativa de forçar o retorno da Família Real, mas não tiveram sucesso.

Carolina Josefa Leopoldina, princesa real do Reino Unido de Portugal, Brasil e Algarves. Gravura de M. A. de Castro. [S. l.], 1819. Litografia. Acervo: Biblioteca Nacional de Portugal.

A Revolução Pernambucana

A razão para o atraso havia sido a eclosão de um movimento revolucionário nas províncias do Norte, como eram chamadas as regiões Norte e Nordeste do Brasil. A Revolução Pernambucana, que se espalharia também pelas províncias vizinhas, durou de março a maio de 1817 e tinha o objetivo de criar uma república nessa área, independente do governo do Rio de Janeiro.

Pernambuco havia sido uma das capitanias mais prósperas no início da colonização devido à produção açucareira, mas a economia da região vinha entrando em decadência. Essa situação piorou a partir de 1815, com a queda do preço do açúcar e do algodão, principais culturas locais, no mercado internacional. Além disso, havia a questão da carga tributária. A manutenção da corte no Brasil e das campanhas militares na Guiana e na Banda Oriental, para as quais soldados e oficiais foram trazidos de Portugal, sobrecarregavam as contas públicas. Quem pagava por essas despesas extras, como a taxa da iluminação pública da corte, era a população comum, por meio de um aumento nos impostos. Esse dinheiro era todo enviado para a capital, o que dificultava o enfrentamento de problemas locais como a seca de 1816, que afetou o abastecimento de produtos para a população. Um contemporâneo vivendo na Bahia, Francisco de Sierra y Mariscal, condenava a situação:

> A passagem de Sua Majestade para o Brasil fez da Corte do Rio de Janeiro o receptáculo de todas as riquezas do império português [...]. As províncias do Brasil sofriam umas, saques de 400 contos, outras mais, outras menos [...]. Os saques feitos sobre as diversas províncias do Império puseram em movimento a um grau sumo o comércio d'aquela Corte [...]. Não entra em dúvida que o Rio de Janeiro veio a ser o parasita do Império [...] atraindo-se por isto o ódio de todas as províncias.[23]

Enquanto a carga de impostos aumentava sobre os brasileiros, os portugueses continuavam sendo privilegiados na obtenção de cargos e nas promoções militares e civis, causando insatisfação entre os nacionais em relação aos reinóis. Para completar, os comerciantes locais sofriam a concorrência dos estrangeiros que, com a abertura dos portos, se instalavam nas grandes cidades.

Esse sentimento de insatisfação foi ao encontro das ideias liberais que vinham sendo discutidas tanto nas diversas lojas maçônicas de Recife e Olinda, as maiores cidades pernambucanas, quanto no Seminário de Olinda, principal escola para formação de clérigos no Brasil. Essas discussões atraíam pessoas de diversas camadas sociais, de proprietários rurais e juízes a soldados e pequenos comerciantes, além de um grande número de sacerdotes progressistas, motivo pelo qual o movimento ficou conhecido como "revolta dos padres".

Bandeira republicana de 1817, de autoria do pintor Antônio Alves, por ocasião da Revolução Pernambucana. As três estrelas representam Pernambuco, Paraíba e Rio Grande do Norte e inspiraram a criação da atual bandeira do estado de Pernambuco. Acervo: Biblioteca Nacional.

Assim como em revoltas anteriores, como a Inconfidência Mineira e a Conjuração Baiana, os planos envolviam apenas a separação local, porque ainda não existia uma ideia de Brasil como unidade entre a população brasileira. Mas, diferentemente dos outros movimentos, os conspiradores não ficaram só na conversa e passaram para a ação.

Eles decidiram iniciar o movimento na Páscoa, mas o governador de Pernambuco, Caetano Pinto de Miranda Montenegro, ficou sabendo dos planos e ordenou que alguns dos líderes fossem presos em 6 de março de 1817. Quando a ordem chegou ao quartel, vários dos soldados, que estavam envolvidos na conspiração, amotinaram-se. Um deles, José de Barros Lima, conhecido como Leão Coroado, reagiu à voz de prisão matando o comandante do regimento. Os revoltosos então tomaram o Recife, obrigando o governador a fugir.

Uma república foi declarada, e implementou-se um governo provisório, do qual fazia parte um magistrado local, o ouvidor Antônio Carlos de Andrada, irmão de José Bonifácio. O movimento logo se espalhou para o interior, chegando às províncias de Paraíba, Rio Grande do Norte e Ceará. Os revolucionários decidiram realizar uma constituinte e, enquanto ela não era convocada, instituíram uma lei orgânica, que estabeleceu a separação de poderes, a liberdade religiosa e de imprensa e a igualdade de direitos. Mas havia divergências no grupo em relação à escravidão. Enquanto alguns líderes, como o comerciante Domingos José Martins, eram favoráveis à abolição, a maioria, embora considerasse a escravização de seres humanos um "cancro moral", acreditava que o fim dela deveria ser lento e gradual.

Enquanto isso, conforme se espalhava, o movimento inflamava parte da população mais pobre, trazendo à tona ressentimentos. Escravizados desobedeciam a seus senhores, enquanto negros e mestiços libertos discutiam abertamente o aumento de sua participação na sociedade. Essas reações levaram as lideranças a divulgar um manifesto garantindo o direito de propriedade, o que indicava que os donos de escravizados continuariam a sê-lo.

Os revolucionários também buscaram apoio externo, mandando representantes para os Estados Unidos, a Inglaterra e a Argentina. O enviado aos Estados Unidos, Cruz Cabugá, buscava não só levantar dinheiro e armamentos para os rebeldes, mas também contatar militares franceses que se exilaram naquele país após a derrota de Napoleão. O objetivo era libertar o ex-imperador de seu exílio em Santa Helena e levá-lo para o Recife.

Entretanto, não houve tempo para colocar os planos em prática, porque a repressão foi rápida e brutal. Um enviado dos revolucionários à Bahia foi preso e fuzilado assim que desembarcou, e o governador local, o conde dos Arcos, enviou uma expedição militar para conter a revolta, enquanto navios vindos do Rio de Janeiro bloquearam o porto do Recife, e outras tropas desembarcaram na comarca de Alagoas. Nessa área, os grandes proprietários rurais haviam ficado a favor do governo e contra os revolucionários e mais tarde seriam premiados com o desmembramento da região em relação à província de Pernambuco. Em maio, os rebeldes estavam cercados e foram forçados a se renderem. Quatorze pessoas foram condenadas à morte por crime de lesa-majestade, a maioria brancos e de classes mais abastadas, incluindo padres. Outros cem foram degredados, e muitos foram presos, torturados e tiveram seus bens apreendidos.

Entre estes estava a fazendeira Bárbara Pereira de Alencar, viúva de um comerciante do Ceará, que liderara o movimento nessa província junto com seus filhos. Tida como a primeira presa política do Brasil, ela chegou a proclamar a República do Crato, mas acabou sucumbindo ao Exército português e ficou presa três anos até ser liberta em 1821, numa anistia geral. Bárbara ainda se envolveria em outra revolta, a Confederação do Equador, em 1824, na qual perdeu dois filhos, e é uma das mulheres inscritas no Livro dos Heróis e Heroínas da Pátria. Seus descendentes enveredaram para a política, mas vários deles ficariam conhecidos por outro motivo: a literatura. Ela é antepassada dos escritores José de Alencar, Rachel de Queiroz e Paulo Coelho.

A Revolução Pernambucana foi um grande choque para d. João, que pela primeira vez desde que chegara ao Brasil tinha seu poder desafiado. O império que ele estava criando nos trópicos não parecia tão coeso e grato como imaginava. A repressão à revolta não apenas prejudicou o envio dos navios para trazer d. Leopoldina da Europa, que finalmente chegaria ao Rio de Janeiro em 5 de novembro de 1817, como também atrapalhou outros planos muito importantes para d. João.

A aclamação do rei na América

A rainha d. Maria I falecera em 20 de março de 1816, e o príncipe regente sucedeu-a sob o nome de d. João VI. Diferentemente dos reis anteriores, que haviam sido aclamados poucos meses após a morte do antecessor, d. João escolheu esperar um ano até a cerimônia de sua aclamação. De acordo com o bibliotecário Luís Joaquim dos Santos Marrocos, que veio para o Brasil acompanhando uma das remessas dos livros da biblioteca real, o atraso se deveria ao fato de que o novo rei decidira esperar a chegada das delegações de Portugal e Algarves.[24] Finalmente, a aclamação foi marcada para abril de 1817, mas teve que ser adiada por conta da Revolução Pernambucana. O casamento de d. Pedro e a chegada de d. Leopoldina ao Brasil atrasaram ainda mais o evento.

Os súditos portugueses achavam que a cerimônia deveria ser realizada em Lisboa, conforme a tradição, mas d. João resistiu à pressão. Ele foi aclamado como rei de Portugal, Brasil e Algarves no Rio de Janeiro, em 6 de fevereiro de 1818, pouco depois de completar dez anos de sua chegada ao país.

Uma coroação, ou, no caso de Portugal, aclamação, tem como função confirmar publicamente um monarca como líder máximo do país. Para tanto, um rei português realizava um ritual de juramento e recebia uma bênção religiosa que o confirmava no posto. A decisão de realizar uma solenidade tão prestigiosa no Rio de Janeiro reafirmava o território americano como sede do império português. E, assim, a capital do Brasil foi palco de uma imensa demonstração de poder, com toda a pompa do Velho Mundo, no Novo Mundo. Um verdadeiro exército de artistas, artesãos e outros profissionais foi mobilizado para a ocasião. Entre os membros da equipe, havia vários membros da Missão Francesa, como o pintor Jean-Baptiste Debret, o arquiteto Grandjean de Montigny e o escultor Auguste-Marie Taunay.

O Rio de Janeiro foi enfeitado com uma série de obras de arquitetura efêmera, como obeliscos e arcos do triunfo, decorados com as novas armas do Reino Unido do Brasil, Portugal e Algarves e com o monograma de d. João VI. O palco principal da cerimônia foi o Terreiro do Paço, atual Praça XV de Novembro. No local, uma grande sacada foi construída, ocupando toda a frente do Paço, suntuosamente decorada com tecidos de veludo, estátuas e pinturas alegóricas. Ali se apresentou à multidão o novo monarca, vestido com um traje bordado a ouro e com um manto escarlate sobre os ombros, acompanhado pelos filhos d. Pedro e d. Miguel e por todos os grandes dignitários do reino, bispos e oficiais, que tiveram funções específicas durante a cerimônia. D. João recebeu o cetro, símbolo de seu poder, e realizou o juramento diante do bispo capelão-mor, sendo seguido pelo restante do cortejo. Encerrando a cerimônia, o alferes-mor desfraldou a bandeira do Reino Unido e proclamou: "Real, Real, Real, pelo Muito Alto e Muito Poderoso Senhor Rei D. João VI, Nosso Senhor".[25]

De acordo com a tradição dos Braganças, d. João VI não foi coroado, mas usou um chapéu, enquanto a coroa ficou disposta ao lado dele durante a cerimônia e o beija-mão. Essa coroa, que seria usada na aclamação de todos os outros reis portugueses até a Proclamação da República, foi encomendada especialmente em 1817 ao ourives Antônio Gomes da Silva, no Rio de Janeiro. É toda feita de ouro e composta de oito aros fechados, que apoiam uma esfera encimada por uma cruz latina, e tem a base decorada com motivos de flores e folhas de louro.

Nos dias seguintes, houve festejos em outros pontos da cidade, particularmente no Campo de Santana. Ali foi construído um palacete de madeira e gesso, de onde a Família Real assistiu a uma queima de fogos espetacular, cujo auge foi o aparecimento no céu das palavras "Viva El-Rei".[26] A iluminação foi um capítulo à parte. Repartições, comércios e até mesmo residências particulares disputaram entre si quem fazia a iluminação mais elaborada. Uma única casa teria usado seis mil lampiões coloridos.[27]

As comemorações não se resumiram a essas celebrações, porém. Logo depois da cerimônia, d. João deu anistia a boa parte dos que haviam sido presos por conta da Revolução Pernambucana, exceto os líderes. Também distribuiu honrarias e condecorações e até mesmo criou uma nova, a Ordem de Nossa Senhora da Conceição de Vila Viçosa. Assim, o novo monarca honrava a padroeira de Portugal, estabelecida pelo primeiro rei da dinastia de Bragança, d. João IV, a quem ele dedicara a coroa em Vila Viçosa. D. João VI, com a criação dessa condecoração, ligava sua aclamação no Novo Mundo à ascensão da sua casa dinástica, de Vila Viçosa à América. Um quadro pintado por Debret retratando Nossa Senhora da Conceição, em homenagem à instituição da ordem, foi uma das poucas obras de arte criadas por um membro da Missão Francesa levadas pelo rei quando de seu retorno a Portugal. Hoje, a tela encontra-se no Palácio Nacional de Queluz.[28]

Essas festas e cerimônias públicas funcionavam para demonstrar o poder do monarca, daí a necessidade de todo esse luxo e grandiosidade. A presença dos artistas da Missão Francesa colaborou para atingir esse objetivo, afinal, eles vinham da corte de Napoleão, que sabia usar muito bem a arte e seus simbolismos para construir a sua imagem. Esse esplendor, mesmo que efêmero, servia principalmente para dar aos estrangeiros uma impressão da superioridade e riqueza da corte portuguesa, o que se tornara especialmente necessário depois da elevação do Brasil a Reino Unido. Isso fica claro quando se registra que a primeira festividade em que se utilizou esse tipo de aparato público foi a chegada de d. Leopoldina, um ano antes da aclamação. Mesmo o casamento em 1810 da filha mais velha de d. João, d. Maria Teresa, com o primo d. Pedro Carlos não havia tido tanta pompa.

D. Pedro Carlos, sobrinho de d. João VI, era neto do rei da Espanha e o único representante masculino dos Bourbons no continente americano. O casamento dele com d. Maria Teresa fazia parte de um plano do então príncipe regente, que desejava unificar as terras portuguesas e espanholas na América. Embora isso não tenha ocorrido, seria de se imaginar que um casamento tão ambicioso deveria ser cercado de esplendor, mas contemporâneos viriam a narrar a simplicidade quase constrangedora dos festejos.

Embora a transferência da corte para o Brasil continuasse sendo apontada como uma medida provisória, mesmo tendo se passado anos da derrota definitiva de Napoleão, d. João não parecia disposto a abandonar o Rio de Janeiro, que, em dez anos, começava a se parecer cada vez mais com a sede de um império. Mas nem todos estavam contentes com isso, especialmente seus súditos em Portugal.

A Revolução do Porto

AO MESMO tempo que o Brasil vivia a Revolução Pernambucana, uma conspiração diferente pairava do outro lado do Atlântico, ameaçando o governo de d. João VI. Em 15 de abril de 1817, uma denúncia chegou às mãos do general britânico William Carr Beresford, comandante-chefe do Exército português reorganizado, informando sobre uma conspiração que estaria sendo planejada para derrubar o governo de Lisboa, convocar uma Constituinte e estabelecer uma monarquia constitucional. Esse conluio, reunindo jovens oficiais do Exército ligados à Maçonaria, teria como líder o general Gomes Freire de Andrade, um herói de guerra em Portugal e na Rússia que, depois da invasão de Junot, entrara para o Exército francês e lutara ao lado de Napoleão na Europa. Gomes Freire era grão-mestre do Grande Oriente Lusitano, portanto a figura mais alta na Maçonaria do país.

Na noite de 24 para 25 de maio, sob ordens de Beresford, grupos de militares prenderam aproximadamente trinta pessoas sob a acusação de estarem envolvidas na conspiração. Depois de interrogados, provavelmente sob tortura, os réus receberam um julgamento sumário, com a defesa cerceada. Em seguida, sem que a sentença fosse enviada para o Rio de Janeiro para ser confirmada pelo rei, como era direito dos acusados, Gomes Freire e outras onze pessoas foram executadas por enforcamento em 18 de outubro de 1817, em Lisboa. Depois, seus corpos foram desmembrados e queimados, e as cinzas, jogadas no mar.

Gravura representando o militar Gomes Freire. Baseada num desenho de Domingos Sequeira. 1843. Acervo: Biblioteca Nacional de Portugal.

A execução de um militar aclamado como Gomes Freire gerou revolta entre os portugueses, e Beresford, embora provavelmente tenha encerrado seu envolvimento após a prisão dos conspiradores, acabou sendo visto pela população como culpado. Isso acentuou o ressentimento contra os ingleses, que vinham na prática controlando a administração portuguesa desde que a corte fora transferida para o Brasil. Inicialmente aclamados como heróis, os britânicos passaram a ser vistos como uma presença indesejada.

Beresford assumira como comandante-chefe do Exército português em 15 de março de 1809, durante a segunda invasão francesa. A ele pode ser atribuído grande parte do sucesso em reorganizar as tropas, que liderou em diversas ocasiões. Uma dessas vezes foi na invasão da

Espanha, que libertou esse país de Napoleão, onde chegou a ser ferido em batalha. Com o fim da guerra, retornou a seu posto em Portugal, mas impacientou-se em ter que obedecer às ordens das autoridades civis que d. João deixara na regência. Ele tentava interferir na administração do Estado, o que causava vários conflitos, especialmente porque era ríspido e pouco simpático. Assim, em agosto de 1815, resolveu ir ao Rio de Janeiro para ter uma audiência com d. João. Durante sua estada, Beresford solicitou ao então príncipe regente que aumentasse suas prerrogativas, permitindo que tivesse mais independência em relação ao governo em Portugal. D. João concordou por não acreditar que o Exército português se voltaria contra seus próprios oficiais para debelar uma rebelião, se fosse necessário.

Ao retornar a Portugal, em setembro do ano seguinte, Beresford recebera o cargo de marechal-general, com poderes mais amplos, que incluíam autorização para fazer o alistamento militar como bem entendesse. Ele não precisaria mais, por exemplo, respeitar a isenção de filhos únicos servirem ao Exército. Temendo que a Espanha tentasse invadir Portugal, começou a recrutar imediatamente. A medida provocou indignação, já que o país ainda estava tentando reconstruir a economia e necessitava de braços na agricultura e na indústria. Aliado a isso, sua liberdade de atuação gerou indignação, que acabou se avolumando até desembocar na conspiração de 1817.

A brutalidade da execução de Gomes Freire e seus companheiros reforçou o sentimento contra a intervenção britânica nos assuntos portugueses. O fato de o direito de apelar à clemência do rei ter sido negado aumentou a revolta contra a situação de subordinação de Portugal desde a transferência da corte para o Rio de Janeiro. Caso estivesse em Lisboa, d. João provavelmente teria aceitado o pedido, como era seu hábito.

Em adição a isso, a situação econômica do império na Europa era calamitosa. Por duas vezes, em 1817, foi necessário ao Conselho de Governo tomar empréstimos para cumprir suas obrigações, que os gastos com o Exército comandado por Beresford, considerados supérfluos pelos conselheiros, tornavam ainda mais pesadas.[29] Alguns dos mais importantes produtos de exportação portugueses, como vinhos e grãos, haviam sido afetados pela guerra, levando milhares de pessoas à miséria. Para completar, a abertura dos portos brasileiros fizera com que as divisas provenientes do comércio com o Brasil caíssem muito, porque a Inglaterra dispunha de condições mais favoráveis para fazer esse intercâmbio marítimo, por conta de uma série de tratados assinados em 1810. Para se ter uma ideia, os produtos ingleses vendidos para o Brasil recebiam uma taxação de 15%, enquanto os produtos de Portugal eram taxados em 16%. O valor para os outros países era de 24%.[30]

Os portugueses viam a permanência da corte no Brasil após o fim da guerra como um abandono. A transferência da sede da monarquia, a abertura dos portos e diversas outras medidas haviam sido apontadas inicialmente como provisórias e emergenciais, mas, a partir da criação do Reino Unido, pareciam cada vez mais permanentes. Isso colaborou para um sentimento de que a situação se invertera: Portugal tornara-se a colônia e o Brasil, a metrópole, e era necessário recuperar sua superioridade no império lusitano para restaurar o país.

Já em 1814, d. João solicitara ao conselheiro Silvestre Pinheiro Ferreira, um importante jurista do Rio de Janeiro, que produzisse um parecer a respeito de como apaziguar os habitantes de Portugal e evitar a eclosão de uma revolta que pudesse ameaçar a monarquia lusitana. Pinheiro logo percebeu que a inversão da situação entre os dois lados do império, com Portugal recebendo ordens do Brasil, era o principal fator que poderia causar problemas. Sua ideia para diminuir essa preocupação era enviar o príncipe da Beira, d. Pedro, então com 16 anos, para governar os territórios portugueses em nome da avó, enquanto o pai permaneceria no Rio. Desse modo, Portugal e Brasil fariam parte de uma federação, com as mesmas leis e direitos equivalentes, ao invés de se subordinarem um ao outro.[31]

Essas sugestões chocavam-se com os princípios da Monarquia absolutista, em que o Estado é unitário e a autoridade do rei, indivisível. Não é surpresa que tenham sido em grande parte ignoradas. No entanto, essa memória demonstra o quanto as ideias iluministas e liberais ganhavam tração em ambos os lados do Atlântico e, ao invés de serem abafadas com a repressão à conspiração de 1817, acabaram se difundindo cada vez mais. Também em Portugal, como no Brasil, as sociedades secretas eram um veículo de discussão desses novos ideais. Não é por acaso que, em 30 de março de 1818, d. João VI publicou um alvará régio banindo todas elas, particularmente a Maçonaria.

A Revolta

Isso não impediu, porém, que quatro juristas, moradores da cidade do Porto, no norte de Portugal, fundassem em 22 de janeiro de 1818 uma sociedade secreta cujo fim era, justamente, difundir as ideias liberais e preparar o cenário para o fim da Monarquia absolutista. A sociedade foi batizada como Sinédrio, que em grego significa "conselho, assembleia". Um dos fundadores, Manuel Fernandes Tomás, definiu assim os objetivos da organização: "Este estado de coisas é impossível que persista. Há de haver, necessariamente, revoltas e anarquias. Preparemo-nos para esse caso e formemos um corpo compacto, que apareça nessa ocasião para dirigir o movimento em prol do país e da sua liberdade".[32]

O Porto era um local ideal para a fermentação de ideias revolucionárias. A cidade era o principal ponto de escoamento dos vinhos da região do Douro, inclusive o chamado vinho do Porto, cujo comércio havia sido duramente atingido pelas Guerras Napoleônicas, afetando a vida econômica local. Além disso, era distante da capital Lisboa e tinha uma vida cultural intensa, centrada nas grandes livrarias da rua das Flores, onde ocorriam tertúlias literárias, o que favorecia a propagação de ideias contestadoras. No Porto, era fácil encontrar jornais ingleses e espanhóis, distribuídos ilegalmente, que advogavam mudanças sociais.

Inicialmente, o Sinédrio não tinha uma intenção revolucionária. Seus membros reuniam-se uma vez por mês em jantares para compartilhar ideias e discutir a situação política, jurando guardar segredo sobre tudo o que fosse conversado. Conforme o grupo crescia, porém, incorporando membros da magistratura e do Exército, uma revolta foi aos poucos sendo gestada, aproveitando-se do descontentamento da população. Para isso contribuíram os militares, principalmente, que estavam com os soldos atrasados e irritados com a maneira como os oficiais britânicos eram priorizados por Beresford. A isso acrescentava-se o sentimento de negligência causado pela mudança da sede do império para o Brasil.

Uma inspiração veio do outro lado da fronteira, da Espanha, onde uma revolta desafiou o absolutismo do rei Fernando VII, restaurado ao trono depois da queda de Napoleão. Em 1º de janeiro de 1820, tropas sob o comando do general Rafael de Riego iniciaram uma revolução em Sevilha, que logo se espalhou pelo país. Os rebeldes reivindicavam que fosse reinstituída a Constituição de 1812, apelidada de La Pepa, acabando com os poderes absolutos do rei. Em 7 de março, Fernando capitulou, declarando que se submetia à vontade do povo, jurando à constituição e instalando um governo liberal.

Retrato de William Beresford. Pintura de William Beechey, *circa* 1814. Acervo: National Portrait Gallery, Londres.

Beresford, temeroso de que a agitação do outro lado da fronteira chegasse a Portugal, embarcou novamente para o Brasil contra a vontade da junta de governo. Ao chegar ao Rio de Janeiro, em maio de 1820, tentou convencer d. João VI a retornar a Portugal, mas o rei não tinha nenhum interesse em deixar o Brasil. Chegou a convidar Beresford para inspecionar as fortificações brasileiras, mas voltou atrás ao ser convencido de que, se nenhum membro da Família Real fosse para Lisboa, era melhor que o comandante do Exército português retornasse o mais rápido possível para estar a postos caso alguma rebelião estourasse. Com seus poderes militares confirmados e ampliados a ponto de se tornar praticamente um ditador militar, Beresford embarcou para Portugal em 13 de agosto. Porém já era tarde: no dia 24, enquanto estava no mar, uma revolução eclodiu no Porto.

A rebelião teve início na madrugada, quando um grupo de militares se reuniu no Campo de Santo Ovídio, atual Praça da República, assistiu a uma missa e leu um manifesto. Em seguida, os homens dirigiram-se para a Câmara Municipal, onde encontraram os outros revoltosos. Estes eram compostos sobretudo de membros da classe média e da burguesia, como comerciantes, funcionários públicos e profissionais liberais, além de membros do clero e aristocratas, sem nenhuma participação das classes mais baixas. Alguns eram associados ao Sinédrio, que impulsionou o levante. Eles aprovaram a criação de uma Junta de Governo do Reino, que deveria tomar o poder no país e convocar as Cortes.

As Cortes eram uma assembleia de representantes da nação portuguesa que podia ser convocada pelo rei, nos moldes de um parlamento, entretanto não se reunia desde 1697. Tinha uma função consultiva, não de deliberação. Os revoltosos defendiam que, ao ser convocada, ela tomasse a função tanto de um parlamento deliberativo, ao qual o rei fosse subordinado, quanto de uma assembleia constituinte, criando uma constituição liberal que acabasse com o absolutismo e fosse válida para todo o território do Reino Unido. Também exigiam a saída de Beresford e o retorno do rei a Portugal.

No mesmo dia, a junta de governo publicou um *Manifesto aos portugueses*, escrito por Manuel Fernandes Tomás, um dos fundadores do Sinédrio. Num tom bastante moderado, o manifesto explicava os motivos da revolta:

[...] Uma administração inconsiderada, cheia de erros e de vícios, havia acarretado sobre nós toda a casta de males, violando nossos fóros e direitos, quebrando nossas franquezas e liberdades [...]. Assim, vimos nós desaparecer desgraçadamente nosso comércio, definhar-se a nossa indústria, esmorecer a agricultura e apodrecer nossa marinha. [...]

Estancadas por tal modo as fontes da prosperidade nacional, devia ser e foi uma consequência necessária a perdição dos nossos mais caros interesses, e para cúmulo de desventura deixou de viver entre nós o nosso adorável soberano. Portugueses! Desde esse dia fatal contamos nossas desgraças pelos momentos que tem durado a nossa orfandade. [...]

Tenhamos, pois, essa constituição, e tornaremos a ser venturosos. O senhor D. João VI, nosso adorado monarca, tem deixado de a dar, porque ignora nossos desejos, nem é já tempo de pedir-lha, porque os males que sofremos [...] exigem um prontíssimo remédio.

Imitando nossos maiores, convoquemos as Cortes, e esperemos da sua sabedoria e firmeza as medidas que só podem salvar-nos da perdição e segurar nossa existência política. [...]

Portugueses! [...] Nenhuma lei ou instituição humana é feita para durar sempre, e o exemplo de nossos vizinhos bastaria para nos sossegar. [...] Nós vamos por este modo estreitar mais os laços de amor, de respeito e de vassalagem com que nos achamos felizmente ligados à dinastia do imortal D. João IV [...].

Portugueses! Vivei certos dos bons desejos que nos animam. Escolhidos para vigiar sobre os vossos destinos, até o dia memorável em que vós, competentemente representados, haveis de estabelecer outra forma de governo, empregaremos todas as nossas força para corresponder à confiança que se fez de nós, e se o resultado for, como esperamos, uma constituição que segure solidamente os direitos da monarquia e os vossos, podeis acreditar que seria essa a maior e a mais gloriosa recompensa de nossos trabalhos e fadigas.[33]

O Conselho de Regência, em Lisboa, inicialmente denunciou "o horrendo crime de rebelião [...] cometido na cidade do Porto"[34] numa proclamação de 29 de agosto. Porém considerou que não era um levante de muita importância e acabou decidindo que seria mais fácil esvaziá-lo se atendesse a algumas de suas reivindicações. Assim, três dias mais tarde, anunciou que convocaria as Cortes Gerais do Reino. Em 9 de setembro, o governo solicitou à junta provisória do Porto que se dissolvesse, já que fora atendida em sua reivindicação. Era tarde demais: os líderes da revolução estavam a caminho da capital.

Lisboa aderiu à rebelião em 15 de setembro, aniversário da expulsão de Junot depois da Primeira Invasão Francesa. As paradas militares da data foram canceladas pelo Conselho de Regência, que temia que a guarnição da cidade se aproveitasse da ocasião para tentar um golpe. Mas foram civis, inclusive o juiz do povo, que deram início ao movimento, reunindo-se no largo do Rocio, no centro da cidade. Logo as tropas seguiram-nos. Uma junta governativa local foi instalada, derrubando a regência, e, com a chegada dos revolucionários do Porto, instituiu-se um governo único, que deveria ser dissolvido quando as Cortes se reunissem. Essa nova autoridade emitiu um *Manifesto da nação portuguesa aos soberanos e povos da Europa*,[35] em que se queixava dos males a que Portugal fora submetido desde a partida da corte para o Brasil, culpando a manutenção da sede da administração do outro lado do Atlântico:

> A ideia do estado de Colônia, a que em realidade Portugal se achava reduzido, afligia sobremaneira todos os cidadãos, que ainda conservavam, e prezavam o sentimento da dignidade nacional. A justiça era administrada desde o Brasil a povos fiéis da Europa, isto é: desde a distância de duas mil léguas, com excessivas despesas, e delongas [...]. Todos enfim conheciam a impossibilidade absoluta de se pôr em marcha regular os negócios públicos e particulares de uma monarquia, achando-se a tamanha distância o centro de seus movimentos [...].

A queixa dos portugueses de terem virado colônia ao serem sujeitados ao Brasil daria origem a futuros frutos amargos.

A junta de governo também dispensou a maior parte dos militares britânicos do Exército. Quando Beresford chegou de volta a Lisboa, não foi sequer permitido que desembarcasse, e ele teve que retornar à Inglaterra. Os trabalhos das Cortes se iniciariam em 24 de janeiro de 1821.

A revolução no Brasil

Notícias da revolução chegaram ao Rio de Janeiro a bordo de um navio português, em 17 de outubro. D. João ouviu incrédulo, mas, como de hábito, procrastinou para tomar uma decisão, alegando que precisava da opinião de seus conselheiros e ministros. Foram necessários dez dias até que ele lançasse uma carta admoestando seus súditos rebeldes, mas declarando que enviaria parte da Família Real de volta à Europa, medida que ele esperava ser capaz de manter a unidade do Reino Unido.

Mais uma vez, a questão de quem partiria e quem ficaria dominou a discussão. Pedro de Sousa Holstein, conde de Palmela,[36] que havia sido embaixador no Congresso de Viena e acabara de chegar ao Rio, defendia que o príncipe d. Pedro deveria ir para Lisboa e presidir as Cortes. Já Tomás Antônio de Vilanova Portugal, principal conselheiro de d. João VI, achava melhor que todos permanecessem no Brasil, onde estariam protegidos da "loucura" que tomara Portugal. Enquanto o rei continuava tergiversando, sem chegar a uma conclusão, o movimento finalmente chegou ao Brasil.

Não é surpreendente que a adesão ao movimento revolucionário português começou a se espalhar a partir das províncias do Norte do Brasil, que estavam mais perto de Portugal e podiam receber as notícias primeiro. O primeiro lugar a se levantar aderindo à Revolução do Porto foi Belém do Pará, que depôs o governo local e declarou seu apoio à junta de Lisboa em 1º de janeiro de 1821. Imediatamente, a província enviou dois representantes para as Cortes, Filipe Patroni e Domingos Simões da Cunha, que não foram aceitos como deputados, mas tiveram autorização para discursar perante a assembleia.

A Bahia juntou-se aos revoltosos em 10 de fevereiro. Salvador era na época uma das cidades mais populosas do Brasil, e as ideias liberais, alimentadas por pessoas como o jornalista Cipriano Barata, um veterano da Conjuração Baiana, circulavam intensamente. A notícia da revolução em Portugal levou à organização de uma rebelião, que contou com a adesão de quase todos os oficiais militares estacionados na cidade. A tropa marchou para o palácio, mas não encontrou o governador, conde da Palma. Este havia partido para ordenar ao marechal

Felisberto Caldeira Brant, futuro marquês de Barbacena, que reunisse soldados que se mantiveram fiéis e enfrentasse os revoltosos. Esses militares foram recebidos a tiros, e nove deles morreram antes de serem rechaçados. No total, houve cerca de trinta mortes durante a rebelião. Por fim, o conde da Palma foi aconselhado a acatar os revoltosos e acabou participando da criação de uma junta de governo.

Enquanto isso, no Rio de Janeiro, d. João, sob pressão dos ministros da Áustria e da Inglaterra, finalmente decidira enviar d. Pedro para assumir como regente em Portugal, mas continuava adiando até mesmo o momento de informar ao príncipe. Pai e filho tinham uma relação distante, e o rei mantinha o herdeiro longe dos assuntos de Estado. D. João considerava d. Pedro ainda muito inexperiente e tinha desconfiança da inclinação do herdeiro em favor das ideias liberais. "Meu esposo pensa segundo os novos princípios e meu sogro segundo os bons e verdadeiros", afirmaria d. Leopoldina à irmã.[37] D. Pedro, inicialmente entusiasmado com a ideia de partir para Lisboa, foi perdendo o ânimo e chegou a enviar um documento a d. João sugerindo que era favorável à adoção de uma constituição, desde que fosse dada pela autoridade real.

As notícias das revoltas no Pará e na Bahia chegaram ao Rio no final de fevereiro. D. João, tentando recuperar o controle, lançou um decreto no dia 25 convocando a reunião das Cortes no Brasil e requerendo que os delegados portugueses fossem enviados ao Rio de Janeiro. A ideia é que essa assembleia examinasse as propostas das Cortes de Lisboa e as adaptasse à realidade brasileira. Mas, ao invés de solucionar o problema, o decreto criou outro. Além de desafiar a autoridade das Cortes, introduzia a ideia de uma legislação separada entre as duas partes do Reino Unido, o que abria precedentes para a separação política.

A revolta no Rio de Janeiro

Quem não gostou dessa implicação foram os militares portugueses estacionados na corte, em maioria simpáticos à Revolução do Porto. Na madrugada de 26 de fevereiro, por volta das três horas, soldados do

Terceiro Batalhão de Caçadores tomaram posição no largo do Rocio, atual Praça Tiradentes. Uma bateria de artilharia juntou-se a eles, seguida por membros de outros batalhões e líderes políticos, que discursavam reivindicando que o rei jurasse a constituição, que ainda nem havia sido criada.

D. João e d. Pedro ficaram sabendo dos acontecimentos quando o padre Gois e um oficial que se recusara a fazer parte da revolta foram a São Cristóvão para informá-los. Dessa vez, não houve hesitação: pai e filho trabalharam juntos, e rápido. O rei ordenou que d. Pedro, exímio cavaleiro, partisse imediatamente até a residência do ministro Tomás Antônio. D. João deixara com ele um decreto preparado, para uso no caso de alguma emergência, em que prometia aceitar a constituição que as Cortes de Lisboa fizessem, adotando-a no Brasil com as mudanças que fossem necessárias para adaptá-la à situação na América.

Depois de buscar o documento, d. Pedro chegou ao largo do Rocio a galope às cinco horas da manhã. Saudado pelos soldados, ele dirigiu-se ao pórtico do Teatro São João, em cujo saguão os líderes do movimento se reuniam, e mostrou o decreto, datado do dia 24. "Está tudo feito. As tropas podem já ir a quartéis, e os oficiais a beijar a mão a meu augusto pai", ele teria dito.[38] Mas não foi tão simples quanto imaginava. Durante a leitura, o padre e advogado Marcelino José Alves Macamboa, um português, interrompeu d. Pedro dizendo que desejavam uma constituição que fosse válida para os dois reinos e que d. João VI deveria jurar que respeitaria a lei tal qual fosse escrita, sem qualquer reserva. Também fez outra reivindicação, exigindo que o ministério fosse demitido e substituído por uma junta indicada pelos revoltosos.

O príncipe tentou justificar que, por não haver ainda uma constituição portuguesa, não havia nada para jurar e que os representantes brasileiros deveriam ter a oportunidade de decidir pela melhor lei possível para o país, mas não houve acordo. D. Pedro, então, retornou para a Quinta da Boa Vista e explicou o que acontecera a d. João, que decidiu atender às reivindicações. Às oito horas, estava de volta ao teatro com o novo texto do decreto assinado pelo pai, que assim finalizava: "Hei por bem desde já aprovar a Constituição que ali se está fazendo e recebê-la no meu reino do Brasil e nos mais domínios da minha coroa".[39]

Reunindo os membros do Senado da Câmara, funcionários graduados e pessoas nomeadas aos altos cargos do governo que pudera encontrar, d. Pedro fez com que cada um deles jurasse a nova Constituição diante do bispo capelão. Depois subiu à varanda do teatro e fez a leitura do decreto antedatado. Em seguida, como procurador de d. João, fez o juramento solene por ele, com a mão direita sobre o Evangelho, e na sequência em seu próprio nome. Isso ainda não bastou para os revoltosos: eles requeriam que o rei em pessoa participasse da cerimônia. Mais uma vez, d. Pedro foi obrigado a partir em direção a São Cristóvão, onde convenceu o pai a entrar em sua carruagem e seguir com ele até a cidade.

Aceitação provisória da constituição de Lisboa. Gravura de Jean-Baptiste Debret, 1835. Acervo: Biblioteca Brasiliana Guita e José Mindlin – PRCEU/USP.

Assim que a multidão que estava no largo do Rocio reconheceu d. João, o ânimo mudou. Salvas e vivas fizeram-se ouvir, e o povo aglomerou-se em torno da carruagem, chegando a remover os cavalos para puxá-lo ele mesmo e carregá-lo nos braços até a entrada do Teatro São João. O rei, exasperado com a situação, ficou ainda mais aborrecido quando notou que sua bengala de cabo de ouro com diamantes havia sido roubada na confusão. O resto da família juntou-se a ele, inclusive d. Carlota, e pouco depois de meio-dia d. João, seguido pelos dois filhos, subiu à sacada e fez o juramento a uma constituição que ainda não fora escrita.

O início do protagonismo
de d. Pedro

O surgimento de d. Pedro como uma liderança durante essa crise foi tão repentino e meteórico, e seu controle da situação tão rápido, que a correspondência diplomática chegou a afirmar que ele estaria envolvido no movimento, mas não há provas quanto a isso. Ao contrário, registros contemporâneos dizem que, quando a tropa amotinada tentou aclamá--lo, d. Pedro teria sido o primeiro a gritar "Viva d. João VI!".

A partir de então, tornou-se impossível manter o herdeiro longe dos negócios públicos. D. Pedro tinha então 22 anos e era mais conhecido por suas farras que pela habilidade política. Desde que a Família Real se transferira para o Brasil, ele tivera uma educação irregular, comandada primeiro pelo frei Antônio de Arrábida e depois pelo diplomata João Rademaker. Ambos tinham dificuldade em despertar o interesse do pupilo nos estudos: quando achava algo que atraía mais sua atenção, d. Pedro simplesmente dispensava os mestres. À custa de muito esforço, Rademaker conseguiu iniciar o príncipe em disciplinas como matemática, história, lógica e economia política. Ele também aprendeu latim, francês e inglês, mas o que realmente o interessava eram as artes manuais, como marcenaria e escultura, e a música, que estudaria a vida inteira. Sob a orientação de maestros importantes como Marcos Portugal e o padre José Maurício, o príncipe aprendeu a tocar um grande número de instrumentos, cantar e compor.

Apesar de algumas falhas na educação, d. Pedro nunca deixou de tentar se instruir. Ele continuou tendo aulas de música na vida adulta com o maestro Sigismund von Neukomm, que viera da Áustria com d. Leopoldina, e também ampliou suas leituras políticas. Estas incluíam, por exemplo, o pensador liberal suíço Benjamin Constant de Rebecque, com quem veio a se corresponder, e o jurista e filósofo italiano Gaetano Filangieri, um crítico dos resquícios do feudalismo na Europa, que defendia uma revolução pacífica com reformas iniciadas pelos governantes.

Entre os amigos do príncipe, um dos mais inusitados era o militar Dirk von Hogendorp. Holandês de nascimento, havia sido governador de uma parte das Índias Holandesas em Java antes que suas ideias liberais o levassem para a prisão. Mais tarde, serviu como general de Napoleão Bonaparte e, com a queda deste, foi forçado a fugir para o Brasil, em 1816. D. Pedro e d. Leopoldina frequentavam sua casa, na floresta da Tijuca, e o jovem príncipe embebeu-se das ideias do velho general, cujos conselhos escutava.

Desenho de Jean-Baptiste Debret representando d. Pedro. Gravura de 1835.
Acervo Biblioteca Brasiliana Guita e José Mindlin – PRCEU/USP

Embora essa formação pouco indicasse que d. Pedro tinha qualidades de estadista, a firmeza e a habilidade mostradas por ele durante a revolta no Rio de Janeiro obrigaram d. João a considerar a participação do filho no governo. Um dos ministros, Silvestre Pinheiro Ferreira, escreveu numa carta ao rei:

> Como o príncipe toma parte nos negócios públicos, é de necessidade que a tome nas deliberações do governo. Tempo há que eu tenho pensado em chamá-lo a elas; e se o não tenho feito é porque se bem o seu voto não coarcte a minha soberana autoridade, não pode deixar de

prender mais ou menos, segundo o grau de empenho que ele mostrar, a liberdade de opinar dos conselheiros. Mas esta, que foi razão até agora, cessa de o ser depois da época de 26 de fevereiro; e portanto aprovo e folgo que ele seja presente, como me haveis proposto.[40]

Na prática, a revolta de 26 de fevereiro colocou o Brasil novamente sob as ordens de Portugal. Por outro lado, teve um efeito benéfico: o decreto de d. João VI permitiu a deputados brasileiros que fossem eleitos para tomar parte da Constituinte nas Cortes de Lisboa. Em 7 de março, o rei baixou ordens determinando como seria feita essa eleição, ao mesmo tempo que anunciava a transferência da corte de volta para a Europa. Essa notícia foi comemorada quando chegou a Portugal, no mês seguinte, embora fosse lamentada em todas as partes do Brasil.

O início do processo eleitoral no Rio de Janeiro ocorreu em 21 de abril, véspera da Páscoa, quando os eleitores paroquiais se reuniram em assembleia na Praça do Comércio, atual Casa França-Brasil, um edifício projetado pelo arquiteto francês Grandjean de Montigny e inaugurado um ano antes. Essa assembleia tinha a função de dar início à escolha dos eleitores da comarca, que por sua vez participariam da eleição dos deputados brasileiros junto às Cortes. Foi escolhido como secretário o juiz de fora de Praia Grande, atual Niterói, José Clemente Pereira, um liberal que havia lutado ao lado de José Bonifácio durante as invasões francesas em Portugal. Na ocasião, o ministro Pinheiro Ferreira aproveitaria para explicar a respeito da partida de d. João e da transição de poder para d. Pedro como príncipe regente.

Um novo levante

Uma multidão concentrou-se no local, lotando o prédio e os arredores. Com auxílio do vinho distribuído por comerciantes portugueses, a exaltação das pessoas foi crescendo, até que, às quatro horas da tarde, quando o juiz que presidia a assembleia terminara de ler o aviso de Pinheiro Ferreira e o decreto de 7 de março, ele foi interrompido por protestos.

Dois homens, o padre Macamboa, que não era eleitor, e Luís Duprat, tomaram a frente e começaram a discursar. Eles exigiam que os eleitores demandassem a adoção imediata da constituição espanhola, La Pepa, até que as Cortes conseguissem redigir uma inteiramente portuguesa.

Uma delegação foi enviada ao Paço da Cidade para falar com o rei, mas, como ele não estava lá, partiu para a Quinta da Boa Vista. Enquanto isso, d. Pedro mandou posicionar dois batalhões, um de infantaria e outro de artilharia, entre a cidade e São Cristóvão para proteger a residência real. Em seguida, retornou ao palácio, onde se juntou a d. João, seus ministros e conselheiros, que já haviam escutado os delegados. Apesar da insistência de d. Pedro para que não dessem ouvidos à reivindicação, que considerava absurda, por insistência de Pinheiro Ferreira, a maioria do conselho decidiu que d. João deveria fazer o juramento.

Com a demora no retorno da delegação, começou a correr o boato na Praça do Comércio de que o rei iria recusar a proposta e que estaria mandando embarcar às escondidas uma grande quantidade de ouro para ser levada de volta a Portugal. Duprat então enviou um velho militar presente à assembleia para os fortes que cercavam o Rio com ordens para atirar em qualquer navio que deixasse o porto. O homem, porém, foi aprisionado no caminho, dentro de um bote, por tropas leais a d. Pedro.

O decreto aceitando o juramento à La Pepa ficou pronto por volta das dez horas da noite, mas a multidão na Praça do Comércio, ao invés de se dispersar, pressionou os eleitores a continuar em sessão. Orador após orador sucediam-se, cada um com uma exigência mais radical e disparatada que a anterior, forçando a assembleia a aceitar tudo o que diziam. A situação começava a se transformar num barril de pólvora, e d. Pedro decidiu que era o momento de intervir.

Sem esperar por uma decisão de d. João ou de seus ministros, o príncipe foi diretamente ao general Jorge Avilez e deu ordem para que seus soldados desbaratassem a multidão na Praça do Comércio. Às quatro horas da manhã, a assembleia descobriu que o edifício estava cercado. D. Pedro pensava que a mera presença do exército seria suficiente para dispersar as pessoas, mas, embora a maior parte dos eleitores tenha ido embora, Clemente Pereira e outros permaneceram. Cerca de quarenta a cinquenta soldados avançaram para a porta, ouviu-se um tiro,

e um deles caiu morto. A partir de então, as tropas invadiram o local,
varrendo-o a baionetadas e coronhadas. Algumas pessoas atiraram-se
do edifício e refugiaram-se em barcos ou fugiram a nado. Houve mortes
e prisões, e Clemente Pereira foi atingido por baionetas e um golpe na
cabeça, que o deixaram de cama por mais de um mês. Uma hora mais
tarde, o prédio estava vazio.

No mesmo dia 22 de abril d. Pedro escreveu, em nome de d. João,
um decreto cancelando a adoção da constituição espanhola, sob a justificativa de que pessoas que não eram representantes do povo haviam
imposto a medida. No mesmo dia, foi publicado o comunicado oficial
sobre a partida da Família Real e a nomeação de d. Pedro como príncipe regente, com plenos poderes para administrar o Brasil. Na ausência
dele, deveria assumir a regência sua esposa, d. Leopoldina.

Partida do cais do palácio da rainha d. Carlota Joaquina, de volta a
Lisboa com a família e a corte. Gravura de Jean-Baptiste Debret, 1835.
Acervo: Biblioteca Brasiliana Guita e José Mindlin – PRCEU/USP.

D. João embarcaria de volta para Portugal na madrugada de 25
para 26 de abril. Iam com ele a esposa, d. Carlota Joaquina, os outros
filhos e mais de quatro mil pessoas, entre funcionários da corte, criados,
ministros, diplomatas e as famílias de todos esses. A despedida entre

o rei e d. Pedro ocorreu numa conversa privada, em 24 de abril, que o novo príncipe regente relembraria mais de um ano depois, numa carta datada de 19 de junho de 1822:

> Eu ainda me lembro e me lembrarei sempre do que vossa majestade me disse antes de partir dois dias, no seu quarto: "Pedro, se o Brasil se separar, antes seja por ti, que me hás de respeitar, do que para algum desses aventureiros". Foi chegado o momento da quase separação, e estribado eu nas eloquentes e singelas palavras de Vossa Majestade, tenho marchado adiante do Brasil, que tanto me tem honrado.[41]

"Diga ao povo que fico"

CONFORME O navio de d. João VI se afastava pelo Atlântico, deixando para trás o Rio de Janeiro de que tanto gostava, d. Pedro tentava tomar pé da situação do governo brasileiro. O início não foi dos mais auspiciosos. Sua subida à condição de príncipe regente ficara marcada pelo conflito na Praça do Comércio, e a população carioca demorou a perdoar esse evento. Negociantes e cidadãos evitavam o local, onde apareciam faixas em que se lia "Açougue dos Braganças" ou "Açougue Real", que eram rapidamente retiradas pelas autoridades. Os baianos também, quando souberam do acontecimento, colocaram uma decoração de crepes negros na Praça do Comércio local, em sinal de luto.

Além disso, d. João levara consigo todas as reservas financeiras do Banco do Brasil, e d. Pedro tinha dificuldade em fechar as contas do governo. Privado de reservas em ouro e prata, o regente foi obrigado a mandar fundir cobre retirado de algumas embarcações para cunhar moeda. Com o país à beira da falência, começou a tomar todas as medidas possíveis para economizar, como contaria ao pai numa carta de 17 de julho de 1821:

> Mudei a minha casa para a Quinta de São Cristóvão a fim de irem
> para o paço da cidade todos os tribunais, secretarias, e tudo quanto

estava em casa paga por conta do Estado. [...] Pela cavalariça não se gasta senão milho, porque o capim é da quinta: de 1.290 bestas fiquei só com 156; em uma palavra, a minha roupa, a da mantearia e tesouro é lavada pelas escravas, e eu não faço de despesa quase nada em proporção do que dantes era, mas se ainda puder economizar mais, o hei-de fazer a bem da Nação. [...] Não há maior desgraça do que esta em que me vejo, que é de desejar fazer o bem e arranjar tudo e não haver com quê".[42]

Apesar das dificuldades, d. Pedro tratou de buscar reconquistar as simpatias do povo ao mostrar trabalho publicamente. Saía às ruas, vistoriava estabelecimentos públicos e de maneira geral buscava dar o exemplo. Num de seus primeiros atos como regente, fez uma proclamação aos súditos em 27 de abril em que declarava sua intenção de zelar pela "felicidade do Brasil" até que a constituição estivesse pronta. Novos decretos começaram a garantir certas liberdades individuais, uma conquista da Revolução Francesa, como o direito de propriedade e o de não ser preso arbitrariamente.

Essas medidas não impediram que d. Pedro continuasse sofrendo com a agitação política, sobretudo dos militares portugueses estacionados no Rio de Janeiro. No final de maio, chegaram ao Brasil notícias de que as Cortes haviam adotado um conjunto de bases para orientar a elaboração da constituição. Embora o texto de jornal que trazia a informação deixasse claro que nenhuma disposição constitucional seria tomada até que os deputados brasileiros chegassem a Lisboa, proclamações militares começaram a aparecer por toda a cidade acusando d. Pedro e seu governo de serem anticonstitucionalistas por não jurarem a essas bases.

Os militares reivindicavam que d. Pedro fizesse um juramento a essas bases do que ainda viria a ser uma constituição, demitisse seu principal ministro, o conde dos Arcos, e formasse um novo governo. Quando o príncipe regente desafiou o autor dos panfletos, o conflito tornou-se um motim, com os soldados requerendo a demissão do general português Jorge Avilez, comandante da Divisão Auxiliadora. Avilez, entretanto, recusou-se, e ao invés disso colocou-se à frente da tropa rebelada.

Depois de se aconselhar com seu amigo Hogendorp, d. Pedro foi novamente sozinho enfrentar os amotinados no largo do Rocio, como em fevereiro. A rebelião continuou até que a Câmara Municipal e os eleitores da comarca do Rio de Janeiro fossem reunidos para analisar a questão. Ainda apavorados pela carnificina da Praça do Comércio, os representantes concordaram com todas as reivindicações da tropa, causando a primeira grande derrota do governo de d. Pedro, que com isso perdeu boa parte de sua influência política.

Nessa altura, nem d. Pedro nem d. Leopoldina tinham muita identificação com a situação política no Brasil. Viam-se como representantes dos Braganças forçados a ficar para trás para manter a integridade do império lusitano. Sem muitos aliados, e conhecendo a situação de quase prisioneiros do restante da Família Real que aportara em Lisboa, o casal buscou aproximar-se dos militares portugueses apoiadores das Cortes, até mesmo participando de um baile em honra do primeiro aniversário da Revolução do Porto, em 24 de agosto de 1821.

Pouco a pouco, as províncias foram anunciando sua subordinação às Cortes e elegendo juntas de governo. Pernambuco, São Paulo, Minas Gerais e a Cisplatina aderiram em março; Maranhão, Goiás e Rio Grande do Sul, em abril; Rio Grande do Norte e Piauí, em maio. As últimas a divulgarem sua adesão foram Ceará e Paraíba, já no final do ano.

Na maior parte desses lugares, a mudança foi relativamente pacífica e contou com a participação dos governadores ou dos governadores de armas, comandantes militares locais. No entanto, em Pernambuco, onde os ânimos ainda estavam exaltados por conta da Revolução Pernambucana, houve conflitos. O governador Luís do Rego Barreto, que havia sido o responsável por debelar a rebelião e era detestado, decidiu dessa vez tomar a frente do processo e convocou a população a eleger seus deputados para as Cortes. Os pernambucanos, desconfiados dessa súbita conversão, acabaram escolhendo representantes envolvidos com a revolução de 1817, mas não pararam aí. Em 29 de agosto, desafetos do governador reuniram-se na cidade de Goiana e elegeram uma junta provisória de governo. Rego Barreto tentou revidar criando sua própria junta, mas os revoltosos não aceitaram um governo liderado por um "monstro" e marcharam sobre a capital Recife, obrigando-o a capitular e retornar à Europa.

José Bonifácio

Por todo o Brasil, as províncias começaram a escolher juntas de governo e eleger seus representantes para as Cortes, um processo lento que, em alguns casos, levou mais de um ano. Em São Paulo, onde o atraso do soldo causara um motim entre os militares, gerando mortes e prisões, o governador João Carlos Augusto de Oyenhausen-Gravenburg buscou formar um governo com a maior base de aliados possível para evitar novos problemas. Em 23 de junho de 1821, uma grande multidão reuniu-se diante do Senado da Câmara e, sob a presidência de José Bonifácio, eleitor paroquial por São Vicente, procedeu à eleição dos membros do governo.

José Bonifácio de Andrada e Silva nasceu em 13 de junho de 1763, filho do segundo homem mais rico de Santos, e foi destinado aos estudos. Após iniciar sua formação em São Paulo, partiu em 1780 para o Rio de Janeiro, fazendo os estudos preparatórios a fim de ser aceito na Universidade de Coimbra, em Portugal, onde ingressou em 1783. Formou-se em Direito, mas acabou se dedicando às ciências naturais, particularmente à mineralogia. Comissionado pelo governo português para viajar pela Europa estudando mais sobre metalurgia e mineralogia, visitou minas em vários países. Ao retornar a Portugal, foi nomeado pelo então príncipe regente d. João para a cátedra de Metalurgia da Universidade de Coimbra, em abril de 1801. No ano seguinte, passou também a ser Intendente Geral das Minas e Metais.

Ele falava diversas línguas fluentemente e era um leitor voraz de pensadores iluministas, como Rousseau, Voltaire, Montesquieu e Leibniz. Seu aprendizado pela Europa e sua capacidade de aplicar os estudos à ação tornaram-no uma figura muito respeitada em Portugal, chegando a ser nomeado secretário-geral da Academia Real das Ciências de Lisboa, em 1812. José Bonifácio foi um dos raros brasileiros a serem notados e distinguidos na sociedade portuguesa, porém era uma exceção, e não um lugar-comum. Depois de se aposentar como professor, no ano seguinte, começou a acalentar a ideia de retornar ao Brasil, o que fez em 1819.

José Bonifácio de Andrada e Silva. [*S.l.*, s.d.] Litografia. *In*: SISSON, Sebastião Augusto. *Galeria dos brasileiros ilustres*. Rio de Janeiro: [*s.n.*], 1858-61. Acervo: Biblioteca Brasiliana Guita e José Mindlin – PRCEU/USP.

José Bonifácio era amigo pessoal do principal ministro de d. João VI, Tomás Antônio, que tentou convencê-lo, em sua chegada ao Rio de Janeiro, a aceitar um cargo no governo como seu assistente. Seria a primeira vez que um brasileiro nato ocuparia uma função tão elevada, mas Bonifácio recusou. Também não aceitou o posto que lhe foi oferecido como diretor no Instituto Acadêmico, preferindo sair logo da corte e voltar para Santos, onde desejava "viver e morrer como simples roceiro" em seu sítio, como escreveria para um amigo.[43]

Essa determinação não durou muito. Com a adesão paulista à Revolução do Porto, Bonifácio viu-se envolvido na política de São Paulo e acabou sendo escolhido para liderar a eleição do novo governo. Como não havia um procedimento formal definido, ele decidiu que a eleição seria feita por aclamação. Do alto da janela da Câmara da Cidade de São Paulo, ouvia da população os nomes indicados para cada cargo e depois colocava cada um em votação do mesmo modo. Assim, Oyenhausen foi eleito para presidir a junta, e o próprio Bonifácio tornou-se vice--presidente. Seu irmão Martim Francisco de Andrada ficou com a pasta do Interior e Fazenda.

As primeiras ideias de um Estado brasileiro

Os deputados brasileiros às Cortes começaram a partir para Lisboa no segundo semestre de 1821, cada um com orientações a respeito dos interesses das províncias que representavam para serem defendidos na Assembleia Constituinte. Eles não se viam como representantes do Brasil, pois esse ainda era um conceito muito tênue, não havia uma ideia de unidade nacional.

José Bonifácio era uma exceção nesse cenário. Diferentemente de outras províncias, como a Bahia e o Maranhão, onde as juntas governamentais aceitavam as Cortes de Lisboa como suprema autoridade, desde o início o governo paulista, orientado por seu vice-presidente, defendeu o poder centralizado no príncipe regente como um meio de evitar a fragmentação do Brasil. Para os representantes paulistas, José Bonifácio redigiu um documento intitulado "Lembranças e apontamentos do governo provisório para os senhores deputados da Província de São Paulo", em que desenvolvia suas ideias a respeito de um projeto de Estado brasileiro.

O documento sugeria o fortalecimento do governo executivo brasileiro, porém sujeito aos governos das províncias, que manteriam sua autonomia. Também fazia propostas para melhora da instrução pública, com aumento do número de escolas e implantação de uma universidade, preferencialmente em São Paulo. Outro ponto apontado pelo vice-presidente era a questão das terras. Ele defendia o fim do modelo arcaico de sesmarias, com vastas áreas nas mãos de grandes latifundiários, e a redistribuição das terras improdutivas depois de serem apropriadas pelo governo. Essa reforma agrária visava fomentar o povoamento do interior do Brasil. Além disso, José Bonifácio queria o fim imediato do tráfico de escravizados e a libertação gradual do elemento servil, além da integração dos povos originários à sociedade. Muitas dessas propostas, especialmente as relacionadas às terras e à escravidão, eram liberais e avançadas demais num país em que a riqueza vinha sobretudo desses dois elementos.

A recolonização do Brasil

Entretanto, as Cortes não tinham nenhuma intenção de mudar a estrutura do Brasil. Ao contrário, pretendiam retornar tudo para o estado que existia antes da chegada da Família Real. Quando d. João desembarcou em Lisboa, em 4 de julho de 1821, a junta provisória ficou insatisfeita ao saber que d. Pedro e sua família não seguiram com eles e que o príncipe ficara no Brasil como regente. Esperavam que, com o retorno da corte, as províncias passassem a ser governadas diretamente a partir de Portugal.

Assim, sem esperar pela chegada da maior parte dos deputados brasileiros, que ou estavam a caminho, ou ainda nem tinham sido eleitos, as Cortes decidiram anular todo o trabalho feito por d. João VI desde 1808 em favor da igualdade entre as diferentes partes de seu império. Para começar, extinguiram a figura jurídica do Reino do Brasil, determinando que todas as províncias na América passariam a ser consideradas territórios ultramarinos portugueses. Estes teriam sua autonomia limitada e deveriam se reportar diretamente a Lisboa, acabando com qualquer autoridade central. Todos os tribunais, agências e repartições públicas criados desde a transferência da corte seriam fechados, deixando milhares de funcionários, juízes, advogados e meirinhos desempregados. Além disso, determinaram que d. Pedro deveria retornar imediatamente à Europa com a esposa, d. Leopoldina, e os filhos, com a desculpa de que ele deveria realizar uma viagem pelo continente para completar sua educação.

O primeiro e mais inesperado efeito dessas ordens ocorreu quando os deputados do Brasil começaram a chegar a Portugal para a assembleia. Quando haviam embarcado, tendo em mente apenas as províncias que representavam, eles acreditavam que as poderiam beneficiar ao defender seus interesses nas Cortes. Muitas até mesmo preferiam ser comandadas diretamente de Lisboa que do Rio de Janeiro. Mas o desdém dos portugueses aos anseios de todos eles, ao tomar decisões que atingiam diretamente suas regiões sem que tivessem sido consultados, fez com que percebessem que, aos olhos dos reinóis, os brasileiros não eram considerados como iguais e suas opiniões eram irrelevantes.

Movidos pelo rancor de terem sido rebaixados da posição de centro do império por treze anos e empobrecidos pela quebra do monopólio colonial, os portugueses não tinham conhecimento nem interesse sobre as questões brasileiras. Ficou claro então para muitos dos deputados brasileiros que eles tinham mais interesses em comum que diferenças e que seriam mais fortes se buscassem agir juntos. Começava assim a germinar o senso de Brasil como uma única nação.

Reação no Brasil às Cortes

Quando as ordens das Cortes chegaram ao Brasil, em 9 de dezembro de 1821, d. Pedro mandou que fossem publicadas na *Gazeta do Rio de Janeiro*, órgão oficial da corte carioca. Dois meses antes, preocupado com a deterioração da situação no Brasil, o príncipe regente escrevera para o pai e assinara com sangue:

A independência tem se querido cobrir comigo, e com a tropa, com nenhum conseguiu, nem conseguirá, porque a minha honra e a dela é maior que todo o Brasil; queriam-me, e dizem que me querem, aclamar imperador; protesto a Vossa Majestade que nunca serei perjuro, que nunca lhe serei falso, e que eles farão essa loucura, mas será depois de um e todos os portugueses estarem feitos em postas: é o que juro a vossa majestade, escrevendo nesta com o meu sangue estas seguintes palavras: juro sempre ser fiel a vossa majestade, à nação e à constituição portuguesa.[44]

Na época da carta, circulavam em panfletos no Rio de Janeiro rumores de que o Brasil seria declarado independente, e d. Pedro, feito seu monarca,[45] mas nenhum movimento ocorrera. No entanto, a decisão do príncipe de aquiescer às ordens das Cortes e retornar a Portugal agitou o Rio de Janeiro. Até então, todas as revoltas na cidade tinham por detrás portugueses, fossem eles membros da burguesia ou militares. Os brasileiros, definidos por d. Leopoldina durante os tumultos de junho como tendo "cabeça boa e tranquila",[46] haviam de maneira geral se mantido fora dos conflitos. Mas, nesse momento, eles tomavam consciência da ameaça à relativa liberdade de que haviam usufruído desde 1808 e, com mais intensidade, desde a criação do Reino Unido em 1815. Nesse período, o livre comércio e a autonomia administrativa haviam beneficiado grandemente a elite econômica nacional. Com o temor de perder esses ganhos, um partido brasileiro começou a se delinear. Esse partido alicerçava-se tanto em elementos das forças armadas como em periódicos da nascente imprensa nacional, onde se destacava o *Revérbero Constitucional Fluminense*, publicado por Joaquim Gonçalves Ledo, um membro da Maçonaria, e pelo cônego Januário da Cunha Barbosa. Dessa forma, um projeto nacionalista começava a repercutir.

Em 12 de dezembro, dia seguinte à publicação dos decretos das Cortes, apareceu na capital um folheto intitulado *O Despertador Brasiliense*. O texto afirmava que a resolução de convocar d. Pedro era "ilegal, injuriosa e impolítica" e conclamava os brasileiros a se dirigirem ao príncipe reivindicando que permanecesse no Brasil para mantê-lo unido.[47] Esses apelos, porém, pareciam em vão, pois, aparentemente, o regente estava determinado a obedecer às ordens de Portugal. Ele permaneceria no Brasil apenas tempo suficiente para que a nova junta que governaria o Rio de Janeiro se estabelecesse, depois partiria com a família para garantir sua herança na Europa. Porém surgiu uma resistência inesperada: grávida de seis meses, a princesa d. Leopoldina recusou-se a viajar antes que o bebê nascesse. Entre choros e ameaças, conseguiu convencer o marido a esperar pelo parto em terra.

Retrato de Joaquim Gonçalves Ledo. Pintura de Oscar Pereira da Silva, 1925.
Acervo: Museu Paulista da USP. Coleção Fundo Museu Paulista – FMP.

Essa era uma grande mudança para quem, um ano antes, também no final da gravidez, ameaçara seguir a nado atrás do marido caso fosse enviado para Portugal sem ela. D. Leopoldina conseguia enxergar, melhor que d. Pedro, que a situação havia mudado. Criada no absolutismo da corte austríaca, ela lamentaria várias vezes, em suas cartas, as tendências liberais do marido. No entanto, graças à sua formação mais esmerada, tinha uma perspicácia política frequentemente mais aguda que a dele, com melhor visão de conjunto. E d. Leopoldina percebeu antes dele que nada podiam esperar de Portugal, já perdido para eles por conta da ação das Cortes, e que garantir o Brasil para os Braganças oferecia mais perspectivas de futuro. Em carta ao marquês de Marialva, que negociara seu casamento, d. Leopoldina afirmava:

> [...] Eis uma verdadeira sorte que tenha sido decidida a nossa permanência no Brasil, segundo minha maneira de ver, e, pensando em política, esse é o único meio de evitar a queda total da monarquia portuguesa [...]. O senhor pode estar certo que nós, brasileiros, nunca seremos capazes de sofrer as extravagâncias da Mãe-Pátria e que trilharemos sempre o caminho da honra e da fidelidade.[48]

Enquanto d. Pedro buscava manter a neutralidade e evitava contatos com as ideias de liberdade locais, d. Leopoldina já mantinha conversas nessa época com os "Patriotas Brasileiros". Esse era um grupo formado por diversas pessoas que visava manter a emancipação política do Reino do Brasil e, mais tarde, defenderia a independência. Ela começou a se corresponder com um dos líderes do grupo, o frei franciscano Francisco de Santa Teresa de Jesus Sampaio, em cuja cela, no Convento de Santo Antônio, conspirava-se, assim como na Maçonaria. Foi o maçom José Joaquim da Rocha, por exemplo, quem organizou em sua casa o chamado Clube da Resistência, cujo objetivo era convencer o príncipe regente a aderir à causa da autonomia brasileira.

D. Pedro acabou capitulando à esposa, porém condicionou sua permanência ao apoio de Rio de Janeiro, Minas Gerais e São Paulo, as principais províncias do centro-sul. O Senado da Câmara do Rio de Janeiro, ciente da decisão do príncipe, despachou representantes para São Paulo e Minas buscando somar ao apelo dos fluminenses o dos paulistas e mineiros para que d. Pedro permanecesse no Brasil. D. Leopoldina, bem informada sobre a situação política do país, continuava sua campanha de convencimento, conforme escreveria para seu secretário Anton von Schaffer:

Fiquei admiradíssima quando vi, de repente, aparecer meu esposo, ontem à noite.

Ele estava mais bem disposto para os brasileiros do que eu esperava – mas é necessário que algumas pessoas o influam mais, pois não está tão positivamente decidido quanto eu desejaria.

Dizem aqui que tropas portuguesas o obrigarão a partir. – Tudo então estaria perdido e torna-se absolutamente necessário impedi-lo.

Pernambuco deseja voltar à obediência, mas não quer nada saber das Cortes – não deverá, porém, manifestá-lo sob pena de ele não aquiescer.

Responda-me depressa por escrito, pois não convém visitar-me, a fim de que não desconfiem.[49]

As respostas das províncias não tardaram a chegar. Em 29 de dezembro, d. Pedro recebeu uma proclamação em nome dos fluminenses, escrita por frei Sampaio:

[...] Na crise atual, o regresso de S. A. Real deve ser considerado como uma providência inteiramente funesta aos interesses nacionais de ambos os hemisférios [...]. Se os motivos que as Cortes apontam para fazer regressar S.A. Real é a necessidade de instrução de economia política, que o mesmo Senhor deve adquirir viajando pelas Cortes da Europa, o povo julga que se faz mais necessário, para a futura glória do Brasil, que S. A. Real visite o interior deste vastíssimo continente desconhecido na Europa Portuguesa [...].[50]

Três dias mais tarde, chegou de São Paulo uma resolução ainda mais contundente. Ela fora redigida por José Bonifácio em 24 de dezembro e defendia a permanência do príncipe, condenando as determinações das Cortes em termos enérgicos. Esse não era um cortesão falando, mas um erudito, dono de conhecimentos que faltavam a d. Pedro, que tinha tido a confiança de d. João VI e possuía experiência administrativa, e sua colocação afetou o regente:

Note V. A. Real que, se o Reino de Irlanda, que faz uma parte do Reino Unido da Grã-Bretanha, apesar de ser infinitamente pequeno em comparação do vasto Reino do Brasil, e estar separado da Inglaterra por um estreito braço de mar [...] todavia conserva um governo geral, ou vice-reinado, que representa o Poder Executivo do Rei do Reino Unido, como poderá vir à cabeça de alguém, que não seja, ou profundamente ignorante, ou loucamente atrevido, pretender que o vastíssimo Reino do Brasil haja de ficar sem centro de atividade, e sem representante do Poder Executivo; como igualmente sem uma mola de energia e direção das nossas tropas, para poderem obrar rapidamente, e de mãos dadas, a favor da defesa do Estado, contra qualquer imprevisto ataque de inimigos externos, ou contra as desordens e facções internas, que procurem atacar a segurança pública, e a união recíproca das províncias!

Sim, Augusto Senhor, é impossível que os habitantes do Brasil, que forem honrados e se prezarem de ser homens, e mormente os Paulistas, possam jamais consentir em tais absurdos e despotismos: sim, Augusto Senhor, V. A. Real deve ficar no Brasil, quaisquer que sejam os projetos das Cortes Constituintes, não só para nosso bem geral, mas até para a independência e prosperidade futura do mesmo Portugal. Se V. A. Real estiver (o que não é crível) pelo deslumbrado e indecoroso decreto de 29 de setembro, além de perder para o mundo a dignidade de homem, e de príncipe, tornando-se escravo de um pequeno número de desorganizadores, terá também que responder, perante o Céu, do rio de sangue, que de certo vai correr pelo Brasil com a sua ausência; pois seus povos, quais tigres raivosos, acordarão de certo do sono amadornado, em que o velho Despotismo os tinha sepultado, e em que a astúcia de um novo Maquiavelismo Constitucional os pretende agora conservar. [...].[51]

A essa, somou-se uma representação do Rio de Janeiro, assinada por oito mil pessoas, e uma de Minas Gerais, além de outras das cidades mineiras de Barbacena e Mariana, todas pedindo a d. Pedro que permanecesse no Brasil. Essa movimentação incomodou as tropas portuguesas na capital, leais a Lisboa. O general Avilez enviou ao príncipe uma notificação de que o exército desejava encarcerar esses "perturbadores da ordem pública" e enviá-los para ser julgados em Portugal. Mas os acontecimentos já estavam em marcha e não era mais possível interrompê-los. Em 8 de janeiro, d. Leopoldina novamente confidenciava a Schaffer:

Receiam-se aqui muitos distúrbios para o dia de amanhã. Terá você ouvido alguma coisa? O príncipe está decidido, mas não tanto quanto eu desejaria. Os ministros vão ser substituídos por filhos do país, que sejam capazes. O governo será administrado de um modo análogo ao Estados Unidos da América do Norte. Muito me tem custado alcançar isso tudo – só desejaria insuflar uma decisão mais firme.[52]

A petição dos fluminenses foi entregue a d. Pedro por representantes do Senado da Câmara do Rio de Janeiro em 9 de janeiro de 1822. O gabinete pedira demissão, e ele recebeu sozinho a delegação, na sala do trono do Paço da Cidade. José Clemente Pereira, que havia sido transferido de Praia Grande, Niterói, para a capital, ficou responsável por realizar um discurso, redigido com auxílio de alguns dos "Patriotas Brasileiros", como o frei Sampaio e Gonçalves Ledo. O pronunciamento buscava destacar como as determinações das Cortes afetariam a liberdade e a unidade do país:

> Senhor. – A saída de V. A. Real dos Estados do Brasil será o fatal decreto que sancione a independência deste reino! Exige, portanto, a salvação da pátria que V. A. Real suspenda a sua ida até nova determinação do soberano congresso. [...] O Brasil, que em 1818 viu nascer nos vastos horizontes do Novo Mundo a primeira aurora de sua liberdade... o Brasil, que em 1815 obteve a carta da sua emancipação política [...] o Brasil, finalmente, que em 1821, unido à mãe-pátria [...] quebrou com ela os ferros do proscrito despotismo... recorda sempre com horror os dias de sua escravidão recém-passada... teme perder a liberdade mal segura que tem principiado a gostar... e receia que um futuro envenenado o precipite no estado antigo de suas desgraças.
>
> É filho daquela recordação odiosa [...] que a opinião pública se apressou a lançar na carta de lei do 1º de outubro de 1821, porque se lhe antojou que o novo sistema de governos [...] tende a dividir o Brasil e a desarmá-lo, para o reduzir ao antigo estado de colônia [...]. É filho da mesma causa o reparo e susto com que o desconfiado brasileiro viu que no soberano congresso se principiaram a determinar negócios do Brasil, sem que estivessem reunidos todos os seus deputados, [...]

porque julgou acabada de uma vez a consideração até então politicamente usada com esta importante parte da monarquia. [...]

O discurso continuava citando a vontade de outras províncias,
como São Paulo, Minas Gerais e Rio Grande do Sul, e terminava solicitando que d. Pedro ficasse, pois, de outro modo, "o ameaçado rompimento de independência e anarquia parece certo e inevitável".[53]
D. Pedro finalmente cedeu. De acordo com o registro do livro da
vereança, ele teria se voltado para os presentes e dito:

> Convencido de que a presença de minha pessoa no Brasil interessa
> ao bem de toda a nação portuguesa, e conhecido que a vontade de
> algumas províncias assim o requer, demorarei a minha saída até que
> as Cortes e meu Augusto Pai e Senhor deliberem a este respeito, com
> perfeito conhecimento das circunstâncias que tem ocorrido.[54]

Embora a resposta deixe claro que d. Pedro ainda não pensava em
independência, no dia seguinte, quando um relato do ocorrido saiu nos
jornais, essa resposta tornou-se uma frase mais forte e mais precisa, que
entrou para a História: "Como é para o bem de todos e a felicidade geral
da nação, estou pronto: diga ao povo que fico". Foi por causa dela que o
episódio ficou conhecido como Dia do Fico, servindo como um chamado aos nacionalistas brasileiros e também como um alerta às tropas portuguesas de que d. Pedro não se submeteria a sua vontade. Entretanto,
os soldados não aceitaram essa determinação de modo tão simples, e
sua resposta não demorou.

TERMO DE VEREAÇÃO DO DIA 9 DE JANEIRO DE 1822.

AOS nove de Janeiro do anno de mil oitocentos vinte e dous, nesta Cidade de S. Sebastião do Rio de Janeiro, e Paços do Conselho, aonde se achavão reunidos em acto de Vereação, na fórma do seu Regimento, o Juiz de Fóra Presidente, Vereadores, e Procurador do Senado da Camara, abaixo assignados, por parte do Povo desta Cidade forão aprezentadas ao mesmo Senado varias Representações, que todas se dirigem a requerer que este leve a Consideração de SUA ALTEZA REAL, que dezeja que suspenda a Sua sahida para Portugal, por assim o exigir a salvação da Patria, que esta ameaçada do iminente perigo de divizão pelos partidos, que se teimem, de huma independencia absoluta, até que o Soberano Congresso possa ser informado destas novas circunstancias, e á vista dellas acuda a este Reino com hum remedio prompto, que seja capaz de salvar a Patria, como tudo melhor consta das mesmas representações, que se mandarão registar. E sendo vistas estas Representações, estando prezentes os homens bons desta Cidade, que tem andado na governança della, para este acto convocados, por todos foi unanimemente accordado que ellas continhão a vontade dominante de todo o Pôvo, e que urgia que fossem immediatamente aprezentadas a SUA ALTEZA REAL. Para este fim sahio immediatamente o Procurador do Senado da Camara, encarregado de annunciar ao Mesmo Senhor esta deliberação, e de Lhe pedir huma Audiencia para o sobredito effeito: e voltando com a resposta de que SUA ALTEZA REAL tinha dizignado a hora do meio dia para receber o Senado da Camara no Paço desta Cidade, para alli sahio o mesmo Senado ás onze horas do dia: e sendo aprezentadas a SUA ALTEZA REAL as sobreditas Representações pela voz do Prezidente do Senado da Camara, que Lhe dirigio a falla; depois delle o Coronel do Estado Maior ás Ordens do Governo do Rio Grande Manoel Carneiro da Silva e Fonteura, que tinha pedido licença ao Senado da Camara para se unir a elle, dirigio a falla ao Mesmo Senhor, protestando-Lhe que os Sentimentos da Provincia do Rio Grande de S. Pedro do Sul erão absolutamente conformes aos desta Provincia. E no mesmo acto João Pedro Carvalho de Moraes aprezentou a SUA ALTEZA REAL huma Carta das Camaras de Santo Antonio de Sá e Magé contendo iguaes sentimentos. E SUA ALTEZA REAL Dignou-se responder com as expressões seguintes. = Como he para bem de todos, e „ felicidade geral da Nação, estou prompto: diga ao povo que fico. = „ E logo, chegando SUA ALTEZA REAL ás Varandas do Paço, Disse ao Povo " = „ Agora só Tenho a recommendar-vos União, e Tranquilidade. = „ Foi a Resposta de SUA ALTEZA REAL seguida de vivas da maior satisfação, levantados das Janellas do Paço pelo Prezidente do Senado da Camara e repetidos pelo immenso Povo, que estava reunido no Largo do mesmo Paço, pela ordem seguinte = Viva a Religião = Viva a Constituição = Vivão as Côrtes = Viva El-Rei Constitucional = Viva o Principe Constitucional = Viva a União de Portugal com o Brasil. = Findo este acto, se recolheo o Senado da Camara aos Paços do Conselho, com os Cidadãos, e os Mestéres do Povo, que acompanharão, e o sobredito Coronel pela Provincia do Rio Grande do Sul. E de tudo para constar se mandou lavrar este Termo que todos sobreditos assignarão commigo José Martins Rocha, Escrivão do Senado da Camara que a escrevi.

José Clemente Pereira.
Francisco de Souza e Oliveira.
Luiz José Vianna Grugel do Amaral e Rocha.
Manoel Caetano Pinto.
Antonio Alves de Araujo.
José Martins Rocha.
Domingos José Teixeira.
João José Dias Moreira.
Antonio José da Costa Ferreira.
José Ignacio da Costa Florim.
Leandro José Marques Franco de Carvalho.
Francisco José Guimarães.
José da Costa de Araujo Barros.
José de Souza Meirelles.
Manoel José da Costa.

Primeira página do Termo de Vereação do dia 9 de janeiro de 1822, onde surge o "Fico" do príncipe regente. Acervo: Biblioteca Brasiliana Guita e José Mindlin – PRCEU/USP.

Parte III:

A Independência

O levante da Divisão Auxiliadora

EM 11 de janeiro, dois dias depois do Fico, o general Jorge Avilez dirigiu-se aos quartéis dos batalhões 11º e 15º da Divisão Auxiliadora do Exército, formados por portugueses, para se despedir. Ele afirmava que havia sido demitido por d. Pedro, o que não era verdade. Enquanto se retirava, os soldados saudaram-no com vivas "ao general constitucional", e, logo depois, os dois batalhões sublevaram-se, ganhando em seguida a adesão dos batalhões de artilharia.

As tropas saíram pelas ruas em grupos na direção do morro do Castelo, para proteger o Arsenal de Guerra, e no caminho foram quebrando vidraças a pauladas e destruindo as iluminações festivas colocadas em homenagem ao "Fico". Eles gritavam "essa cabrada se leva a pau", conforme d. Pedro contaria em carta a d. João VI.[1]

O príncipe estava no teatro com d. Leopoldina e havia notado a ausência de Avilez, o que tomou como um mau sinal. Uma hora depois de iniciado o espetáculo, ele foi avisado do que estava acontecendo na rua e deu ordens para que controlassem o motim. Enquanto isso, na porta do teatro, dois militares, o coronel brasileiro José Joaquim de Lima e Silva e o comandante do 11º Batalhão, o tenente-coronel português José Maria da Costa, tiveram uma discussão. Costa teria afirmado que os brasileiros não queriam a constituição e seriam novamente reduzidos ao antigo cativeiro, antes de sair ameaçando Lima e Silva e dizendo que levariam d. Pedro de volta pelas orelhas. "Vocês foram nossos escravos, são e hão de continuar a ser, e eu vou dar a prova."[2]

A escritora inglesa Maria Graham, que estava presente, notou a agitação no teatro:

> [...] Havia uma grande animação na conversa em uma parte da plateia e [...] os oficiais portugueses, de um determinado regimento, estavam ausentes da casa. Quando a ópera estava aproximadamente para mais da metade, parece ter havido um alarme repentino, não somente nos principais camarotes, mas na plateia, e todos os olhos estavam ansiosamente voltados para o príncipe, que, na parte posterior de seu próprio camarote, falava energicamente, parecendo dar ordens ao comandante da cidade, enquanto, ao mesmo tempo, uma cara nova aparecia a cada instante à porta do camarote, como se estivesse trazendo notícias desagradáveis.[3]

Segundo Graham, a plateia do teatro começou a ficar preocupada com os sons vindos do camarote dos príncipes, que abafavam a voz dos atores, e começou a entrar em pânico, levantando-se para sair. D. Pedro então fez um discurso improvisado, explicando o ocorrido e as providências tomadas. Afirmou que a melhor coisa a fazer era ficar e terminar de assistir ao espetáculo para não prejudicar a movimentação das tropas nas ruas.

Assim que a peça terminou, d. Pedro retornou escoltado por oficiais brasileiros até São Cristóvão e enviou a família para longe da cidade. D. Leopoldina, grávida de sete meses, e os dois filhos, d. Maria da Glória e d. João Carlos, partiram às três horas da madrugada para a fazenda de Santa Cruz, enquanto d. Pedro arregimentava tropas a seu favor. Ele pediu ao comandante da fragata inglesa *Doris*, capitão Graham, marido de Maria Graham, que lhe fornecesse asilo caso fosse necessário fugir e enviou cartas para São Paulo e Minas Gerais solicitando o envio de tropas. A requisição chegaria a São Paulo no dia 17 e, em resposta, o governo local levantaria uma tropa de 1.100 homens armados, que receberiam a denominação de Leais Paulistanos. Entre eles estava um jovem cadete, Francisco de Castro Canto e Melo, cuja irmã, Domitila, viria a se tornar a mais famosa amante de d. Pedro e receberia dele o título de marquesa de Santos.

Ao amanhecer do dia 12, os regimentos brasileiros, incluindo o dos Henriques, formado por negros, e o dos Pardos, estavam reunidos no Campo de Santana. Enquanto isso, d. Pedro seguia com outras tropas para o Jardim Botânico, onde ficava a fábrica de pólvora, para assegurar que ela estivesse segura e não pudesse ser tomada pelo exército amotinado.

Nessa altura, cerca de dois mil soldados portugueses armados ocupavam o morro do Castelo. No Campo de Santana, as tropas fiéis ao príncipe receberam o reforço de moradores do Rio de Janeiro de todas as classes, desde lavradores, negros forros e mesmo escravizados até freis e padres armados, além de oficiais portugueses que haviam ficado contra Avilez e seus comandados. No total, reuniam-se mais de 10 mil pessoas, a maioria empunhando apenas facões, cacetes e outras armas improvisadas, ou apenas "puro patriotismo". Embora numerosa, essa força dificilmente seria páreo para as tropas portuguesas bem armadas e disciplinadas, além de o local ser pouco propício para enfrentamentos.

Avilez foi até São Cristóvão encontrar-se com d. Pedro e requerer que dispersasse as pessoas reunidas no Campo de Santana, já que os portugueses permaneciam sossegados. O príncipe regente recusou-se, dizendo que estavam ali por sua ordem e ameaçou expulsá-lo da cidade. No fim, não houve luta, embora não seja claro por que Avilez cedeu. No dia 13, o general pediu permissão a d. Pedro para se retirar com suas tropas para Praia Grande, do outro lado da baía da Guanabara, onde ficaram sitiados por soldados leais a d. Pedro enquanto esperava para embarcar a Divisão Auxiliadora de volta para Portugal.

O primeiro ministro brasileiro

D. Leopoldina ainda estava em Santa Cruz quando, em 17 de janeiro, recebeu notícias de que uma comitiva dos paulistas chegara ao porto de Sepetiba, próximo dali, trazendo assinaturas em apoio à permanência de d. Pedro no país. Ela mandou cavalos e uma escolta para levá-los à fazenda e foi pessoalmente recebê-los na metade do caminho. Estava ansiosa, em particular, por conhecer o sábio que liderava o grupo, José Bonifácio, cuja fama já chegara ao Rio de Janeiro. O futuro marechal José Arouche de Toledo Rendon, em carta para Martim Francisco, irmão de Bonifácio, narrou o encontro, contando como d. Leopoldina fora capaz de emocionar os paulistas falando sobre os filhos:

> Entre outras expressões dela capazes de arrancarem lágrimas aos homens de sentimentos honrados, foi dizer que estimaria muito que víssemos seus brasileirinhos, além dos quais tinha um terceiro (apontou para o ventre), que o entregaria aos cuidados dos honrados paulistas.[4]

D. Leopoldina teve uma longa conversa particular com Bonifácio. Ele, que se especializara na Saxônia e falava alemão fluentemente, tinha muito em comum com a jovem princesa. Ambos tinham grande cultura, com interesse em ciências naturais, especialmente mineralogia, e o lado prático dele, que tinha um projeto claro para a nação brasileira, interessava à princesa. Foi ela quem deu a Bonifácio informações sobre o que vinha acontecendo no Rio de Janeiro e o comunicou de que havia sido escolhido por d. Pedro no dia anterior para fazer parte do novo ministério. Inicialmente, o paulista recusou, como já fizera ao ser convidado para o gabinete de d. João VI, mas a insistência de d. Leopoldina convenceu-o a aceitar uma conversa com o príncipe antes de tomar qualquer decisão.

José Bonifácio e d. Pedro também tinham muito em comum, apesar da diferença de idade e de educação. Os dois tinham um temperamento alegre, vivaz, impulsivo e franco e também compartilhavam a certeza sobre a necessidade de mudanças na estrutura do Estado, de acordo com as ideias liberais. Rapidamente, desenvolveram uma estima um pelo outro que se aproximava de uma relação de pai e filho. Ao assumir a pasta dos Negócios do Reino, Justiça e Negócios Estrangeiros, Bonifácio tornou-se o primeiro ministro nascido no Brasil e começou a atuar para fortalecer a autonomia brasileira. Uma de suas primeiras medidas foi ordenar que as leis decretadas em Lisboa só passariam a valer no Brasil depois de receber autorização de d. Pedro.

O protomártir da Independência

Em 19 de janeiro, com a situação no Rio de Janeiro resolvida e o exército português acampado em Praia Grande, d. Leopoldina retornou com os filhos para a capital. Mas d. João Carlos, de dez meses, herdeiro do trono dos Braganças, estava doente. Ele ressentiu-se com a fuga sob o calor do Rio de Janeiro e começou a passar mal. Tanto d. Pedro quanto d. Leopoldina culparam as tropas portuguesas: se elas não tivessem se sublevado, a família não teria tido que buscar refúgio fora da cidade. Eles até mesmo recusaram-se a receber um grupo de oficiais portugueses que vieram beijar a mão da princesa por seu aniversário, em 22 de janeiro. D. João Carlos não se recuperou e acabou falecendo em 4 de fevereiro de 1822.

D. Pedro comunicaria a morte ao rei d. João VI:

> Meu pai e meu senhor. Tomo a pena para dar a Vossa Majestade a mais triste notícia do sucesso que tem dilacerado o meu coração. O príncipe d. João Carlos, meu filho muito amado, já não existe. Uma violenta constipação cortou o fio de seus dias. Este infortúnio é o fruto da insubordinação e dos crimes da divisão portuguesa.
>
> O príncipe já estava incomodado quando esta soldadesca rebelde tomou as armas contra os cidadãos pacíficos desta cidade; a prudência exigiu que eu fizesse partir imediatamente a princesa e as crianças para a fazenda de Santa Cruz, a fim de as por ao abrigo dos sucessos funestos de que esta capital podia vir a ser o teatro.
>
> Esta viagem violenta, sem as comodidades necessárias, o tempo que era muito úmido, depois de grande calor do dia, tudo enfim se reuniu para alterar a saúde do meu caro filho, e seguiu-se-lhe a morte. A divisão auxiliadora, pois, foi a que assassinou o meu filho e neto de Vossa Majestade. Em consequência, é contra ela que levanto minha voz. Ela é responsável na presença de Deus e ante Vossa Majestade deste sucesso, que tanto me tem aflito, e que igualmente afligirá o coração de Vossa Majestade.[5]

D. Pedro nunca esqueceria o envolvimento dos militares portugueses com a perda do filho. A partir de então, passou a atacar não só eles, mas também as Cortes, a quem responsabilizava pelo levante. Qualquer resto de respeito que pudesse ter em relação ao parlamento português morreu junto com d. João Carlos, que viria a ser denominado pelo frei franciscano Monte Alverne o "protomártir da independência brasileira".[6] D. Pedro jamais se esqueceria dessa perda e a computaria entre os sacrifícios que fizera pelo Brasil, quando de sua abdicação ao trono, em 1831.

Após a morte da criança, d. Pedro, farto dos adiamentos de Avilez, que ainda permanecia acampado em Praia Grande, decidiu dar um basta. Em 9 de fevereiro, subiu na fragata *União*, foi até o local e intimou as tropas a embarcar até o dia seguinte. Caso contrário, seriam declaradas inimigas e seria aberto fogo sobre elas. A ameaça foi efetiva: em dois dias, as tropas estavam a caminho de Portugal. Uma parte delas, porém, desobedeceu às ordens do príncipe regente e aportou na Bahia, onde reforçariam as tropas do general português Inácio Luís Madeira de Melo, favorável às Cortes.

A ideia da unidade nacional

O ESTABELECIMENTO do novo ministério, com membros do calibre de José Bonifácio, e a retirada dos militares portugueses permitiram a d. Pedro retomar as reformas que havia iniciado quando assumiu como príncipe regente. Bonifácio via a presença do príncipe no Brasil como essencial para manter a unidade do país, e entre as medidas tomadas nesse início de governo estavam algumas que visavam reforçar essa ideia de um país único, autônomo em relação às Cortes.

Em 16 de fevereiro, d. Pedro convocou um órgão consultivo chamado Conselho de Procuradores, formado por representantes de todas as províncias brasileiras, para se reunir no Rio de Janeiro em 2 de junho. A esse novo organismo, caberia orientar o príncipe "em todos os negócios mais importantes e difíceis", examinar os projetos de reforma do Estado e propor novas medidas, visando direcionar o Brasil ao sistema constitucional. Mais importante, porém, o decreto colocava todas as províncias sob a autoridade do príncipe regente, "porquanto, de outro modo, este rico e vasto Reino do Brasil ficaria sem um centro de união e de força, exposto aos males da anarquia e da guerra civil".[7]

A medida tinha razão de ser, pois, nessa época, surgiram tumultos em várias províncias entre os que desejavam apoiar as Cortes e os que preferiam obedecer ao governo do regente. Conflitos vinham acontecendo na Bahia desde que fora declarada a adesão ao movimento em Portugal, um ano antes, e a nomeação do militar português Madeira de Melo como comandante de armas da província gerou uma revolta popular. As tropas portuguesas, mais bem armadas, avançaram contra os patriotas, leais ao governo do Rio de Janeiro, e derrotaram-nos, forçando-os a se retirarem da cidade. Reagrupados, os patriotas baianos reagiram, dando início a uma violenta guerra civil. Eles foram saudados por d. Pedro, que imediatamente declarou que as tropas portuguesas que não se submetessem ao seu governo deveriam deixar o Brasil.

Viagem a Minas Gerais

Outro local que preocupava o governo era Minas Gerais. Embora várias cidades dessa província tivessem enviado representações declarando-se leais à regência, isso não ocorreu com uma das maiores, Vila Rica, atual Ouro Preto. Minas era vista, junto com o Rio de Janeiro e São Paulo, como uma das províncias absolutamente necessárias para que a união do país em torno do regente se sustentasse. Assim surgiu a ideia de que d. Pedro fizesse uma viagem para lá.

Em vez de uma grande tropa, d. Pedro decidiu levar consigo apenas uma comitiva reduzida, formada por quatro companheiros de viagem e uma escolta de três soldados. O grupo não contava sequer com um cozinheiro, dispondo-se o príncipe a comer o que encontrasse pelo caminho e dormir onde fosse possível: "Quero poupar aos povos todo o incômodo. Sobre uma esteira se dorme e fazendo da mala travesseiro, e com o dinheiro que se leva na algibeira há sempre feijão para comer".[8]

A comitiva saiu do Rio de Janeiro em 25 de março, subindo a serra na direção da atual Juiz de Fora e chegando a Barbacena em 1º de abril. Ali ele foi saudado com queima de fogos e um *Te Deum* na igreja matriz, antes de seguir para São João Del-Rei. Nesta cidade, uma guarda de honra foi encontrá-lo no caminho, e d. Pedro teve uma recepção entusiástica, com o povo gritando vivas ao príncipe, à constituição e aos Braganças. Finalmente, chegou a Vila Rica em triunfo em 9 de abril, depois de passar por 160 localidades, entre fazendas, arraiais e povoações. Ali ele lançou uma proclamação ordenando que a cidade se submetesse a ele, no que foi prontamente atendido. Em seguida, instituiu eleições, antes de retornar ao Rio de Janeiro por um caminho mais curto. Utilizando a Estrada Real, percorreu a distância em cinco dias, para chegar à capital em 25 de abril.

Pela primeira vez, o povo do interior do Brasil via uma pessoa da Família Real sem ser por efígies em moedas e medalhas. O fato de ser o herdeiro do trono dava a d. Pedro uma importância além da simples fama, e sua simplicidade e disponibilidade para conversar com pessoas de todos os tipos conquistaram a população mineira. Já para o príncipe, essa era a primeira oportunidade de conhecer em primeira mão como funcionava a sociedade no interior do Brasil, onde a mão de obra escrava era o alicerce da economia nacional.

O sucesso da viagem fortaleceu o papel de d. Pedro como príncipe regente e abriu caminho para reforçar sua autoridade sobre o restante do Brasil.

Muitas ideias, uma só nação

Isso também fez com que ficassem mais evidentes as divergências entre os projetos de Brasil que existiam. Mesmo entre os apoiadores de d. Pedro, havia desentendimentos sobre qual seria o limite dessa autonomia de seu governo. Alguns, entre os quais se destacava José Bonifácio, acreditavam que o Brasil deveria preservar os laços com Portugal, porém mantendo o nível de liberdade que conquistara durante o período de d. João VI. Outros, liderados por Joaquim Gonçalves Ledo e José Clemente Pereira, defendiam a independência completa. Embora em geral tivessem ideias republicanas, aceitavam a Monarquia sob d. Pedro como adequada para a realidade brasileira naquele momento.

Havia, ainda, dentro do palácio grupos que defendiam as Cortes e a subordinação do Brasil a Portugal. D. Leopoldina, que continuava atuando a favor dos patriotas brasileiros, alertaria José Bonifácio a respeito

dos chamados "pés de chumbo", como os lealistas portugueses eram
desdenhosamente chamados:

> [...] Não se fie no meu veador, o d. Francisco Misutella, ele é do partido
> oposto, e deu anteontem no meu quarto os seus sentimentos a co-
> nhecer, de modo que eu lhe aconselhei a calar-se e unir todos os seus
> esforços e desejos pelo bem do Brasil que é o verdadeiro interesse dos
> homens amantes da pátria e boa ordem.[9]

A Maçonaria

Durante a ausência do príncipe, esses grupos aproveitaram para conspi-
rar uns contra os outros. Particularmente, a confiança e o favoritismo de
d. Pedro e d. Leopoldina por José Bonifácio, que se tornara seu principal
conselheiro, irritavam o grupo de Ledo e Pereira, que desejavam tirá-lo
do governo. Este grupo era firmemente baseado na Maçonaria. Embora
Bonifácio fosse maçom, não tinha muita influência na sociedade dentro
do Brasil, porque não havia nem sequer uma loja em São Paulo, devido
ao pequeno número de membros, e ele tinha pouco contato com as do
Rio, onde as ideias radicais predominavam.

Foi esse grupo opositor a Bonifácio que teve a ideia de oferecer a d.
Pedro, em 13 de maio de 1822, aniversário de d. João VI, o título de protetor e defensor perpétuo do Brasil, que seria outorgado pelo Senado da
Câmara do Rio de Janeiro. Segundo Armitage,[10] a decisão de conceder
a d. Pedro esse título estaria relacionada com as instruções de Portugal
de impedir que armamentos e munições fossem enviados ao governo
brasileiro, medida recebida como uma "declaração de guerra". O príncipe recusaria o título de protetor, afirmando que o Brasil era capaz de
proteger a si mesmo, mas aceitaria o de defensor. D. Pedro teria tanto
orgulho dessa honraria que a usaria até mesmo depois de abdicar ao
trono brasileiro.

O próprio d. Pedro seria iniciado na Maçonaria em agosto, na loja
Comércio e Arte, sob o nome de irmão Guatimozim. Nessa época, o

Grande Oriente brasileiro separou-se do de Portugal, elevando José Bonifácio ao cargo de grão-mestre, e estabeleceu como diretriz só aceitar na Ordem homens comprometidos com a causa brasileira. Na prática, Gonçalves Ledo é quem coordenava o dia a dia do Grande Oriente, pois José Bonifácio pouco aparecia nas sessões. Ele preferia dedicar-se ao Apostolado, sociedade que criou em meados de 1822.

O Apostolado

Denominada oficialmente Apostolado da Ordem dos Cavaleiros de Santa Cruz, essa organização secreta foi fundada por José Bonifácio com a missão de defender a integridade do Brasil e lutar por sua independência. O objetivo maior, porém, era que ela servisse de contraponto à influência da Maçonaria e sobretudo ao grupo de Ledo e Pereira, de quem Bonifácio desconfiava por suas ideias que se aproximavam do Republicanismo. Ele temia a influência desses radicais sobre d. Pedro, por isso criou uma organização paralela que pudesse controlar. O príncipe foi convidado para a primeira reunião do Apostolado, em 2 de junho de 1822, onde ele foi iniciado sob o nome de Rômulo. Mais tarde, foi elevado ao título de arconte-rei.

Uma constituição para o Brasil

Os radicais conseguiram uma nova vitória ainda em maio, quando o Senado da Câmara, presidido por Clemente Pereira, entregou a d. Pedro um abaixo-assinado com seis mil assinaturas pedindo a convocação de uma Constituinte para o Brasil, separada das Cortes de Lisboa. A medida estava baseada no decreto que d. João VI publicara antes de deixar o país, que convocava Cortes para o Rio de Janeiro. O pedido foi submetido ao Conselho de Procuradores assim que este se reuniu, em 2 de junho, com Gonçalves Ledo como secretário, e foi aprovado por maioria absoluta. No dia seguinte, d. Pedro lavrou um decreto convocando a assembleia, que deveria se reunir no ano seguinte, e instruções para as eleições dos representantes foram emitidas no dia 19.

D. Pedro jornalista e panfletário

Cada vez mais, o príncipe regente passava a encarnar o espírito separatista. Um dos veículos para isso eram as cartas-resposta e artigos que escrevia para jornais como *O Espelho*, em que atacava seus oponentes, defendia seus aliados e expressava suas ideias, defendendo os brasileiros e as ideias constitucionais. Nesses escritos, usava diversos pseudônimos: Inimigo dos Marotos, Piolho Viajante, Duende, Repórter Eleitoral, O Anglo-Maníaco, o Constitucional Puro, o Espreita, o Ultra-Brasileiro – usado em defesas à Independência –, o Filantropo – quando defendeu a substituição do tráfico pela imigração europeia – e o divertido Derrete- -Chumbo-a-Cacete – que utilizava para falar mal dos "pés de chumbo".

Quanto mais intensas ficavam as tensões entre brasileiros e portugueses, mais d. Pedro tomava o lado dos nacionalistas. Em julho, depois de ordenar que Madeira de Melo saísse do Brasil com seus homens, despachou para a Bahia um militar francês, Pierre Labatut, à frente de trezentos soldados, para prestar ajuda aos patriotas locais. Em 1º de agosto, em resposta a uma decisão das Cortes de enviar reforços para Madeira de Melo, declarou guerra aos militares portugueses que fossem mandados ao Brasil, anunciando que não poderiam desembarcar; caso o fizessem, o povo teria o direito de resistir em armas. Também lançou um manifesto aos povos brasileiros, pelo qual determinava que os deputados às Cortes retornassem de Lisboa e conclamava que as províncias defendessem umas às outras contra os portugueses. O manifesto fazia um apelo à união nacional: "Não se ouça, pois, entre vós outro grito que não seja – UNIÃO – Do *Amazonas* ao *Prata* não retumbe outro eco que não seja – INDEPENDÊNCIA – Formem todas as nossas Províncias o feixe misterioso, que nenhuma força pode quebrar".[11]

O rompimento na prática
entre Brasil e Portugal

No dia 6 de agosto, d. Pedro lançou um *Manifesto às nações amigas*, em que explicava a situação política brasileira, conclamando os outros países a reconhecer sua autoridade como regente e continuar mantendo relações políticas e comerciais diretamente com o Brasil, sem se reportar a Portugal. O manifesto, possivelmente escrito por José Bonifácio, pode ter tido a participação de d. Leopoldina, que, apesar de seus receios quanto aos "constitucionais", cada vez mais embarcava na causa separatista. Entretanto, era assinado por d. Pedro, na qualidade de herdeiro do trono e príncipe regente, o que significa que ele concordava com o documento bastante provocativo. O início do texto traz um breve resumo histórico da exploração do Brasil:[12]

> [...] Quando, por um acaso, se apresentara pela vez primeira esta rica e vasta Região Brasílica aos olhos do venturoso Cabral, logo a avareza e o proselitismo religioso, móveis dos descobrimentos e Colônias modernas, se apoderaram dela por meio de conquista; e leis de sangue, ditadas por paixões e sórdidos interesses, firmaram a tirania portuguesa. O indígena bravio e o colono europeu foram obrigados a trilhar a mesma estrada da miséria e escravidão. Se cavaram o seio de seus montes para deles extraíram o ouro, leis absurdas e o *Quinto* vieram logo esmorece-los em seus trabalhos apenas encetados; ao mesmo tempo que o Estado Português com sôfrega ambição devorava os tesouros que a benigna Natureza lhes ofertava, fazia também vergar as desgraçadas Minas sob o peso do mais odioso dos tributos, a *Capitação*. Queriam que os brasileiros pagassem até o ar que respiravam e a terra que pisavam [...]. Sempre quiseram os europeus conservar este rico País na mais dura e triste dependência da Metrópole; porque julgavam ser-lhes necessários estancar ou pelo menos empobrecer a fonte perene de suas riquezas. [...] Se o supérfluo de suas produções convidava e reclamava a troca de outras produções estranhas, privado o Brasil do mercado geral das Nações [...], nenhum outro recurso lhe

restava senão mandá-las aos portos da Metrópole, e estimular assim, cada vez mais, a sórdida cobiça e prepotência de seus tiranos. Se, finalmente, o brasileiro, a quem a provida Natureza deu talentos não vulgares, anelava instruir-se nas Ciências e nas Artes [...], mister lhes era ir mendigá-las a Portugal, que pouco as possuía, e de onde muitas vezes lhe não era permitido regressar.

O manifesto prossegue acusando Portugal de enviar para o Brasil administradores corruptos e avarentos que, em vez de colaborarem com o crescimento do território, apenas abalavam mais a estrutura da sociedade. Mas, mesmo assim, os brasileiros resistiriam aos "obstáculos físicos e morais que seus ingratos Pais e Irmãos opunham acintemente ao seu crescimento e prosperidade", e, sendo "bom e honrado", o Brasil viria a abrigar de braços abertos a corte transferida de Portugal, recebendo em troca apenas novos abusos. Isso teria levado o país a apoiar a revolução e o estabelecimento das Cortes, o que se mostrou um equívoco:

> Quando em Portugal se levantou o grito da Regeneração Política da monarquia, confiados os povos do Brasil na inviolabilidade dos seus direitos e incapazes de julgar aqueles seus irmãos diferentes em sentimentos e generosidade, abandonaram a estes ingratos a defesa de seus mais sagrados interesses e o cuidado da sua completa reconstituição [...]. Confiando tudo na sabedoria e justiça do Congresso Lisbonense, esperava o Brasil receber dele tudo o que lhe pertencia por direito. Quão longe estava então de presumir que este mesmo Congresso fosse capaz de tão vilmente atraiçoar suas esperanças e interesses [...]!
>
> Agora já conhece o Brasil o erro em que caíra; e se os brasileiros não fossem dotados daquele generoso entusiasmo [...], veriam desde o primeiro Manifesto que Portugal dirigira aos povos da Europa, que um dos fins ocultos da sua apregoada Regeneração consistia em restabelecer, astutamente, o velho sistema colonial, sem o qual creu sempre Portugal, e ainda hoje o crê, que não pode existir rico e poderoso. [...]
>
> Enquanto Meu Augusto Pai não abandonou [...] as praias do [Rio de] Janeiro para ir desgraçadamente habitar de novo as do velho Tejo, afetava o Congresso de Lisboa sentimentos de fraternal igualdade para com o Brasil [...]; declarando formalmente no art. 21 das

Bases da Constituição que a Lei fundamental [...] só teria aplicação a este Reino se os Deputados dele [...] declarassem ser essa a vontade dos povos que representavam. Mas qual foi o espanto desses mesmos povos quando viram, em contradição àquele artigo e com desprezo de seus inalienáveis direitos, uma fração do Congresso geral decidir dos seus mais caros interesses! Quando vieram legislar o partido dominante [...], sobre objetos de transcendente importância e privativa competência do Brasil, sem a audiência sequer de dois terços dos seus representantes!

Continua o texto referindo-se à situação na Bahia, onde as Cortes apoiavam uma junta de governo que se recusava a obedecer às ordens do regente no Rio de Janeiro. Culpava a decisão de governar as províncias diretamente de Lisboa pelos "males da guerra civil e da anarquia em que hoje se acha submergida por culpa de seu primeiro governo, vendido aos demagogos lisbonenses [...]", devido a um desejo de que o "Império do Brasil", termo usado diversas vezes, devesse "receber novos ferros e humilhar-se como escravo perante Portugal".

Chegam enfim ao Brasil os fatais Decretos da Minha retirada para a Europa, e da extinção total dos Tribunais do Rio de Janeiro, ao mesmo tempo que ficavam subsistindo os de Portugal. Desvaneceram-se, então, em um momento, todas as esperanças, até mesmo de conservar uma delegação do Poder Executivo, que fosse o centro comum de união e de força entre todas as Províncias deste vastíssimo País [...]. Um governo forte e constitucional era só quem podia desempeçar o caminho para o aumento da civilização e riqueza progressiva do Brasil; quem podia defendê-lo de seus inimigos externos e coibir as facções internas [...] contra o sossego e segurança pública do Estado em geral e de cada uma das suas Províncias em particular. Sem este centro comum, torno a dizer, todas as relações de amizade e comércio mútuo entre este Reino com o de Portugal e países estrangeiros, teriam mil colisões e embates; e em vez de se aumentar a nossa riqueza [...], a veríamos, pelo contrário, entorpecer, definhar e acabar talvez de todo. Sem este centro de força e de união, finalmente, não poderiam os brasileiros conservar as suas fronteiras e limites naturais e perderiam, como agora maquina o Congresso, tudo o que ganharam à custa de tanto sangue [...].

D. Pedro menciona, mais uma vez, a "prematura morte do Meu Querido Filho o Príncipe Dom João" como tendo sido causada pela rebelião de Avilez e, em última instância, pelas Cortes, ao apoiarem os desafios à sua autoridade. Ele também protesta contra a maneira como as requisições dos deputados do Brasil foram sufocadas pelos representantes portugueses, majoritários nas Cortes. Assim, quando a petição da Junta de Governo de São Paulo requerendo que o príncipe permanecesse no Brasil fora apresentada na assembleia, ela fora "insultada, tachada de rebelde e digna de ser criminalmente processada".

> À vista de tudo isto, já não é mais possível que o Brasil [...] possa jamais ter confiança nas Cortes de Lisboa, vendo-se a cada passo ludibriado, já dilacerado por uma guerra civil começada por essa iníqua gente, e até ameaçado com as cenas horrorosas de *Haiti*, que nossos furiosos inimigos muito desejam reviver.
>
> [...]
>
> [...] Qual deveria ser o comportamento do Brasil? Deveria supor, acaso, as Cortes de Lisboa ignorantes de nossos direitos e conveniências? [...] Deveria o Brasil sofrer e contentar-se somente com pedir humildemente o remédio de seus males a corações desapiedados e egoístas? Não vê ele que mudados os Déspotas, continua o Despotismo? Tal comportamento, além de inepto e desonroso, precipitaria o Brasil em um pélago insondável de desgraças [...].

Em seguida, d. Pedro afirma ser, na condição de herdeiro do trono português, a primeira de suas obrigações "não só zelar pelo bem dos povos brasileiros; mas igualmente os de toda a nação que um dia deve governar". Para cumprir com isso, segundo o manifesto, o príncipe teria convocado a opinião de todas as províncias, por meio do Conselho de Procuradores, aceitado o título de defensor perpétuo do Brasil e mandado convocar uma Constituinte brasileira.

O manifesto termina convocando os governos das nações amigas a manter relações comerciais e diplomáticas diretamente com o Brasil.

O documento foi enviado junto com instruções aos representantes diplomáticos brasileiros em países como Argentina, França, Inglaterra e Áustria para que buscassem conseguir o reconhecimento do governo do Rio de Janeiro.

Essas medidas, em conjunto, quebravam na prática os laços entre o Brasil e o governo de Lisboa, determinando a autonomia do país. Não se tratava ainda, porém, de uma ruptura completa. D. Pedro deixava isso claro no *Manifesto*: "[...] Não desejo cortar os laços de união e fraternidade que devem fazer de toda a Nação Portuguesa um só todo político bem organizado". Todas as suas determinações eram estabelecidas na condição de príncipe regente, em nome de d. João VI. O texto, por exemplo, afirmava:

> [...] Se El Rei, o Senhor D. João VI, Meu Augusto Pai, estivesse ainda no seio do Brasil, gozando de sua liberdade e legítima autoridade, de certo se comprazeria com os votos deste povo leal e generoso; e o imortal fundador deste Reino, que já em fevereiro de 1821 chamara ao Rio de Janeiro Cortes Brasileiras, não poderia deixar neste momento de convocá-las do mesmo modo que eu agora fiz. Mas achando-se o nosso rei prisioneiro e cativo, a mim me compete salvá-lo do afrontoso estado a que o reduziram os facciosos de Lisboa. A mim pertence, como Seu Delegado e Herdeiro, salvar não só ao Brasil, mas com ele toda a Nação Portuguesa.[13]

Mesmo assim, o manifesto repercutiu na Europa e foi assunto nos principais jornais. Numa reportagem que analisava os acontecimentos no Brasil, o jornal londrino *The Courier* comentava:

> Há algumas semanas aludimos à possibilidade de que a conduta do Príncipe Real, opondo-se à vontade das Cortes Soberanas e aos aparentes desejos de seu pai, resultaria de uma combinação política entre eles, a fim de garantir o Império Brasileiro para a Casa de Bragança [...].[14]

Não seria equivocado pensar se d. João de fato não aprovaria que o filho tentasse assegurar para sua dinastia o trono do maior país da

América do Sul. Em Lisboa, o rei era virtualmente um prisioneiro, sem praticamente nenhuma influência sobre as decisões das Cortes. Cronistas da época afirmam que, todos os dias, ele abria os jornais para ver quais leis haviam sido aprovadas em seu nome, dizendo: "Vamos ver o que eu decidi ontem".

Há evidências de que até mesmo a correspondência entre pai e filho era lida pelas Cortes, e os dois escreviam um ao outro sobre temas mais delicados usando como intermediária a filha mais velha de d. João, d. Maria Teresa, como comprova uma carta do marquês de Palmela informando que a princesa "recebera uma carta do príncipe d. Pedro com outra inclusa para S.M., e que não se atrevia a mandá-la por ser sumamente indecorosa".[15] A palavra "indecorosa", usada aqui, qualificava as ideias que d. Pedro passara a professar. Dentro da própria casa, o rei enfrentava oposição: d. Carlota e outras pessoas conspiravam para removê-lo do trono e substituí-lo pelo filho mais novo, d. Miguel. Caso viessem a público provas de que d. João estava de acordo com d. Pedro para separar o Brasil de Portugal, como sugeria o *The Courier*, isso seria munição o bastante para quem quisesse afastá-lo do trono português.

No Brasil, ainda havia muito a ser feito para conseguir apoio ao projeto de autonomia. Muitos portugueses começavam a se alinhar com as ideias do príncipe, entre eles diversos funcionários públicos e comerciantes, mas outros viam isso com desconfiança. O rumo das decisões de d. Pedro fez o general Saldanha, governador do Rio Grande do Sul, decidir que sua lealdade ao rei de Portugal era incompatível com sua função. Ele pediu demissão em agosto de 1822 e quis retornar à Europa, mas foi preso e mandado ao Rio de Janeiro. D. Pedro, porém, mandou soltá-lo e tentou convencê-lo a apoiar a causa brasileira. Saldanha recusou e obteve permissão para voltar a Lisboa.

A Bernarda de Francisco Inácio

Enquanto isso, em São Paulo, a situação também estava tensa, mas por outro motivo: as disputas entre grupos políticos locais. Quando da

Caderno de imagens

🐚 Mapa do Brasil no Atlas Lopo Homem-Reineis, também conhecido como Atlas Miller, de 1519. Uma das primeiras representações do Brasil, nela aparecem os povos originários, a fauna e a flora, com destaque dado para a exploração do pau-brasil. ACERVO DA BIBLIOTECA NACIONAL DA FRANÇA.

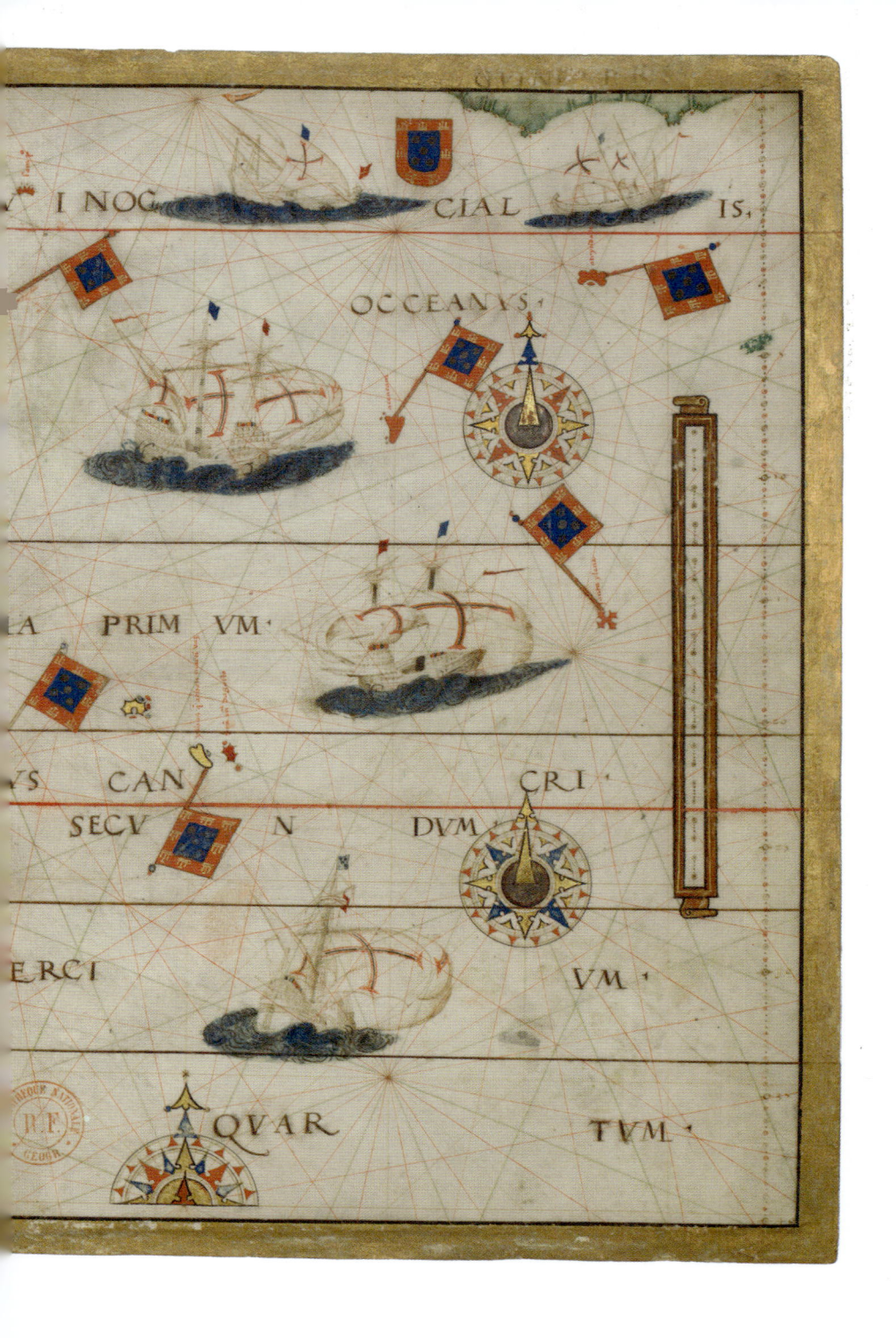

I NOG... CIAL IS.

OCCEANVS.

LA PRIMVM.

CAN CRI

SECV N DVM

ERCI VM.

QVAR TVM.

Mapa de Pernambuco incluindo Itamaracá, no século XVII. Entre 1630 e 1654, uma grande parte do Brasil estava ocupada pelos holandeses, que passaram a estudá-lo. Este mapa de 1662 de Joan Blaeu foi baseado no levantamento realizado pelo cartógrafo Cornelis Goliath, que mapeou o território holandês no Brasil. O detalhe da ilustração do mapa, no alto, fica por conta do desenho que o pintor Frans Post fez do engenho de cana-de-açúcar de Itamaracá. ACERVO DA BIBLIOTECA NACIONAL DA HOLANDA.

Batalha dos Guararapes (ex-voto), onde aparecem representados, na parte de baixo da pintura, os batalhões indígenas e negros que lutaram contra os holandeses. Autor desconhecido, pintura de 1758. ACERVO DO MUSEU HISTÓRICO NACIONAL, RJ.

🌊 Paço dos Duques de Bragança, em Vila Viçosa, no Alentejo. À esquerda, o Palácio dos Duques, e, no centro da praça, a estátua de d. João IV, primeiro membro da dinastia de Bragança a subir ao trono português. FOTO DO AUTOR.

🌊 Santuário de Nossa Senhora da Conceição de Vila Viçosa, também chamado de Solar da Padroeira. Para essa santa, d. João IV deu a coroa de Portugal, e, a partir de 1646, nenhum outro monarca português foi coroado, apenas aclamado. FOTO DO AUTOR.

Extração de diamantes realizada por escravizados na comarca de Serro Frio, no Distrito Diamantino, em Minas Gerais. Desenho de Carlos Julião, séc. XVIII.

Lavagem do cascalho feita por escravizados na comarca de Serro Frio, no Distrito Diamantino, em Minas Gerais. Desenho de Carlos Julião, séc. XVIII. ACERVO DA BIBLIOTECA NACIONAL, RJ.

∿ Mesa em jacarandá na qual d. João, segundo tradição popular, teria assinado o Decreto de Abertura dos Portos às Nações Amigas, em Salvador, em 28 de janeiro de 1808. ACERVO DO MEMORIAL DA CÂMARA MUNICIPAL DE SALVADOR. FOTO DO AUTOR.

∿ Vista da cidade do Rio de Janeiro durante a permanência da corte portuguesa no Brasil. Desenho sem autor e sem data. ACERVO DA BIBLIOTECA NACIONAL, RJ.

Vista do Campo de Santana durante a permanência da corte portuguesa no Brasil. O círculo assinala o palacete de madeira erguido para as festividades da aclamação de d. João VI como rei. A mesma edificação foi usada para a aclamação de d. Pedro I como imperador. No centro da praça, há uma arena para touradas. Desenho sem autor e sem data. ACERVO DA BIBLIOTECA NACIONAL, RJ.

❧ D. João VI após a aclamação no Rio de Janeiro. Óleo sobre tela de Jean-Baptiste Debret, 1817. ACERVO DO MUSEU NACIONAL DE BELAS ARTES, RJ.

NA PÁGINA AO LADO:

❧ Pintura de Jean-Baptiste Debret representando Nossa Senhora da Conceição e, na salva sob seus pés, a Ordem de Nossa Senhora da Conceição de Vila Viçosa, criada por d. João no dia de sua aclamação no Rio de Janeiro, em 6 de fevereiro de 1818. Novamente, a dinastia ligava-se à santa padroeira e a Vila Viçosa. ACERVO DO PALÁCIO NACIONAL DE QUELUZ, PORTUGAL.

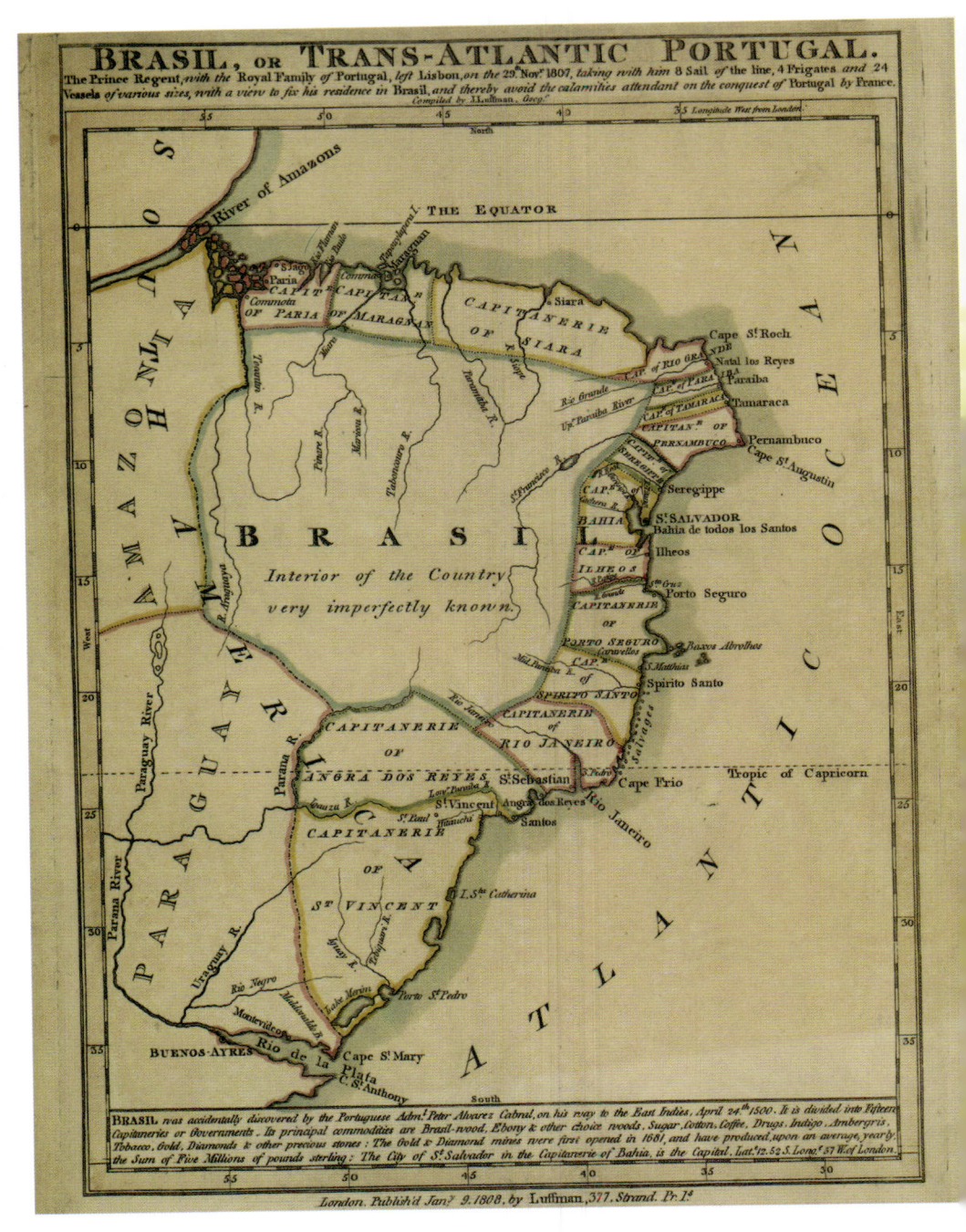

Brasil, ou Portugal Transatlântico. Mapa inglês realizado após a chegada da corte portuguesa ao Brasil. Nota-se que o interior brasileiro era uma incógnita para os estrangeiros. No mapa, aparece a informação "interior do país muito imperfeitamente conhecido". Mapa impresso por John Luffman em 1808. ACERVO DA BIBLIOTECA DO CONGRESSO, WASHINGTON, D.C.

Mapa do Brasil de 1821, já mais detalhado, mas ainda sem as fronteiras atuais. Esse mapa apareceu como um anexo da obra *História do Brasil desde o seu descobrimento em 1500 até 1810...*, dedicada a d. Pedro de Alcântara, príncipe do Brasil. BIBLIOTECA DO CONGRESSO, WASHINGTON, D.C.

D. Pedro, com José Bonifácio a seu lado, ordena ao militar português Jorge Avilez que retorne a Portugal após o fracasso do levante da Divisão Auxiliadora. Pintura de Oscar Pereira da Silva, 1922. ACERVO DO MUSEU PAULISTA DA USP. COLEÇÃO FUNDO MUSEU PAULISTA – FMP.

NA PÁGINA AO LADO:

A pintura mostra Antônio Carlos de Andrada, de pé, discursando na sessão de 5 de maio de 1822 e confrontando Borges Carneiro. Toda a imagem busca representar o conflito entre os representantes do Brasil e os de Portugal. Pintura de Oscar Pereira da Silva, 1922. ACERVO DO MUSEU PAULISTA DA USP. COLEÇÃO FUNDO MUSEU PAULISTA – FMP.

🐛 D. Leopoldina chefiando o Conselho de Estado em 2 de setembro de 1822. Pintura de Georgina Albuquerque, 1922. ACERVO DO MUSEU HISTÓRICO NACIONAL, RJ.

🐚 Retrato de d. Pedro I feito pelo pintor Simplício Rodrigues de Sá. Ao fundo, vê-se a cidade de São Paulo, claramente inspirada na vista da cidade desenhada pelo pintor Arnaud Julien Pallière, em 1822. A intenção é clara ao associar a imagem de d. Pedro com a cidade onde ocorreu o Grito do Ipiranga. Miniatura em guache sobre marfim, década de 1820. ACERVO DO MUSEU IMPERIAL/IBRAM/ MTUR/Nº13/2022/MUS.

Independência ou morte, celebrando o "grito" ocorrido em 7 de setembro de 1822 na região do Ipiranga, em São Paulo. Pintura de Pedro Américo, 1888.

ACCLAMATION DE DON PÉDRO 1ER EMPEREUR DU BRÉSIL;
au camp de Sta. Anna, à Rio-de-Janeiro.

Aclamação de d. Pedro I como imperador do Brasil, em 12 de outubro de 1822, no Campo de Santana, rebatizado como Campo da Aclamação. Gravura de Jean-Baptiste Debret, 1839. ACERVO DO MUSEU IMPERIAL/IBRAM/ MTUR/Nº13/2022/MUS.

Coroação de d. Pedro I, em 1º de dezembro de 1822, na Capela Imperial, atual igreja de Nossa Senhora do Carmo da Antiga Sé, no centro do Rio de Janeiro. Na pintura, vemos d. Pedro já coroado e, na tribuna de honra do lado esquerdo, d. Leopoldina e a então herdeira do trono, d. Maria da Glória, futura rainha d. Maria II de Portugal. Pintura de Jean-Baptiste Debret, 1826. ACERVO DO MUSEU NACIONAL DE BELAS ARTES, RJ.

D. Pedro I na abertura da Assembleia Nacional. Pintura de Pedro Américo, 1872. ACERVO DO MUSEU NACIONAL DE BELAS ARTES, RJ.

Coroa confeccionada para d. Pedro I e usada somente no Primeiro Reinado (1822-1831). ACERVO DO MUSEU IMPERIAL/IBRAM/MTUR/Nº13/2022/MUS.

〜 Cetro criado para a coroação de d. Pedro I em 1822. ACERVO DO MUSEU IMPERIAL/IBRAM/MTUR/Nº13/2022/MUS.

NA PÁGINA AO LADO:
〜 Gravura representando Maria Quitéria, que entrou para o Exército brasileiro como voluntária e teve destaque na Guerra da Independência na Bahia. Gravura colorizada de Edward Francis Finden, desenho de Augustus Earle, 1824. DOMÍNIO PÚBLICO.

A pintura mostra a tropa do Exército brasileiro entrando em Salvador em 2 de julho de 1823. O primeiro a cavalo é o comandante José Joaquim de Lima e Silva; ao seu lado, o corneteiro Luís Lopes, que, com o toque da sua corneta, marcou o ponto de virada da batalha de Pirajá a favor dos brasileiros. *Entrada do Exército Libertador*. Presciliano Silva, 1930.

Busto de José Bonifácio de Andrada e Silva confeccionado por Marc Ferrez, que, junto com seu irmão Zepherin Ferrez, foi um dos integrantes da Missão Artística Francesa que acabaram se fixando no Brasil e trabalhando durante o reinado de d. João VI, d. Pedro I e d. Pedro II. Busto em bronze. ACERVO DO MUSEU IMPERIAL/IBRAM/MTUR/Nº13/2022/MUS.

Medalha-estojo contendo a Constituição de 1824. Executada por Jacques-Auguste Fauginet em bronze. ACERVO DO MUSEU IMPERIAL/IBRAM/MTUR/Nº13/2022/MUS.

Mesa que serviu à Assembleia Constituinte em 1823. Jacarandá, 4,50m x 1,20m x 0,8m. ACERVO DO MUSEU IMPERIAL/IBRAM/MTUR/Nº13/2022/MUS.

Alegoria de d. Pedro I recebendo as credenciais de sir Charles Stuart que o confirmavam como representante de d. João VI para discutir o tratado de reconhecimento entre Portugal e o Brasil. Pintura de Léon Tirode, séc. XIX. ACERVO DO ITAMARATY.

🐚 Leque em homenagem a d. Pedro I – "Viva d. Pedro I, Imperador e Defensor Perpétuo do Brasil" – onde vemos a coroa, o cetro e a bandeira imperial. Marfim, madrepérola e papel, 51 centímetros de diâmetro. ACERVO DO MUSEU IMPERIAL/IBRAM/MTUR/Nº13/2022/MUS.

🐚 Placa de Grã-Cruz da Ordem Imperial do Cruzeiro. A condecoração, criada em 1º de dezembro de 1822 para comemorar a coroação de d. Pedro I e a Independência, era constituída de quatro categorias: Grã-Cruz, Dignitário, Oficial e Cavaleiro. Essa condecoração foi dada até o final do Império, em 1889, e restabelecida pelo presidente Getúlio Vargas em 5 de dezembro de 1932 como Ordem Nacional do Cruzeiro, quando passou a ser conferida apenas a dignitários estrangeiros. Essa peça pertenceu ao conde d'Eu. ACERVO DO MUSEU IMPERIAL/IBRAM/MTUR/Nº13/2022/MUS.

Placa de Grã-Cruz da Imperial Ordem de Pedro Primeiro, Fundador do Império do Brasil. A ordem foi criada por d. Pedro I em 16 de abril de 1826 para comemorar o reconhecimento do Brasil. É uma das condecorações mais raras do Império. ACERVO DO MUSEU IMPERIAL/IBRAM/MTUR/Nº13/2022/MUS.

eleição da junta de governo, em 1821, todos haviam se unido em apoio ao príncipe; no entanto, as facções logo começaram a lutar pelo poder. De um lado, estavam os apoiadores dos irmãos Andrada, José Bonifácio e Martim Francisco, e, do outro, o grupo reunido em torno do presidente da província, João Carlos Augusto de Oyenhausen-Gravenburg, entre os quais se encontrava o militar açoriano João de Castro Canto e Melo, pai de Francisco de Castro, que seguira com os Leais Paulistanos para a corte.

A partida de José Bonifácio para o Rio de Janeiro e sua aproximação a d. Pedro fez seus apoiadores ganharem influência, e os dois grupos começaram a tramar para afastar o outro do governo da província. Os Andradas agiram primeiro, e, em 21 de maio de 1822, o general Oyenhausen e seu aliado, o ouvidor José da Costa Carvalho, receberam um ofício de Bonifácio, em nome de d. Pedro, ordenando que deixassem a presidência da junta para Martim Francisco, secretário do Interior e da Fazenda, e se dirigissem imediatamente para a corte. Martim Francisco usara da influência do irmão para conseguir a medida, sob a alegação de que o grupo do general desejava afastá-lo para se reaproximar das Cortes. Mas seus oponentes viram isso como um golpe para que os Andradas passassem a dominar o governo paulista e decidiram revidar.

Na tarde de 23 de maio, cerca de mil pessoas lideradas pelo coronel Francisco Inácio de Sousa Queirós, incluindo parte da tropa, reuniram-se no largo de São Gonçalo, atual praça João Mendes, onde ficava a Câmara. A multidão impediu a posse de Martim Francisco, mantendo Oyenhausen no poder. O Andrada foi então mandado para fora da cidade e seguiu para o Rio de Janeiro, onde imediatamente assumiu como ministro das Finanças. O marechal José Arouche de Toledo Rendon, que havia sido nomeado governador de armas de São Paulo, mas impedido de tomar posse, tentou negociar com a junta para que cumprisse as ordens, ao mesmo tempo que pedia ajuda à corte. Isso fez com que, em 25 de junho, d. Pedro expedisse um decreto depondo a junta de governo paulista e determinando a realização de novas eleições em São Paulo.

Dessa vez, Oyenhausen e Costa Carvalho decidiram obedecer e foram para o Rio de Janeiro. Era o fim da chamada Bernarda de Francisco Inácio, como a revolta ficou conhecida. Enquanto isso, os outros membros do governo, temerosos pela situação política ainda instável, decidiram enviar um documento conclamando d. Pedro a visitar São Paulo, "rogando ao mesmo Augusto Senhor que lançasse suas benignas visitas e indispensável proteção sobre a Província [...] e suplicavam que viesse pessoalmente conhecer os corações fiéis dos paulistas".[16] Como acontecera com Minas, eles esperavam que a viagem fizesse os paulistas se juntarem em torno do príncipe regente, acabando com a agitação.

Esse não era o primeiro convite que d. Pedro recebera para visitar São Paulo. Já enquanto se discutia a respeito das disputas na junta de governo da província, em abril, José Bonifácio aconselhara o príncipe que viajasse até lá, "onde a sua Real Presença é também, se não absolutamente necessária, muito conveniente",[17] para resolver a instabilidade política. Dessa vez, ele resolveu aceitar e, em agosto, começou a fazer preparações para a viagem. Essa jornada mudaria o destino não só de d. Pedro, mas de todo o Brasil.

A jornada da Independência

FAZENDO USO dos direitos dados a ele pelo decreto de d. João VI de 22 de abril de 1821, no qual fora nomeado príncipe regente, d. Pedro transferiu a regência do Reino do Brasil para d. Leopoldina no dia 13 de agosto de 1822, coincidentemente no quinto aniversário de seu embarque para o país. O decreto dizia:

> Tendo de ausentar-me desta capital por mais de uma semana para ir visitar a província de São Paulo, e cumprindo a bem dos seus habitantes e da segurança e tranquilidade individual e pública, que o expediente dos negócios não padeça com esta minha ausência temporária, hei por bem que os meus ministros e secretários de Estado continuem nos dias prescritos, e dentro do paço, como até agora, debaixo da presidência da princesa real do reino Unido, minha muito amada e prezada esposa, no despacho do expediente ordinário das diversas secretarias do Estado e repartições públicas que será expedido em meu nome, como se presente fora; e hei por bem outrossim que meu Conselho de Estado possa igualmente continuar as sessões nos dias determinados ou quando preciso for, debaixo da presidência da mesma princesa real, a qual fica desde já autorizadas para, com os referidos ministros e secretários do Estado, tomar todas as medidas

necessárias e urgentes ao bem e salvação do Estado; e tudo me dará imediatamente parte para receber a minha aprovação e ratificação, pois espero que nada obrará que não seja conforme às leis existentes e aos sólidos interesses d'Estado. O ministro de Estado dos Negócios do Reino e Estrangeiros o tenha assim estendido e faça executar os despachos necessários. Palácio do Rio de Janeiro, 13 de agosto de 1822 (Com a rubrica de S.A.R. o príncipe regente). José Bonifácio de Andrada e Silva.

O Brasil, como um Estado pertencente à Coroa portuguesa, já havia sido anteriormente governado por mulheres, tanto as que assumiram como regentes em nome de seus maridos e filhos, como d. Maria I, que governou efetivamente como rainha em seu próprio direito. No entanto, d. Leopoldina foi a primeira a assumir o governo brasileiro diretamente, ainda que seus poderes fossem limitados. Segundo o decreto, tudo o que ela decidisse teria que passar pela aprovação do marido: "Tudo me dará imediatamente parte para receber a minha aprovação e ratificação, pois espero que nada obrará que não seja conforme às leis existentes e aos sólidos interesses d'Estado".

No mesmo dia da nomeação da esposa para substituí-lo no governo do Reino, d. Pedro também assinou o decreto nomeando o carioca Luís Saldanha da Gama, futuro visconde de Taubaté, como ministro e secretário de Estado. Esse companheiro de viagem ficaria encarregado de expedir as ordens e os decretos oficiais que o príncipe emitiria durante a viagem. Além de Saldanha da Gama, seguiriam na comitiva o tenente português Francisco Gomes da Silva, o Chalaça, antigo companheiro de aventuras de d. Pedro desde a juventude, o major paulista Francisco de Castro Canto e Melo, que havia ido para o Rio de Janeiro com a tropa dos Leais Paulistanos e que lhe serviria de ajudante de ordens, e dois criados do Paço, João de Carvalho Raposo e João Carlota.

Primeiro dia da jornada

A comitiva partiu de São Cristóvão em 14 de agosto em direção a Venda Grande, que se localizava aproximadamente entre onde hoje estão a avenida Dom Hélder Câmara e a estrada Adhemar Bebiano, a duas léguas do Rio de Janeiro. Ali ficava um importante entroncamento ligando o caminho para as Minas Gerais e a Real Estrada de Santa Cruz, de onde se chegava a São Paulo. Segundo a viajante inglesa Maria Graham e o francês Saint-Hilaire, o local tinha esse nome, Venda Grande, por ser um ponto de abastecimento, principalmente para os viajantes.

Além de se abastecerem, d. Pedro e seu séquito encontraram aí o tenente-coronel Joaquim Aranha Barreto de Camargo, que seria nomeado durante a viagem como governador militar da praça de Santos, em São Paulo, e o padre Belchior Pinheiro de Oliveira, natural de Minas Gerais. Barreto de Camargo era um dos grandes latifundiários de Campinas, onde possuía a Sesmaria do Engenho de Mata Adentro, com mais de 1.500 alqueires de cana, que depois seria substituída por café. O padre Belchior, vigário de Pitangui, era um deputado eleito às Cortes de Lisboa e posteriormente seria o deputado mais votado para a Constituinte de 1823.

O encontro dos dois grupos não teve nada de casual, pelo contrário, demonstra como o príncipe já havia estreitados seus laços com a política de Minas Gerais, tendo um representante dessa província na sua viagem a São Paulo. O simbolismo parece arrematado pelo parentesco entre o padre Belchior e o principal ministro e conselheiro de d. Pedro, José Bonifácio. A avó de Belchior, Mariana Genoveva Ribeiro de Andrada, era irmã de Bonifácio José de Andrade, pai do ministro.

De Venda Grande, pela antiga estrada jesuítica reconstruída por d. João, seguiram para Santa Cruz para pernoitar. A antiga fazenda dos jesuítas era um dos maiores latifúndios do Brasil, o qual, com a expulsão dos religiosos pelo marquês de Pombal, passara para a Coroa portuguesa, e fora transformada em palácio com a chegada da Família Real ao Rio de Janeiro. Boa parte do caminho em que d. Pedro e sua comitiva viajariam do Rio para São Paulo era pelas estradas por onde o ouro e as pedras preciosas haviam seguido em direção ao Rio de Janeiro e daí para Portugal, anos antes.

Vista da Fazenda de Santa Cruz na época em que era utilizada pela
dinastia de Bragança. Gravura de Jean-Baptiste Debret, 1835. Acervo:
Biblioteca Brasiliana Guita e José Mindlin – PRCEU/USP.

Ao entardecer do dia 14, chegou a Santa Cruz o ex-governador de
São Paulo, o general Oyenhausen, a caminho da corte após deixar seu
posto, de acordo com as ordens de d. Pedro. Oyenhausen tentou conversar com o príncipe regente, mas este se recusou a conceder a audiência e
mandou o major Francisco de Castro Canto e Melo informar ao general
que deveria seguir imediatamente para o Rio para se apresentar à princesa regente e a José Bonifácio.

Segundo dia da jornada

No dia 15, d. Pedro e sua comitiva, seguindo pelos caminhos da antiga
Estrada Real, viajaram de Santa Cruz até a vila de São João Marcos do
Príncipe. Ali se hospedaram na sede da Fazenda Olaria, cujo proprie-

tário, Hilário Gomes Nogueira, não estava presente para recebê-los. Ele encontrava-se doente e acamado em outra fazenda de sua propriedade, Três Barras, em Bananal. Dois filhos de Hilário, Luís e Cassiano Gomes, que estavam na Fazenda Olaria, prosseguiram com o príncipe no dia seguinte, passando a integrar a comitiva.

A sede da Fazenda Olaria foi uma das maiores da província do Rio de Janeiro, mas nem ela nem São João Marcos existem mais. Em 1907, foi construída uma grande represa na região para o fornecimento de energia elétrica, e parte das propriedades rurais foram inundadas. Em 1938, buscando-se a preservação histórica do local, São João Marcos foi a primeira cidade a ser totalmente tombada pelo Sphan (Serviço de Patrimônio Histórico e Artístico Nacional), que viria a dar origem ao Iphan. No entanto, em 1940, no auge do Estado Novo, Getúlio Vargas destombou a cidade, e ela e o restante das fazendas do local acabaram embaixo d'água para a ampliação da represa de Ribeirão da Lajes.

Terceiro dia da jornada

No dia 16, continuando no Caminho Novo serra acima, d. Pedro e a comitiva chegaram à Fazenda Três Barras, uma das mais importantes da região do vale do rio Paraíba. Ali o príncipe finalmente visitou o capitão Hilário Gomes Nogueira, que não pôde sair da cama. Nogueira era o capitão-mor de Bananal, descendente de famílias mineiras que ao longo do século XVIII haviam descido para o vale para abrir fazendas de café no Caminho Novo. Em 1822, a Três Barras já tinha uma produção de quinhentos arrobas de café, possuía quase cem escravizados e produzia porcos para o comércio de toucinho, além de milho, arroz e feijão. D. Pedro não seria o único chefe de Estado brasileiro a se hospedar na fazenda. O presidente Juscelino Kubitschek seria um visitante frequente do local, pertencente a um amigo.

Quarto dia da jornada

Após pernoitar na Fazenda Três Barras, d. Pedro e seus companheiros seguiram viagem em 17 de agosto para a vila de São Miguel das Areias. A freguesia, criada em janeiro de 1748 com o nome de Santana da Paraíba Nova, servia de pouso para os tropeiros que iam de São Paulo e Minas Gerais para o Rio de Janeiro. Em 28 de novembro de 1816, a pedido da população, d. João concedeu à localidade o título de vila, a única criada por ele em São Paulo, mas a rebatizou como São Miguel das Areias, em homenagem a seu filho d. Miguel, irmão mais novo de d. Pedro.

A caminho dessa localidade, d. Pedro, com pressa e com fome, adiantou-se e chegou à frente dos que o acompanhavam à sede da Fazenda Pau d'Alho, onde foi recebido pela proprietária, d. Maria Rosa de Jesus, casada com o sargento-mor João Ferreira de Souza. A fazenda, que ainda existe e pertence ao Iphan, é considerada a pioneira no cultivo do café no Vale do Paraíba e em 1822 produziu cerca de quatrocentos arrobas do produto. Segundo uma anedota popular, d. Pedro teria se identificado apenas como um mero mensageiro da comitiva e pedido um prato de comida. A fazendeira mandou que ele se servisse na cozinha, e não na sala, que estava sendo preparada para receber o príncipe, que ela esperava. Não foi sem surpresa que o restante da comitiva, ao chegar à fazenda, encontrou d. Pedro comendo à vontade numa mesa da cozinha da casa. Algumas outras histórias afirmam que, ao chegar a comitiva, ele já tinha partido, deixando estupefata a dona da propriedade.

O que se sabe de verdadeiro é que, após o jantar, a comitiva partiu para Areias, onde ficaram hospedados na casa do capitão-mor Domingos da Silva Moreira, outro plantador de café da região, que havia produzido naquele ano trezentos arrobas do produto. A casa onde d. Pedro se hospedou ainda está de pé e hoje é um hotel no centro da cidade. O quarto do príncipe, o último no alto do edifício de três pavimentos, tem uma vista privilegiada de vários pontos da cidade. Ali, ele recebeu uma mensagem da Câmara da Vila de Areias. Nela, os vereadores diziam que d. Pedro vinha "derramar por toda a parte a luz, que deve guiar os passos incertos dos que mandam, e os que obedecem" e agradeciam por ser a primeira vila de São Paulo a ver "o solo paulistano fecundado pelas plantas de um príncipe, que a experiência de mais de um ano tem mostrado ser a única âncora da salvação da Monarquia, e o verdadeiro regenerador do Brasil".[18]

Anos depois, de 1907 a 1911, o escritor Monteiro Lobato exerceria o cargo de promotor público em Areias e se inspiraria nela para escrever o livro *Cidades mortas*. Nele, retrata a decadência das cidades da outrora rica região do Vale do Paraíba com o declínio da cultura da cultura do café devido ao uso errado do solo e de pragas. Mas, na época em que d. Pedro passou pela região, ela ainda fazia parte do futuro econômico do Brasil.

Quinto dia da jornada

No dia 18, d. Pedro e a comitiva, agora engrossada também pelo sargento-mor João Ferreira de Sousa e seu filho Francisco, partiram em direção a Cachoeira. Pelo caminho, foram a seu encontro o capitão-mor de Guaratinguetá, Manoel José de Melo, e diversas outras pessoas, entre elas o professor Francisco de Paula Ferreira, que trazia um ofício da Câmara de Guaratinguetá, além do capitão-mor de Lorena, Ventura José de Abreu.

No porto de Santo Antônio da Cachoeira, importante entroncamento de caminhos para Minas, São Paulo e Rio de Janeiro, hoje Cachoeira Paulista, d. Pedro jantou. Depois seguiu adiante até o rancho do Meira, onde havia uma troca de animais esperando para que a comitiva pudesse entrar com cavalos descansados na vila de Nossa Senhora da Piedade de Lorena. Ali pernoitaram na casa do capitão-mor de Lorena, um dos grandes latifundiários da região e uma das pessoas mais ricas da província de São Paulo.

De todos os locais, continuavam chegando cada vez mais e mais representantes, mais e mais despachos saudando o príncipe, que começou a se sentir cada vez mais popular e mais seguro de si. Um dos visitantes que o alcançou em Lorena era um emissário portando quatro ofícios do governo de São Paulo, cuja constituição e brigas internas haviam motivado a viagem.

Sexto dia da jornada

Em 19 de agosto, d. Pedro, em despacho no Paço da Câmara de Lorena, lavrou um decreto e três portarias. O decreto voltava a anunciar que o governo provisório da província de São Paulo estava dissolvido. Uma das portarias expedidas dispensava a Guarda de Honra que lhe era oferecida e proibia-a de usar uniforme sem sua licença. A segunda e a terceira portarias ordenavam às câmaras das vilas de Itu e de Sorocaba que não dessem mais obediência ao governo provisório paulista, mas somente a ele. A jornada ia surtindo o efeito desejado, e d. Pedro tomava nas próprias mãos o comando de São Paulo. De Lorena, ele também enviou portarias agradecendo à Câmara da Vila de Areias pela mensagem de dois dias antes e também à vila de Cunha, que havia lhe enviado saudação.

De Lorena, d. Pedro seguiu para Santo Antônio de Guaratinguetá, onde se hospedou na residência do capitão de ordenanças Manuel José de Melo, proprietário do Engenho da Conceição, um dos maiores latifúndios de São Paulo, que ia dessa vila até Campos do Jordão. Seu casarão, na rua da Cruz Grande, atual Marechal Deodoro, foi demolido no início do século XX, e no local foi construído um edifício neoclássico hoje ocupado pela sede da Associação Comercial e Empresarial de Guaratinguetá. Aí d. Pedro se hospedou com parte de sua comitiva, que continuava crescendo.

Em Guaratinguetá, d. Pedro recebeu representantes das vilas de Taubaté e de Pindamonhangaba, todos trazendo mensagens e ofícios para ele, que foi obrigado outra vez a despachar do paço de mais uma vila em direção a todas aquelas que o saudavam pelo caminho.

Sétimo dia da jornada

Ò príncipe partiu de Guaratinguetá para a Vila Real de Nossa Senhora do Bom Sucesso de Pindamonhangaba, em 20 de agosto. Ao passar ao lado da Matriz de Santo Antônio e entrar pela rua da Figueira, atual Visconde de Guaratinguetá, a comitiva chegou ao então limite urbano da cidade. O nome rua da Figueira não era em vão: ali, no caminho que levava à antiga Capela de Nossa Senhora Aparecida, havia uma imensa figueira. Nela, segundo a tradição, d. Pedro teria gravado suas iniciais, que ainda teriam sido vistas em 1860, em altura muito mais elevada que 38 anos antes.[19]

O príncipe, avisado sobre a imagem de Nossa Senhora Aparecida, que era cultuada ali, seguiu em sua direção e, conforme se conta na região, prostrou-se em oração diante do altar, implorando intercessão à Virgem para sua jornada. Ainda é possível ver, do lado de fora da igreja antiga de Aparecida, uma placa informando da passagem de d. Pedro pelo local.

Próximo ao povoado de Nossa Senhora da Piedade de Roseira, num lugar conhecido hoje como Roseira Velha, d. Pedro teria parado para descansar e trocar de montarias. Isso teria ocorrido embaixo de uma outra enorme figueira, nas terras da Fazenda Boa Vista, hoje um posto avançado da reserva da biosfera da Mata Atlântica. A figueira, ainda existente, é tombada pelo patrimônio histórico, e numa placa lê-se a informação "Figueira do Imperador". No caminho, pouco antes de chegarem a Pindamonhangaba, d. Pedro foi recebido por membros da Câmara, pelo coronel Antônio Leite Pereira da Gama Logo e pelo coronel Manuel Marcondes de Oliveira e Melo, futuro barão de Pindamonhangaba.

Nesse ponto, conta-se outra história curiosa da jornada. Durante a cavalgada, juntara-se ao príncipe o pindamonhangabense Domingos Marcondes de Andrade, montado num belo cavalo. D. Pedro, que sempre tivera paixão por esses animais, começou a elogiar a montaria do companheiro de viagem, que a princípio se fez de desentendido. Durante a conversa, o príncipe acabou afirmando que o dono deveria ter muito apreço pelo cavalo. "Não, alteza", respondeu Marcondes, "o apreço não é tanto, mas há um motivo poderoso para não lho oferecer". D. Pedro fez um gesto admirado, ao que o cavaleiro, sem hesitar, acrescentou: "Dizem que vossa alteza costuma pôr o nome dos doadores nos animais que lhe são presenteados, e um Marcondes até hoje não foi cavalgado". O príncipe riu da piada e prometeu que daria qualquer outro nome para o animal.[20]

Em Pindamonhangaba, d. Pedro hospedou-se na casa de monsenhor Inácio Marcondes de Oliveira Cabral e de seu irmão Manuel Marcondes de Oliveira Melo. O sobrado dos Marcondes, demolido em 1940, ficava na esquina da rua deputado Claro César com a rua dos Andradas e foi um dos mais imponentes de Pindamonhangaba durante o período colonial, depois eclipsado pelos que surgiram com a riqueza do café. Numa das salas do andar de cima, que dava para a rua, d. Pedro teve contato com diversos moços de famílias de posses da vila e da região que o acompanhariam para São Paulo, formando uma guarda de honra. O comando foi dado a Manuel Marcondes.

Hoje, os restos mortais de quatorze membros dessa guarda encontram-se sepultados na igreja de São José, em Pindamonhangaba. Ali, em 1972, o corpo de d. Pedro passou a noite com os remanescentes humanos de seus antigos companheiros de jornada, antes de seguir para a cripta do monumento da Independência, no bairro do Ipiranga, em São Paulo. Pindamonhangaba foi uma das raras cidades que não eram capitais onde o corpo de d. Pedro pernoitou quando de seu retorno ao Brasil.

Oitavo dia da jornada

Em 21 de agosto, a vila de São Francisco das Chagas de Taubaté acorreu em peso para saudar d. Pedro, acompanhado então de uma grande comitiva. Ali, ficou hospedado na casa do cônego Antônio Moreira da Costa. Deputações e representantes de diversas vilas do Vale do Paraíba continuavam a chegar onde quer que ele pousasse. Do paço da Câmara de Taubaté, o príncipe mandou emitir portarias respondendo a diversas saudações. Reza a lenda que, nesse local, d. Pedro só viu matronas respeitáveis pela feiura, pois o vigário da vila, sabendo o fraco do príncipe por jovens formosas, teria mandado que estas se retirassem da cidade.

Nono dia da jornada

A 22 de agosto, o príncipe rumou para Jacareí, onde era esperado na outra margem do rio Paraíba pela Câmara da vila e por oficiais da milícia da região, liderados pelo capitão-mor Cláudio José Machado. Ao ver a multidão que o esperava do outro lado enquanto a balsa ainda não havia chegado, d. Pedro, coberto de pó, sujo da cavalgada, atirou-se no rio com montaria e tudo, atravessando com água pela cintura.

Ao chegar à margem oposta, quis saber quem da sua guarda de honra, que atravessara de balsa e por isso estava seca, tinha o mesmo corpo e altura para trocar os calções secos com os ensopados do príncipe. A vítima foi Adriano Gomes Vieira de Almeida, natural de Taubaté, que depois, já na velhice, rememoraria o episódio brincando que havia sido uma péssima troca para ele. Enquanto os calções de Adriano eram novos, os dos príncipes eram velhos, e a esperança de que os originais fossem devolvidos com algum presente num dos bolsos nunca ocorreu: nem a devolução, nem o presente.[21]

Décimo dia da jornada

D. Pedro pernoitou em 23 de agosto em Mogi das Cruzes, onde foi hóspede do capitão-mor Francisco de Melo. Nessa localidade, bem próxima de São Paulo, chegou uma delegação do governo da província e da Câmara da cidade de São Paulo. Mas d. Pedro recusou-se a recebê-los, pois considerava o governo já deposto e sem qualquer representação oficial.

No Paço da Câmara de Mogi, o príncipe substituiu o governador de armas nomeado de São Paulo, marechal José Arouche de Toledo Rendon, que havia pedido demissão, pelo marechal Cândido Xavier de Almeida e Souza, justificando que, de todas as qualidades deste, a mais importante era "o amor à causa brasílica". No mesmo decreto, ele substituiu o governador de armas da praça e vila de Santos, no litoral paulista, colocando no cargo o tenente-coronel Joaquim Aranha Barreto de Camargo, que se juntara ao príncipe ainda no início da jornada, na Venda Grande.

Décimo primeiro dia da jornada

O pernoite no dia 24 foi às portas da cidade de São Paulo, num povoado onde se encontrava a paróquia de Nossa Senhora da Penha de França. Fundada em meados do século XVIII, a localidade hoje é um bairro paulistano. Ali, o príncipe hospedou-se na casa do vigário José Rodrigues Coelho. A Penha, localizada num morro, naquela época funcionava praticamente como um mirante de São Paulo. Dali era possível ver a cidade ao longe e a várzea do rio Tamanduateí, último percurso a ser vencido para subir em direção à colina onde a cidade nascera.

Desenho a nanquim, de autor desconhecido, representando a cidade de
São Paulo no final do século XVIII. Acervo: Biblioteca Nacional.

Da Penha, d. Pedro tomou algumas providências antes de seguir para a capital da província. Mandou que fossem passadas ordens para que o ouvidor e corregedor da comarca de Itu, desembargador Medeiros, fosse para São Paulo, visando levar adiante os processos dos envolvidos na Bernarda de Francisco Inácio. Também ordenou que os vereadores da Câmara de São Paulo que tivessem sido eleitos antes das desordens de 23 de maio deveriam esperá-lo às portas da cidade no dia seguinte. D. Pedro ainda tomaria outra precaução, segundo as lembranças do major Canto e Melo: "À noite [...], eu e Francisco Gomes viemos à cidade, a fim de observarmos o estado em que ela se achava e podermos prestar exatas informações a respeito; regressamos à meia-noite, dando notícias da perfeita quietação em que a tínhamos encontrado".[22]

Décimo segundo dia da jornada

Após assistir à missa na igreja da Penha, cedo no dia 25, d. Pedro deixou a povoação e dirigiu-se a São Paulo logo pela manhã. Em doze dias, tinha percorrido aproximadamente seiscentos quilômetros. Comparada ao Rio de Janeiro, São Paulo era diminuta, com menos de 10 mil habitantes, localizada no alto de uma colina cercada por várzeas, posição privilegiada que no passado a tornara fácil de ser defendida. A maior parte das construções era feita de pau a pique ou taipa de pilão, ambas tendo o barro como principal elemento, e, ao contrário do Rio de Janeiro, onde o costume fora banido por d. João VI, ainda era prevalente o uso de muxarabis nas janelas.

No alto da ladeira do Carmo, atual rua Rangel Pestana, d. Pedro foi recebido pelo bispo d. Mateus Pereira, pelos vereadores, que sustentavam o estandarte real, e por uma enorme multidão. Lucrécia Cananeia Galvão, uma menina escravizada de nove anos, assistiu à entrada do príncipe na cidade e recordaria, 112 anos depois, em 1934: "[...] Ele chegou a cavalo, acompanhado de muitos moços e trazia a sua roupa com um pouco de barro da estrada. [...] [Era] um moço bonito, de olhar alegre e de barbas 'suíças'. Quando apeou do cavalo, então, causava admiração. Alto, elegante e sem luxo".[23]

Ladeado por sua guarda, d. Pedro seguiu debaixo de um pálio até a Catedral da Sé, que ficava onde hoje se encontra a estátua do padre José de Anchieta, para assistir a um *Te Deum*. De lá, dirigiu-se ao Paço da Cidade, na atual praça João Mendes, onde deu beija-mão. Outro beija-mão ocorreu no dia seguinte, dia 26, no Palácio do Governo, no local em que hoje fica o Pátio do Colégio. Ali, após a expulsão dos jesuítas, havia passado a ser a sede do governo paulista. No local, ele despacharia e daria mais diversos beija-mãos aos locais e às autoridades que continuavam afluindo de toda a província para vê-lo.

Uma dessas pessoas foi o capitão-mor de Itu, Vicente da Costa Taques Góes e Aranha. Já com quase setenta anos, ele havia feito 113 quilômetros a cavalo para ter a honra de beijar a mão do príncipe. Ao vê-lo se aproximar num uniforme antiquado, com peruca branca e rosto empoado, o que devia ter sido moda mais de trinta anos antes, d. Pedro caiu no riso. Profundamente ferido em seus brios pela atitude descortês, o capitão-mor, altivamente, respondeu que com aquela farda servia a d. Pedro, aos pais, avós e bisavós do príncipe. Curvou-se respeitosamente e retirou-se com tanta dignidade que fez o impulsivo d. Pedro, com sua educação abrutalhada e sem refinamento, se cobrir de remorsos e ir desculpar-se da grosseria cometida.

D. Pedro recusou-se a receber Francisco Inácio de Souza Queiroz e ordenou que tanto ele quanto o intendente de Santos, Miguel José de Souza Pinto, implicados nos acontecimentos de 23 de maio, seguissem para o Rio de Janeiro. O príncipe permaneceu em São Paulo por alguns dias, hospedado pelo brigadeiro Manuel Rodrigues Jordão em seu sobrado na rua Direita.

Domitila

Ainda em São Paulo, teve início o relacionamento de d. Pedro com a irmã do major Francisco de Castro Canto e Melo, Domitila de Castro, a futura marquesa de Santos. Em processo de separação de corpos e bens, Domitila lutava para manter a guarda dos filhos e já era mal falada em São Paulo na época. Seu marido, o militar mineiro Felício Pinto Coelho, tentara assassiná-la alegando infidelidade da parte dela, mas na realidade o intuito era conseguir a posse única de bens que, por morte da mãe do marido, cabiam ao casal.

O relacionamento do então príncipe regente com a paulista protegeu-a num primeiro momento e, posteriormente, também ajudou um de seus parentes implicados diretamente na Bernarda de Francisco Inácio, Antônio Bernardo Quartim, casado com uma meia-irmã dela, Maria Eufrásia de Castro. Quartim, por ter participado da revolta contra os Andradas, fora deportado para Jundiaí, mas, por ordem do príncipe, acabou sendo solto.

Diferentemente de outros dos numerosos relacionamentos amorosos de d. Pedro, aquele entre ele e Domitila não ficaria restrito a São Paulo. Ela partiria para a corte no início de 1823, onde se tornaria uma influência na vida pessoal e política dele. Sua relação com a facção contrária aos Andradas faria com que futuramente ela e sua família se indispusessem contra José Bonifácio e seus irmãos. Como curiosidade, quando retornou para São Paulo em 1829, após o fim de seu relacionamento com d. Pedro, a marquesa de Santos ficou hospedada numa propriedade que pertencia a Francisco Inácio de Souza Queiroz, um dos principais responsáveis pela bernarda que levou o seu nome.

"Independência ou morte!"

DURANTE A estada em São Paulo, d. Pedro se envolveria intensamente com a política local, resolvendo questões pendentes, governando a província e convocando novas eleições. Enquanto isso, no Rio de Janeiro, d. Leopoldina cumpria o papel de que fora investida como princesa regente, despachando com os ministros, com os secretários e com os conselheiros. Inicialmente, ela confidenciaria ao marido, nas cartas que lhe enviava, que sentia vergonha, ou que seu "gênio", sua inteligência, não dava para isso. Entretanto, apesar das queixas, d. Leopoldina participou de várias decisões importantes, incluindo a contratação de mercenários estrangeiros para a defesa do Brasil.

Do Rio de Janeiro, enquanto reclamava das poucas notícias que recebia do esposo, ia contando a ele os incidentes que ocorriam dentro da própria corte, como na festa de Nossa Senhora da Glória do Outeiro, na qual frei Sampaio fez a preleção. O discurso do religioso falava obviamente de política e era pró-autonomia do Brasil. D. Leopoldina apreciou a oratória, mas não "Frei José". Segundo a princesa, a desaprovação deste religioso ao sermão foi tão grande que ele "estendeu de tal feito o bico que foi cumprimentado por bicudo; de modo que eu e o José Bonifácio achamos melhor mandá-lo proibir o Paço, eu achava melhor mandá-lo para Lisboa, mas o J. B. quis o primeiro, diga-me o que quer que se faça".[24]

Enquanto, para o marido, dizia não gostar de suas atribuições e só o fazer por obrigação, para José Bonifácio, ela efetivamente governava e mandava recomendações:

> [...] O governador que vai para Santa Catarina não é capaz, fui avisada hoje, por muitos amigos verdadeiros e sinceros de nossa causa, que Soares é muito pé-de-chumbo, sua conduta em Pernambuco tem sido péssima, e aqui foi muito falador a favor das Cortes de Lisboa [...]. É melhor tardar com a ida de tal sujeitinho até a vinda de meu adorado esposo.[25]

Não era apenas com o governo das províncias que havia preocupação. A política passara a inflamar os conventos, como o de Santo Antônio, no centro do Rio de Janeiro, onde havia frades contrários à política seguida pelo governo e favoráveis às Cortes: "[...] Fizeram mais excessos que nunca, até ameaçar os mestres de morte, e falando contra o sistema de agora [...]".[26] D. Leopoldina pedia a José Bonifácio que desse autoridade para o guardião do convento castigar os rebeldes com rigor.

Notícias de Lisboa

Em 28 de agosto, enquanto d. Pedro estava em São Paulo, chegou ao Rio de Janeiro o navio *Três Corações*, que havia zarpado de Lisboa em 3 de julho. A bordo, havia despachos para o governo com notas e extratos das atas, trazendo resumos das decisões que seriam adotadas em relação ao Brasil. Somente em 21 de setembro é que, efetivamente, as cartas régias obrigando ao cumprimento das determinações chegaram ao país, no navio *Quatro de Abril*.

Conforme as notícias, numa deliberação debatida em junho de 1822 e votada em 1º de julho, as Cortes negavam a petição brasileira de que se repensasse a fragmentação do Reino em províncias ligadas diretamente a Portugal. Também consideravam violenta e injuriosa a linguagem usada pelo governo provisório de São Paulo na carta para d. Pedro, de dezembro de 1821, escrita por José Bonifácio, pedindo para que ele não obedecesse às ordens de deixar o Brasil. Os membros da junta paulista, autores da petição, deveriam ser presos e enviados para Lisboa, onde seriam processados e julgados. Isso incluía Bonifácio, agora ministro do Reino. Mas a deliberação não parava por aí. Todas as decisões tomadas por d. Pedro eram anuladas, inclusive a criação do Conselho de Procuradores das Províncias. E, para completar, as ordens anteriores enviadas para que ele e a família retornassem à Europa continuavam a valer e deveriam ser cumpridas imediatamente.

O linguajar dos extratos das Cortes, com os deputados portugueses chamando os paulistas de "os treze infames de São Paulo" e d. Pedro sendo tratado de "desgraçado e miserável rapazinho" e de "mancebo ambicioso e alucinado", deve ter preocupado os ministros e conselheiros. Entre as ameaças ao príncipe estava colocá-lo em prisão domiciliar. Segundo os deputados portugueses, d. Pedro aprenderia a ser constitucional entre as quatro paredes do Palácio de Queluz.[27] Outra notícia trazida pelo *Três Corações* era igualmente alarmante. Um exército de mais de sete mil homens seria enviado contra o Brasil.

No mesmo período, chegou ao governo no Rio de Janeiro a notícia de que seiscentos homens haviam desembarcado em Salvador e que mais dois navios de guerra portugueses reforçavam o porto da cidade. Era clara a intenção dos portugueses em fazer do Nordeste brasileiro um local de resistência.

2 de setembro de 1822

Diante das graves notícias vindas de Portugal e da Bahia, foi convocado para 2 de setembro, às onze horas da manhã, o Conselho de Estado, que se reuniu no Palácio de São Cristóvão, sob a presidência de d. Leopoldina como princesa regente. Além dos ministros, estavam também presentes os procuradores-gerais das províncias, entre eles José Gonçalves Ledo e José Clemente Pereira. Segundo o conselheiro Vasconcelos de

Drummond, presente a essa reunião, nesse dia deliberou-se sem discussão, depois de José Bonifácio ter feito uma exposição verbal do estado em que se achavam os negócios públicos. O ministro concluiu dizendo ter chegado

> [...] a hora de acabar com aquele estado de contemporizar com os seus inimigos, que o Brasil tinha feito tudo quanto humanamente era possível fazer para conservar-se unido com dignidade a Portugal, mas que Portugal em vez de acompanhar e agradecer a generosidade com que o Brasil o tratava, insistia nos seus nefastos projetos de o tornar à miserável condição de colônia, sem nexo e nem centro de governo, que portanto ficasse com ele a responsabilidade da separação. Propôs que se escrevesse ao sr. d. Pedro para que Sua Alteza Real houvesse de proclamar a independência sem perda de tempo. A princesa real, que se achava muito entusiasmada em favor da causa do Brasil, sancionou com muito prazer a deliberação do Conselho![28]

Segundo a historiadora Viviane Tessitore, d. Pedro e d. Leopoldina já deviam ter discutido anteriormente a respeito de tomar a frente do processo separatista:

> Leopoldina não teria tomado uma atitude de tal dimensão sem uma margem mínima de segurança de que d. Pedro ratificaria o seu ato. Poderia ser constrangedor e até arriscado. Mas o apoio de José Bonifácio, que integrava o Conselho e de quem se tornou amiga, confidente e admiradora, provavelmente contribuiu para encorajá-la.[29]

Era necessário que a medida fosse tomada urgentemente, por isso d. Pedro deveria recebê-la o quanto antes. O conselheiro Drummond prossegue no relato:

> Enquanto o conselho trabalhava, já Paulo Bregaro estava na varanda, pronto a partir em toda a diligência para levar os despachos ao Príncipe Regente. José Bonifácio ao sair lhe disse: "Se não arrebentar uma dúzia de cavalos no caminho nunca mais será correio: veja o que faz" [...]. A princesa mandou-me esperar e era para que eu visse a carta

particular que S.A. escrevia ao príncipe. Eu a li e tive ocasião de admi-
rar o espírito e a sagacidade da princesa.[30]

Drummond afirma que, ao ler a carta escrita por d. Leopoldina,
não conseguiu se conter e expressou sua admiração. Gentilmente, ela
o interrompeu dizendo que não buscava elogios, que seu trabalho era
modesto. O conselheiro então comentou com o amigo José Bonifácio
sobre a sagacidade da princesa, ao que Andrada, que vinha trabalhando
com ela, respondeu: "Meu amigo, ela devia ser ele".[31]

Na carta para d. Pedro, d. Leopoldina contava a respeito do que
estava ocorrendo e o que vivenciava no Rio de Janeiro e recomendava:

> Pedro, o Brasil está como um vulcão. Até no paço há revolucionários.
> Até oficiais das tropas são revolucionários. As Cortes Portuguesas
> ordenam vossa partida imediata, ameaçam-vos e humilham-vos. O
> Conselho do Estado aconselha-vos para ficar. Meu coração de mu-
> lher e de esposa prevê desgraças, se partirmos agora para Lisboa.
> Sabemos bem o que tem sofrido nossos pais. O rei e a rainha de Por-
> tugal não são mais reis, não governam mais, são governados pelo
> despotismo das Cortes que perseguem e humilham os soberanos a
> quem devem respeito. Chamberlain vos contará tudo o que sucede
> em Lisboa. O Brasil será em vossas mãos um grande país. O Brasil
> vos quer para seu monarca. Com o vosso apoio ou sem o vosso apoio
> ele fará a sua separação. O pomo está maduro, colhei-o já, senão apo-
> drece. Ainda é tempo de ouvirdes o conselho de um sábio que conhe-
> ceu todas as cortes da Europa, que, além de vosso ministro fiel, é o
> maior de vossos amigos. Ouvi o conselho do vosso ministro, se não
> quiserdes ouvir o de vossa amiga. Pedro, o momento é o mais impor-
> tante de vossa vida. Já dissestes aqui o que ireis fazer em São Paulo.
> Fazei, pois. Tereis o apoio do Brasil inteiro e, contra a vontade do
> povo brasileiro, os soldados portugueses que aqui estão nada podem
> fazer. Leopoldina.[32]

Acompanhava a carta de d. Leopoldina outra de José Bonifácio, na
qual ele suplicava:

Senhor, as Cortes ordenaram a minha prisão por minha obediência a Vossa Alteza. E no seu ódio imenso de perseguição atingiram também aquele que preza em o servir com lealdade e a dedicação do mais fiel amigo e súdito. O momento não comporta mais delongas ou condescendências. A revolução já está preparada para o dia de sua partida. Se parte, temos a revolução no Brasil contra Portugal, e Portugal atualmente não tem recursos para subjugar um levante que é preparado ocultamente para não dizer quase visivelmente. Se fica, tem Vossa Alteza contra si o povo de Portugal, a vingança das Cores, que direi?, até a deserdação, que dizem já estar combinada. Ministro fiel, que arrisquei tudo por minha pátria e pelo meu príncipe, servo obedientíssimo do senhor D. João VI, que as Cortes têm na sua detestável coação, eu como ministro, aconselho a Vossa Alteza que fique e faça do Brasil um reino feliz, separado de Portugal, que é hoje escravo das Cortes despóticas. Senhor, ninguém mais que sua esposa deseja a sua felicidade, e ela lhe diz em carta que com esta será entregue que Vossa Alteza deve ficar e fazer a felicidade do povo brasileiro, que o deseja como seu soberano, sem ligações e obediências às despóticas Cortes portuguesas que querem a escravidão do Brasil e a humilhação do seu adorado príncipe regente. Fique, é o que todos pedem ao magnânimo príncipe que Vossa Alteza, para o orgulho e felicidade do Brasil. E se não ficar, correrão rios de sangue nesta grande e nobre terra, tão querida do seu real pai, que já não governa em Portugal pela opressão das Cortes, nesta terra que tanto estima a Vossa Alteza e a quem tanto Vossa Alteza estima. José Bonifácio.[33]

Infelizmente, até o momento, às vésperas do bicentenário da Independência, só temos conhecimento dessas duas cartas por transcrições que foram feitas. As missivas estão desaparecidas desde então. Sabemos de sua existência devido a testemunhas do Conselho de Estado[34] e do Grito do Ipiranga e a publicações realizadas a partir da década de 1920 em que elas ressurgiram em citações. As cartas teriam sido copiadas de um folheto raro publicado em 1826, onde teriam sido transcritas pela primeira vez.[35]

Outro texto de José Bonifácio é muito citado como sendo a carta que teria chegado ao príncipe em São Paulo e contém a célebre frase:

"Senhor! O dado está lançado e de Portugal não temos a esperar senão escravidão e horrores". Na realidade, trata-se de uma minuta, datada de 1º de setembro, ou seja, anterior aos despachos do Conselho de Estado, realizados no dia 2.[36]

São interessantes duas passagens da carta de d. Leopoldina: "Com o vosso apoio ou sem o vosso apoio ele [o Brasil] fará a sua separação. O pomo está maduro, colhei-o já, senão apodrece". Esse trecho ecoa o conselho que d. João teria dado a d. Pedro antes da partida de volta a Portugal, em 1821: "Pedro, se o Brasil se separar, antes seja por ti, que me hás de respeitar, do que para algum desses aventureiros". Outro ponto digno de destaque é aquele em que ela afirma que d. Pedro já havia dito o que iria fazer em São Paulo e ordenava ao marido que o fizesse. Haveria, então, um entendimento anterior entre o casal e talvez até mesmo com José Bonifácio. Caso tenha havido mesmo a intenção pré-estabelecida de se romper com as Cortes em São Paulo, isso seria uma clara demonstração não apenas do prestígio dos Andradas, mas também do projeto de Brasil idealizado por Bonifácio, no qual o país ainda se manteria vinculado à Coroa portuguesa, mas sem nenhuma ligação política com a antiga metrópole.

7 de setembro de 1822

Depois de restabelecer a ordem na cidade e no governo da província de São Paulo, d. Pedro partiu para Santos, no litoral paulista. Desceu, a 5 de setembro, a serra do Mar em lombo de mula, montaria necessária devido ao caminho íngreme. Em Santos, a "pátria dos Andradas", como a ela se referia José Bonifácio, o príncipe inspecionou as defesas do porto e visitou o Trem de Artilharia. Aproveitou também para prestigiar a família Andrada e, no dia 7, voltou a subir a serra para retornar a São Paulo.

Estrada da Serra do Mar, o antigo Caminho do Lorena, por onde d. Pedro passou em 1822. Pintura de Oscar Pereira da Silva baseada em desenho de Hércules Florence. Acervo: Museu Paulista da USP. Coleção Fundo Museu Paulista – FMP.

A mais famosa iconografia do Grito do Ipiranga está no quadro imortalizado por Pedro Américo, de 1888, que se encontra no Salão Nobre do Museu Paulista. No entanto, a cena não ocorreu do modo como foi retratada mais de sessenta anos depois. Com exceção do rosto de alguns dos envolvidos e da topografia do local, grande parte do quadro foi imaginada pelo pintor. Afinal, era a representação de um momento histórico, de algo que devia ser contado de maneira que dignificasse o evento, uma forma de estruturar a memória oficial dos fatos para as próximas gerações. Além do rosto de d. Pedro, pouca coisa lembra realmente como estava o príncipe naquele dia. Ele não vestia uma farda de gala, mas sim uma fardeta azul de polícia, sem luxo, com calças também azuis, um chapéu armado e botas envernizadas. Ia montado numa "besta baia gateada", ou uma "égua possante gateada", ou ainda uma "bela besta baia",[37] segundo os relatos das testemunhas que estavam com o príncipe.

Além disso, numa demonstração de que o destino não escolhe o momento certo para ocorrer, naquele dia especificamente d. Pedro não estava se sentindo muito bem. De acordo com as memórias deixadas por um dos membros da sua guarda de honra, Antônio Leite Pereira da Gama Lobo, "já havíamos subido a serra, quando d. Pedro queixou-se de ligeiras cólicas intestinais, precisando por isso apear-se para empregar os meios naturais de aliviar os sofrimentos".[38]

Segundo outro membro da comitiva, o coronel Manuel Marcondes de Oliveira e Melo, futuro barão de Paranapiacaba, quando chegaram ao planalto, o restante da comitiva havia ficado para trás. Ele e d. Pedro estavam sozinhos quando um cavaleiro-correio vindo do Rio de Janeiro alcançou o príncipe e entregou-lhe ofícios e cartas enviados pela regência. Ao lê-los, segundo Marcondes, o príncipe "disse-me que as cortes queriam massacrar o Brasil".[39]

Como d. Pedro tivesse a toda hora que parar e desmontar por conta da disenteria, a guarda de honra aproximou-se na altura da parada dos Meninos, hoje bairro do Rudge Ramos, em São Bernardo do Campo. Ele ordenou que os homens passassem adiante, ficando para trás com alguns companheiros mais próximos. O grupo era formado por, entre outros, o Chalaça, padre Belchior, Joaquim Maria da Gama Freitas Berquó, futuro marquês de Cantagalo, João Carlota e João de Carvalho. Se o príncipe não os alcançasse antes, a guarda de honra deveria esperá-lo na estrada de São Paulo. Gama Lobo, que seguira com ela, recordou:

> Chegado ao [ribeirão do] Ipiranga, sem que ninguém aparecesse, fiz parar a guarda junto a uma casinhola que ficava à beira da estrada, à margem daquele riacho. Para prevenir qualquer surpresa, mandei o guarda Miguel de Godoy, que era um dos mais moços, colocar-se de atalaia[40] em lugar de onde pudesse descobrir a aproximação do príncipe para nos avisar com tempo de nos pormos em forma e escoltá-lo à entrada da cidade.[41]

A casa, descrita como uma venda de beira de estrada, pertencia ao alferes Joaquim Antônio Mariano e localizava-se próximo de onde hoje está o Monumento à Independência. Enquanto aguardavam a chegada de d. Pedro e do restante da comitiva que ficara com ele, aproximaram-se da guarda de honra dois cavaleiros, ainda segundo Gama Lobo:

> [...] Vimos chegar dirigindo-se para o nosso lado dois viajantes que logo reconhecemos serem pessoas de consideração. Eram Paulo Bregaro, oficial da Secretaria do Supremo Tribunal Militar, e o major An-

tônio Ramos Cordeiro, que a mando de José Bonifácio vinham do Rio de Janeiro apressadamente, procurando d. Pedro.[42]

Eram os correios despachados após o Conselho de Estado. Enquanto isso, Canto e Melo galopava ao encontro de d. Pedro. Segundo seu relato,[43] havia seguido na frente para São Paulo com despachos do príncipe quando encontrou os cavaleiros do Rio de Janeiro e, enquanto eles descansavam com a guarda de honra, foi avisá-lo. Canto e Melo estava junto com o restante do grupo, no alto da colina do Ipiranga, onde hoje se encontra o Museu Paulista, quando os correios alcançaram d. Pedro.

Além das cartas de d. Leopoldina e de José Bonifácio, dos extratos das resoluções das Cortes e dos debates em Lisboa, d. Pedro também recebeu, segundo o padre Belchior, mensagens de Henry Chamberlain, diplomata inglês no Rio de Janeiro, a quem o padre chamou de "agente secreto" do príncipe. Além disso, haveria junto às demais uma carta escrita por d. João VI. Se antes d. Pedro tentara conversar com o pai por meio da irmã, d. Maria Teresa, teriam eles conseguido estabelecer algum meio seguro de se comunicar sem que as cartas fossem vigiadas, contando para isso com a velha Inglaterra? É uma hipótese. Em alguma dessas correspondências, d. Pedro tomou ciência, além das decisões das Cortes, das ofensas que eram ditas contra ele na assembleia.

Segundo o padre Belchior, após as cartas e os despachos terem sido entregues, d. Pedro, novamente sentindo cólicas, afastou-se do grupo, acompanhado por ele. O religioso mineiro então narra que o príncipe pediu que lesse em voz alta o conteúdo do material recebido. É de se imaginar o grau de irritação em que d. Pedro se encontrava, com a tensão causada pelas notícias aliada ao mal-estar em que se encontrava.

Ainda segundo o padre, o príncipe, depois de se ajeitar, teria pegado as cartas, amassado-as e jogado-as ao chão, de onde foram recolhidas e guardadas pelo religioso.

Depois, abotoando-se e compondo a fardeta [...] virou-se para mim e disse:

— E agora, padre Belchior?!

E eu respondi prontamente:

– Se Vossa Alteza não se faz rei do Brasil será prisioneiro das Cortes e talvez deserdado por elas. Não há outro caminho senão a independência e a separação.[44]

Caminharam então, conforme o padre, para junto dos demais companheiros que os aguardavam. D. Pedro teria ainda se consultado com os outros integrantes da comitiva, segundo relatos de testemunhas e a memória escrita por Francisco Gomes da Silva, o Chalaça: "S.M. meditou nas circunstâncias em que ele e o Brasil se achavam, e ouvindo os pareceres de muitas pessoas que escutara, sem que nenhuma delas suspeitasse ainda para que era consultada, decidiu-se declarar de uma vez a independência do Brasil".[45]

D. Pedro encaminhou-se silencioso na direção dos cavalos, seguido pelos companheiros, quando então voltou-se para eles exclamou alto:

– Padre Belchior, eles o querem, terão a sua conta. As Cortes me perseguem, chamam-me com desprezo de *Rapazinho* e de *Brasileiro*. Pois verão agora quanto vale o *Rapazinho*. De hoje em diante estão quebradas as nossas relações; nada mais quero do governo português e proclamo o Brasil para sempre separado de Portugal![46]

O príncipe teria então virado para Francisco de Canto e Melo: "Diga à minha guarda que eu acabo de fazer a independência completa do Brasil. Estamos separados de Portugal".[47] Canto e Melo então teria cavalgado até a venda onde a guarda esperava, contando o que acontecera. Os homens então se prepararam para ir encontrar d. Pedro, como Gama Lobo relembraria:

Poucos minutos poderiam ter-se passado depois da retirada dos referidos viajantes [*i.e.*: de Bregaro e Cordeiro – nota do original], e eis que percebemos que o guarda que estava de vigia vinha apressadamente em nossa direção ao ponto em que nos achávamos; compreendi o que aquilo queria dizer, e imediatamente mandei formar a guarda para receber d. Pedro [...]. Mas tão apressado vinha o príncipe, que chegou antes que alguns soldados tivessem tido tempo de alcançar as selas. [...] Havia de ser quatro horas da tarde, mais ou menos. Vinha o príncipe na frente. Vendo-o voltar-se para o nosso lado, saímos ao seu encontro. Diante da Guarda que descreveu um semicírculo, estacou o seu animal e de espada desembainhada bradou: "Amigos! Estão para sempre quebrados os laços que nos ligavam ao governo português!".[48]

O padre Belchior descreve a fala do príncipe com mais detalhes:

– Amigos, as Cortes portuguesas querem escravizar-nos e perseguem--nos. De hoje em diante, nossas relações estão quebradas. Nenhum laço nos une mais!

E arrancando do chapéu o laço azul e branco decretado pelas Cortes, como símbolo da nação portuguesa, atirou-o ao chão dizendo:

– Laços fora, soldados! Viva a independência, a liberdade, e a *separação* do Brasil!

Respondemos com um viva ao Brasil independente e separado, e um viva a d. Pedro!

O príncipe desembainhou a espada, no que foi acompanhado pelos militares; os paisanos tiraram os chapéus. E d. Pedro disse:

– Pelo meu sangue, pela minha honra, pelo meu Deus, juro fazer a liberdade do Brasil.

– Juramos, responderam todos.

D. Pedro embainhou a espada, no que foi imitado pela guarda, põe-se à frente da comitiva e voltou-se, ficando em pé nos estribos:

– Brasileiros, a nossa divisa de hoje em diante será *Independência ou Morte!*[49]

Eram quatro e meia da tarde. Tomando as rédeas de sua montaria, d. Pedro esporeou-a e, seguido da guarda e da comitiva, partiu para São Paulo.

No alto da torre da igreja da Boa Morte, próximo a uma das entradas da cidade de São Paulo, a municipalidade plantava vigias para observar as estradas quando viajantes ilustres estavam para chegar. Naquele início de crepúsculo, d. Pedro e sua comitiva eram esperados. A velocidade com que o príncipe vinha, deixando toda a comitiva e a guarda para trás, espantou os vigias. Mal fizeram soar os sinos de alarme para que as outras igrejas e conventos replicassem os toques, e d. Pedro já adentrava, levantando poeira cidade adentro, em direção ao palácio do governo, no Pátio do Colégio, de onde vinha governando São Paulo desde que chegara. Logo atrás, vinha Francisco de Castro Canto e Melo.

Os transeuntes e o povo que acorreu às janelas ao som dos sinos para ver o príncipe entrar na cidade enxergaram apenas um cavaleiro em desabalada carreira. Mesuras, cumprimentos e perguntas ficaram no ar. Algo, com certeza, deveria ter ocorrido: boas ou más notícias? Quem as deu foi Canto e Melo, chamado pelo capitão Antônio da Silva Prado, futuro barão de Iguape. Ele, o desembargador João de Medeiros Gomes, ouvidor de Itu, e o padre Ildefonso Xavier[50] acorreram a uma das janelas de seu solar, no centro, entre a travessa de Santa Teresa e a rua do Carmo, para ver o que se passava. Canto e Melo contou toda a cena que ocorrera no Ipiranga, e a notícia espalhou-se por São Paulo. Os sinos da Catedral da Sé tocaram para chamar a multidão e dar as notícias do que acontecera.

Enquanto isso, d. Pedro esboçou num papel o molde de uma legenda em formato de "v" invertido. Numa das "pernas", aparecia a palavra "Independência", e, na outra, "ou Morte". Assim que Canto e Melo chegou, d. Pedro mandou-o atrás de algum ourives para que fundisse a peça em ouro, visando que ambos a usassem naquela noite no teatro.[51]

A aclamação do "Rei do Brasil"

O teatro de São Paulo era pequeno, baixo e estreito e tinha somente um andar. Externamente, o edifício era pintado de vermelho e tinha três portas negras. No camarote de número 11, o do governador, esperava-se que o príncipe aparecesse naquela noite a qualquer momento. Francisco de Castro, às nove e meia da noite, abriu as cortinas do camarote, aonde acabava de chegar d. Pedro. Nesse momento, ele foi aclamado pelo povo paulista como o "primeiro rei do Brasil", brado levantado na plateia pelo padre Ildefonso Xavier, em conjunto com Antônio Leite Pereira Lobo e João de Castro Canto e Melo, segundo recordaria o coronel Manuel Marcondes de Oliveira Melo, uma testemunha ocular.

Os dias seguintes foram de festa e aclamações ao príncipe em São Paulo. Nos dias 8 e 9, todas as igrejas celebraram missas em ação de graças. A recepção efusiva ao ato de separação fez com que d. Pedro lançasse, em 8 de setembro, uma proclamação aos paulistanos:

Honrados Paulistanos:

O amor, que eu consagro ao Brasil em geral, e à vossa Província em particular, por ser aquela, que perante mim e o mundo inteiro, fez conhecer, primeira que todas, o sistema maquiavélico, desorganizador e faccioso das Cortes de Lisboa, me obrigou a vir entre vós fazer consolidar a fraternal união e tranquilidade, que vacilava e era ameaçada por desorganizadores, que em breve conhecereis, fechada que seja a devassa a que mandei proceder.

Quando eu, mais que contente, estava junto de vós, chegam notícias que de Lisboa os traidores da Nação, os infames deputados, pretendem atacar o Brasil e tirar-lhe do seu seio o Defensor: cumpre-me, como tal, tomar todas as medidas que minha imaginação me sugerir; e para que estas sejam tomadas com aquela madureza, que em tais crises se requer, sou obrigado para servir ao **meu ídolo, o Brasil**, a separar-me de vós (o que muito sinto) indo para o Rio ouvir meus conselheiros, e providenciar sobre negócio de tão alta monta.

Eu vos asseguro que coisa alguma me poderia ser mais sensível, do que o golpe, que minha alma sofre separando-me de meus amigos paulistanos, a **quem o Brasil, e eu devemos os bens que gozamos, e esperamos gozar de uma Constituição liberal e judiciosa**. Agora, paulistanos, s**ó vos resta conservardes união entre vós não só por ser esse o dever dos bons brasileiros**, mas também porque a nossa Pátria está ameaçada de sofrer uma guerra, que não só nos há de ser feita pelas tropas, que de Portugal foram mandadas, mas igualmente pelos seus partidistas e vis emissários que entre nós existem atraiçoando-nos. Quando as autoridades vos não administrarem aquela justiça imparcial que delas deve ser inseparável, **representai-me, que eu providenciarei. A divisa do Brasil deve ser – Independência ou Morte**.

Sabei que quando **trato da causa pública não tenho amigos e validos em ocasião alguma**. Existi tranquilos, acautelai-vos dos facciosos sectários das Cortes de Lisboa, e contai em toda a ocasião com o vosso defensor perpétuo. Paço em São Paulo, 8 de setembro de 1822 – Príncipe Regente.[52]

No dia seguinte, 9 de setembro, d. Pedro deixou o governo paulista entregue a um triunvirato formado pelo bispo da cidade, d. Mateus de Abreu Pereira, pelo ouvidor-geral José Correia Pacheco e Silva e pelo marechal de campo Cândido Xavier de Almeida e Souza, comandante militar da praça de Santos. Na madrugada do dia 10, ele partiu do Pátio do Colégio entre alas formadas pelos moradores da cidade, que aguardavam para se despedir dele.

Na ida, o príncipe havia feito a viagem da corte a São Paulo em doze dias; na volta, demorou menos de cinco para fazer o percurso de seiscentos quilômetros, deixando toda a comitiva para trás. Francisco Gomes da Silva, o Chalaça, em suas memórias,[53] registraria que ele fora o primeiro a chegar ao Rio de Janeiro depois de d. Pedro, mesmo assim, oito horas depois do príncipe. Embora normalmente um correio levasse oito dias no trajeto, e a despeito dos temporais no Vale do Paraíba, d. Pedro chegou à capital em 14 de setembro à noite. Na corrida em desabalada carreira pelo vale, no meio do aguaceiro que caía na região, d. Pedro só devia ter um pensamento: para onde o Brasil vai agora?

Do Reino ao Império

SEM DESCANSO, na noite seguinte, 15 de setembro, d. Pedro apareceu pela primeira vez em público no Rio de Janeiro após os acontecimentos do dia 7, quando foi com d. Leopoldina ao Teatro São João. Assim que o casal apareceu no camarote, uma salva de aplausos, vivas e lenços sacudidos encheu a sala. Essas demonstrações de entusiasmo repetiram-se no dia 16, quando d. Pedro chegou ao Paço da Cidade às nove horas da manhã e foi cercado por pessoas que o saudavam e buscavam beijar sua mão.

Em todos os lugares, os laços azuis e brancos haviam sido substituídos por outros verdes, cor heráldica dos Braganças. Estes eram ostentados por pessoas de todas as camadas, de militares e funcionários públicos até o povo comum, acabando com os estoques de tecidos verdes na cidade. O conselheiro Drummond, um dos primeiros a ir a São Cristóvão cumprimentar d. Pedro quando do seu retorno, lembraria-se de ter recebido um desses laços das mãos da própria d. Leopoldina:

> [...] Tratou-me com aquela alta benevolência com que ela sabia agraciar os súditos que de alguma forma se distinguiam, e deu-me um laço de seda verde que seu augusto esposo havia adotado como sinal da independência, dizendo-me que era das fitas do seu travesseiro,

porque já tinha desmanchado em laços para dar todas as outras fitas verdes que tinha.[54]

Novos símbolos nacionais

O amarelo, cor dos Habsburgos, juntou-se ao verde na heráldica brasileira por dois decretos datados de 18 de setembro de 1822, quando d. Pedro estabeleceu o escudo de armas e o tope (laço) nacional. Ele determinava os tons das cores como sendo verde-primavera e amarelo-ouro:

> [...] O Laço, ou Tope Nacional Brasiliense, será composto das cores emblemáticas – Verde de primavera, e amarelo de ouro – na forma do modelo anexo a este meu decreto. A flor verde no braço esquerdo, dentro de um ângulo de ouro, ficará sendo a divisa voluntária dos patriotas do Brasil, que jurarem o desempenho da legenda – INDEPENDÊNCIA OU MORTE – lavrada no dito ângulo.[55]

Outro decreto instituiu a bandeira nacional e o escudo de armas, idealizados por d. Pedro e desenhados por Jean-Baptiste Debret. No brasão, num escudo verde, foi posta a esfera armilar em ouro do brasão do Reino Unido, estabelecido por d. João VI em 1816. À esfera, foi acrescentada a Ordem de Cristo, e o conjunto, circundado por um cinturão azul com dezenove estrelas representando as províncias brasileiras. Acima do escudo, havia uma coroa real, mais tarde substituída pela imperial por um decreto de 1º de dezembro de 1822. Um ramo de café de um lado do brasão e um de tabaco do outro uniam-se na parte de baixo por um laço. A bandeira era um paralelogramo verde com um losango amarelo, onde o brasão ficava centralizado.

Um terceiro decreto assinado no mesmo dia buscava consolidar a ideia da independência política ao estabelecer que as pessoas que não quisessem reconhecê-la deveriam deixar o país dentro de quatro meses. Por outro lado, igualava portugueses e brasileiros que aderissem à causa: "Todo o português europeu, ou o brasileiro, que abraçar o atual sistema do Brasil, e estiver pronto a defendê-lo, usará por distinção da flor verde dentro do ângulo de ouro no braço esquerdo, com a legenda – INDEPENDÊNCIA OU MORTE [...]".[56] A medida também oferecia anistia "para todas as passadas opiniões políticas", com exceção das pessoas que já estivessem sendo processadas. Assim, ficavam excluídos os participantes da Bernarda de Francisco Inácio, permitindo que os inimigos políticos dos Andradas em São Paulo continuassem sendo perseguidos. No entanto, cinco dias mais tarde, outro decreto, respondendo a um requerimento de Gonçalves Ledo no Conselho de Procuradores, anulou a devassa em São Paulo e ordenou que todos os presos fossem libertos.

"O rapazinho" responde às Cortes

Os avisos régios oficializando as ordens das Cortes que determinavam a volta de d. Pedro a Portugal e anulavam todos os seus decretos como príncipe regente chegaram ao Rio de Janeiro em 22 de setembro. Veio junto uma carta de d. João VI datada de 3 de agosto, em que recomendava ao filho seguir as ordens das Cortes, "porque assim ganharás a estimação dos portugueses que um dia hás de governar". Porém alertava: "Quando escreveres, lembra-te [...] que os teus escritos são vistos por todo o mundo e deves ter cautela [...]".[57]

D. Pedro recusou o conselho e imediatamente escreveu de volta:

[...] Embora se cometam todos atentados que em clubes carbonários forem forjados, a causa santa não retrogradará e eu antes de morrer, direi aos meus caros brasileiros: vede o fim de quem se expôs pela pátria e imitai-me.

Vossa Majestade manda-me, que digo, mandam as Cortes por Vossa Majestade que eu faça executar e execute os seus decretos. Para eu os fazer executar, era necessário que eu e os brasileiros obedecêssemos à facção; e para eu os executar era preciso que eu quisesse. E visto isso respondo em duas palavras por mim e por todos eles: não queremos.

[...] Digo [...] a toda essa cáfila sanguinária que eu, como príncipe regente do Reino do Brasil e seu defensor perpétuo: hei por bem declarar todos os decretos pretéritos dessas facciosas, horrorosas, maquiavélicas, desorganizadoras, hediondas e pestíferas Cortes que ainda não mandei executar e todos os mais que fizerem para o Brasil nulos, írritos e inexequíveis, e como tais com um veto absoluto que é sustentado pelos brasileiros todos que dizem juntamente comigo: De Portugal nada, nada, não queremos nada. Se esta declaração tão franca irritar mais os ânimos desses luso-espanhóis, que mandem tropa aguerrida, na guerra civil que nós lhes faremos ver até que ponto chega o valor dos brasileiros. Se por acaso se atreverem a contrariar a nossa santa causa, em breve verão o mar coalhado de corsários e a miséria, a fome e tudo quanto lhe pudermos dar em troco de tantos benefícios será praticado, contra estes corifeus; mas quer quando os portugueses os conhecerem bem, eles lhes darão o justo prêmio.

Jazemos por muito tempo nas trevas, hoje já vemos a luz. Se Vossa Majestade cá estivesse, seria respeitado e amado e então veria que o povo brasileiro, sabendo prezar a sua liberdade e independência, se empenha em respeitar a autoridade real, pois não é um bando de carbonários e assassinos como os que têm a Vossa Majestade no mais ignominioso cativeiro.

Triunfa e triunfará a independência brasílica ou a morte nos há de custar.

O Brasil será escravizado, mas os brasileiros não, porque, enquanto houver sangue nas veias, há de correr e primeiramente hão de conhecer melhor o rapazinho e até que ponto chega sua capacidade.

Peço a Vossa Majestade a mande apresentar esta as Cortes para o terem mais com que se divirtam e gastem ainda um par de moedas a esse estígio Tesouro. Deus guarde a preciosa vida e saúde de Vossa Majestade como todos nós brasileiros desejamos.

Sou de Vossa Majestade.

Filho que muito o ama e súdito que muito o venera.

Pedro.[58]

Que independência era essa?

Mesmo com o claro desafio que a correspondência de d. Pedro apresentava, esses primeiros movimentos depois do 7 de setembro deixavam uma questão no ar: que independência era essa? Os decretos de 18 de setembro foram emitidos pelo "Reino do Brasil" em nome de "Sua Majestade Fidelíssima o rei d. João VI". Isso demonstra que, onze dias depois do Grito do Ipiranga, ainda permanecia a visão de que a autonomia política brasileira não significava ruptura com o Reino Unido. Essa era a ideia de José Bonifácio, que defendia a manutenção dos laços com Portugal.

DECRETO.

PODENDO acontecer que existão ainda no Brasil dissidentes da Grande Causa da sua Independencia Politica, que os Povos proclamarão e Eu Jurei Defender, os quaes ou por crassa ignorancia, ou por cego fanatismo pelas antigas opiniões espalhem rumores nocivos á União e Tranquilidade de todos os bons Brasileiros; e até mesmo ousem formar proselytos de seus erros: Cumpre imperiosamente atalhar ou prevenir este mal, separando os perfidos, expurgando delles o Brasil, para que as suas acções e a linguagem das suas opiniões depravadas não irritem os bons, e leaes Brasileiros a ponto de se atear a guerra civil, que tanto Me esmero em evitar: E porque Eu Dezejo sempre alliar a Bondade com a Justiça, e com a Salvação Publica, Suprema Lei das Nações: Hei por bem e com o parecer do Meu Conselho de Estado, Ordenar o seguinte. = Fica concedida amnistia geral para todas as passadas opiniões politicas até à data deste Meu Real Decreto, excluidos todavia della aquelles que já se acharem prezos, e em processo: Todo o Portuguez Europeo, ou o Brasileiro, que abraçar o actual systema do Brasil, e estiver prompto a defende-lo usará por distincção da flor verde dentro do angulo de oiro no braço esquerdo, com a legenda = INDEPENDENCIA, OU MORTE. = Todo aquelle porém que não quizer abraça-lo, não devendo participar com os bons Cidadãos dos beneficios da sociedade cujos direitos não respeite, deverá sahir do logar, em que reside dentro de trinta dias, e do Brasil dentro de quatro mezes nas Cidades centraes, e dois mezes nas maritimas; contados do dia, em que for publicado este Meu Real Decreto nas respectivas Provincias do Brasil, em que residir; ficando obrigado a solicitar o competente passaporte. Se entre tanto porém attacar o dito Systema, e a Sagrada Causa do Brasil ou de palavra, ou por escripto, será processado summariamente, e punido com todo o rigor que as Leis impõem aos Réos de Leza Nação, e perturbadores da Tranquilidade publica. Nestas mesmas penas incorrerá todo aquelle que, ficando no Reino do Brasil commetter igual attentado. José Bonifacio de Andrada e Silva, do Meu Conselho de Estado, e do Conselho de Sua Magestade Fidelissima ElRei o Senhor D. João VI, e Meu Ministro e Secretario de Estado dos Negocios do Reino, e Estrangeiros assim o tenha entendido e faça executar, mandando publicar, correr, e expedir por Copia aos Governos Provinciaes do Reino do Brasil. Palacio do Rio de Janeiro dezoito de Setembro de mil oitocentos e vinte dois.

Com a Rubrica de S. A. R. O PRINCIPE REGENTE.

José Bonifacio de Andrada e Silva.

Na Impressão Nacional.

Decreto de anistia com rubrica de d. Pedro em 18 de setembro de 1822, no qual ele continuava assinando como príncipe regente. Acervo: Biblioteca Brasiliana Guita e José Mindlin – PRCEU/USP.

Por outro lado, a Maçonaria, liderada por José Clemente Pereira e Gonçalves Ledo, advogava que esse era o momento para uma separação completa e já começava a se movimentar nesse sentido. Já em 9 de setembro[59], uma semana após a reunião do Conselho de Estado e antes de chegarem as notícias do Grito, Gonçalves Ledo propôs em reunião da loja Comércio e Arte, no Rio de Janeiro, o apoio à Independência e a aclamação de d. Pedro como imperador no dia do seu aniversário, em 12 de outubro. O assunto continuou sendo debatido nas sessões seguintes, e, na mesma noite em que d. Pedro retornou ao Rio, Domingos Alves Branco Muniz Barreto propôs oficialmente que ele fosse aclamado. Isso retomava a ideia lançada um ano antes de que o príncipe fosse posto à frente de um país completamente independente.

A reivindicação apareceu em público em 16 de setembro, numa proclamação escrita por Ledo, e no dia 17 Clemente Pereira, na condição de presidente da Câmara do Rio de Janeiro, enviava a vilas e cidades de todo o país um manifesto exortando-as a fazer resoluções aclamando d. Pedro como monarca. Uma segunda proclamação, mais clara, seria mandada no dia 21.

Imperador, e não rei

A escolha pela Maçonaria do título de imperador, ao invés do de rei, com que ele fora aclamado em São Paulo, tinha origem nos ideais liberais que cresciam nessa sociedade. Num acordo intermediário entre o Republicanismo que predominava entre os maçons mais influentes e a Monarquia que se via como necessária, assim como Napoleão Bonaparte, d. Pedro não subiria ao trono por direito divino, e sim pela soberania popular, sendo eleito por aclamação pelos povos que viria a governar. Desse modo, já na forma da escolha do próprio monarca, não haveria espaço para o absolutismo.[60] Além disso, o título de imperador tradicionalmente era visto como superior ao de rei, e a vastidão territorial do Brasil, comparada com o pequeno tamanho de Portugal, parecia requerer esse grau maior.

José Bonifácio acabou aderindo ao plano, mas deu sua própria interpretação ao significado do título. Segundo explicou ao diplomata austríaco barão de Mareschal,[61] em 1815, ao invés de criar o Reino Unido, d. João VI deveria ter se autoproclamado imperador do Brasil, para se tornar o chefe de um vasto império. O título, para Bonifácio, seria inevitável, e d. Pedro deveria assumi-lo logo, antes que o recebesse da Assembleia, o que faria com que esta, e não o monarca, representasse a vontade do povo. Assim, o Andrada apresentava a soberania como emanando do imperador para o povo, e não ao contrário, como queria o grupo de Ledo e Pereira.

É significativo que essa explicação tenha sido dada ao representante da Áustria, um dos sustentáculos da Santa Aliança, que defendia as ideias absolutistas na Europa, pois seria muito mais palatável para essas potências. Uma coisa seria um movimento revolucionário reduzindo os poderes de um monarca absoluto; outra, muito diferente, seria se ele abrisse mão voluntariamente de seu poder dado pelo direito divino. Essa tese acabaria sendo defendida pela Rússia, cujo czar, segundo Oliveira Lima,[62] observava os feitos de d. Pedro com simpatia. Ao receber notícias do Brasil, ele exclamaria: "Viva o rapazinho!", referindo-se à maneira desrespeitosa como o brasileiro havia sido chamado pelas Cortes.

Não demorou para que as câmaras municipais começassem a responder à proclamação de Clemente Pereira, aceitando d. Pedro como imperador. O representante britânico no Rio de Janeiro, Henry Chamberlain, explicaria para seu governo que

> o povo estava tão decidido a demonstrar a sua gratidão a Sua Alteza Real por haver anuído em permanecer aqui [...] que a ideia de conferir-lhe o título imperial se propagou com a rapidez do fogo logo que se tornou pública e difundiu-se por todo o Reino num instante, não deixando ao governo outro caminho senão aceitar a medida.[63]

Apesar disso, a disputa entre José Bonifácio e o grupo de Ledo e Pereira continuava, inclusive dentro da Maçonaria, que escolheu d. Pedro como grão-mestre em outubro, tomando o lugar do ministro. Um dos motivos da disputa era que a proclamação da Câmara do Rio de

Janeiro incluía uma cláusula obrigando d. Pedro a "jurar, guardar, manter e defender a Constituição que fizesse a Assembleia Geral Constituinte e Legislativa".[64] A ideia de mais um juramento a uma constituição inexistente exasperou Bonifácio. Foi apenas por meio de coação, ameaçando prender Clemente Pereira e atacando seus correligionários, que a medida deixou de ser incluída na resolução que decidiu a data e os termos da aclamação.

A aclamação do imperador do Brasil

A data escolhida foi 12 de outubro, aniversário de d. Pedro, que completava 24 anos. Apesar do tempo chuvoso, a cidade apareceu toda enfeitada, com colchas coloridas nas janelas e nas varandas e bandeiras por todo lado. A decoração da cidade para a data ficou a cargo de Debret, que mandou erguer cinco arcos triunfais, nos quais bandas de música tocavam. Logo ao amanhecer, as fortalezas deram uma salva de tiros, e tropas selecionadas de vários batalhões começaram a se formar no local da solenidade, o Campo de Santana, que passaria a se chamar Campo da Aclamação. Uma multidão também se reuniu, muitos usando as cores verde e amarela nas roupas. Essa moda viraria motivo de zombaria por parte de muitos estrangeiros no Rio de Janeiro, para quem, se sobrava patriotismo na escolha das cores, faltava bom gosto.

D. Pedro e d. Leopoldina, acompanhados pela filha mais velha e herdeira do trono, d. Maria da Glória, chegaram às dez horas, precedidos de uma guarda de honra formada por paulistas e fluminenses, por soldados e por três moços de estribeira, sendo um indígena, um mulato e um negro. Eles tomaram lugar na varanda do palacete erguido para os festejos da aclamação de d. João VI, que foi reconstruído e redecorado para a cerimônia, adornado com o novo escudo de armas do Brasil.

Ali, o presidente do Senado da Câmara, José Clemente Pereira, discursou:

[...] Eu devo mostrar-vos, Senhor, em vivo quadro, a justiça que o Brasil tem para decretar a sua Independência [...]. Trezentos e oito anos existira o Brasil só para Portugal, recebendo escravidão, opressão, vilipêndio em troca de preciosos tesouros, alimentos com que este sustentava sua liberdade, dourava sua existência, e abrilhantava sua grandeza. [...]

Quer o Brasil sustentar a sua integridade, e defender a sua Independência, e antes morrer, que perdê-la; e também quer que a sua forma de governo seja a de um Império Constitucional, Hereditário na Família Reinante de V. M. Imperial, conservando sempre V. M. Imperial e seus augustos sucessores o distinto título de Defensor Perpétuo do Brasil.[65]

Ao final, invocando o "Santo Liberalismo", Clemente Pereira pedia que este mostrasse "ao nosso jovem Imperador em vivas cores a fealdade da escravidão e a nobreza da Liberdade".[66]

Assim que o presidente do Senado terminou, d. Pedro respondeu:

Aceito o título de Imperador Constitucional, e Defensor Perpétuo do Brasil, porque tenho ouvido a Meu Conselho d'Estado, e Procuradores Gerais e examinado as representações das Câmaras das diferentes províncias. Estou intimamente convencido que tal é a vontade geral de todas as outras, que só por falta de tempo não tem ainda chegado.

Aclamação de d. Pedro I, gravura de Félix Émile Taunay,
circa 1822. Acervo: Biblioteca Nacional.

Sem uma declaração escrita da Independência, quando comemorá-la?

Em 1955, quando a União Pan-Americana, mais antiga organização dos países do continente, publicou um livro contendo as declarações de independência da maioria deles, *Las actas de independencia de America*, o discurso de aceitação de d. Pedro foi incluído como o texto brasileiro, dado que não existe uma declaração escrita. Já o Grito do Ipiranga insere-se em outra tradição da América Latina, a do "grito independentista", uma proclamação pública do desejo de romper com o *status quo*, dando início a um processo de independência. Esses gritos aparecem em diversos países a partir de 1809, quando a Proclamação de Chuquisaca deu início à independência das colônias espanholas da América do Sul, ficando conhecida na historiografia hispano-americana como Primeiro Grito Libertário da América. Outros foram o Grito de Dolores, no México, o de Capotillo, na Colômbia, e o de Yara, em Cuba.

Por diversos anos, houve uma certa confusão a respeito de qual dessas datas deveria ser comemorada como a da independência do Brasil. Já em 1823, d. Pedro, em sua primeira Fala do Trono, referiu-se ao 7 de setembro como o primeiro lugar onde declarara a completa independência:

> Quando em S. Paulo surgiu dentre o brioso povo daquela agradável e encantadora província um partido de portugueses e brasileiros degenerados, totalmente afetos às Cortes do desgraçado e encanecido Portugal, parti imediatamente para a província, entrei sem receio, porque conheço que todo o povo me ama, dei as providências que me pareceram convenientes, a ponto que a nossa independência lá foi primeiro, que em parte alguma proclamada no sempre memorável sítio da Piranga.[67]

No entanto, no projeto de Constituição, 12 de outubro de 1822 foi considerado o dia até o qual os portugueses deviam ter residido no

Brasil para serem considerados brasileiros natos. Em 1823, ambas as datas foram comemoradas com paradas militares e festas, e mesmo os diplomatas estrangeiros ficaram confusos sobre qual delas deveria ser considerada o dia da independência.[68] Nos anos que se seguiram, enquanto a Aclamação era considerada dia de grande gala, como a data em que o Império do Brasil fora fundado, a comemoração do Grito variava, podendo desde receber uma pompa igualmente grande até ser ignorada completamente.

Foi só em 1831, com a abdicação de d. Pedro I, que 7 de setembro fixou-se como o Dia da Independência. A data de 12 de outubro tornou-se incômoda por se tratar, além da Aclamação, do aniversário do ex--monarca, cuja lembrança os políticos brasileiros buscaram extirpar da memória nacional. Assim, ela foi retirada do calendário cívico nacional e deixou de ser associada à Independência.

Andradas x liberais

No dia seguinte à aclamação, d. Pedro baixou um decreto ordenando às repartições que usassem "Sua Majestade Imperial" ao se referirem à pessoa do monarca, que utilizaria o título de "D. Pedro, pela graça de Deus e unânime aclamação dos povos, Imperador Constitucional e Defensor Perpétuo do Brasil". Além disso, novas medidas para consolidar o novo império contra o colonialismo português foram sendo implementadas. Por iniciativa de José Bonifácio, o governo recusou a tomada de empréstimo de bancos estrangeiros, preferindo financiar a si mesmo com dinheiro do Banco do Brasil, e buscou consolidar a formação da nascente Marinha brasileira.

A "unânime aclamação dos povos" do imperador não interrompeu os conflitos entre os grupos de José Bonifácio e da Maçonaria, ambos tentando impor sua visão para o país que vinha sendo construído. Bonifácio era considerado autoritário pelos inimigos; estes eram vistos pelo Andrada como demagogos e revolucionários. A gota-d'água foi a publicação, a 19 de outubro de 1822, de um artigo no *Correio do Rio de Janeiro*, editado pelo português João Soares Lisboa, pertencente ao grupo de Gonçalves Ledo. O texto afirmava que "Pedro Luso-Brasileiro recusa subir ao trono do despotismo" e alegava que, em certa ocasião, o imperador dissera: "[...] se os povos manifestarem desejo de serem republicanos não acharão em mim oposição".[69]

A insinuação de que d. Pedro era um democrata cuja legitimidade no trono subordinava-se à vontade popular irritou Bonifácio, que via nisso um plano para que fosse substituído no ministério por Gonçalves Ledo. Embora houvesse liberdade de expressão no Brasil, a reação foi violenta: o jornal foi fechado e João Soares Lisboa, forçado a abandonar o país. O padre Antônio João Lessa, um liberal influente e colaborador do periódico, foi desterrado para fora do Rio de Janeiro. Mas Bonifácio queria ir mais além: desejava se livrar de uma vez por todas da facção liberal. Nesse sentido, começou uma campanha para que José Clemente Pereira se demitisse da presidência do Senado da Câmara.

Manifestações contra a arbitrariedade, na forma de cartazes e pasquins, começaram a aparecer no Rio de Janeiro, seguidos por uma reclamação formal ao Conselho de Procuradores. Inicialmente, d. Pedro ficou irritado com a decisão, mandando fechar o Grande Oriente em 21 de outubro. Mas, por fim, atendeu às reivindicações e, quatro dias mais tarde, decidiu cancelar todas as medidas, tanto contra o jornal quanto contra a sociedade.

Em protesto, José Bonifácio e seu irmão, Martim Francisco, pediram demissão do ministério no dia 27. A competência dos dois Andradas deixou um vácuo no governo difícil de preencher, mas os apelos de d. Pedro para que ficassem, chegando a visitar Bonifácio com d. Leopoldina, não foram atendidos. Enquanto isso, partidários dos irmãos começaram a fazer manifestações pela sua volta. O grupo dos andradistas conseguiu destituir Clemente Pereira da presidência do Senado e enviou uma representação da assembleia ao imperador declarando que a saída dos ministros prejudicava a causa da independência. Enquanto isso, no dia 29, alguns dos partidários do Andrada foram para sua casa em Botafogo pedir que reconsiderasse seu pedido de demissão e voltasse à cidade. Bonifácio acabou concordando e estava a caminho quando sua carruagem cruzou com a de d. Pedro. O imperador vinha com d. Leopoldina avisá-lo de que atendera às petições de reintegrá-lo ao

governo, o que ocorreu no dia seguinte, sob manifestações de alegria da
população.

José Clemente Pereira, zincogravura, s.a., s.d., Pantheon
Escolar Brazileiro. Acervo: Biblioteca Nacional.

Era a vitória dos Andradas contra os liberais. Imediatamente, José Bonifácio exigiu a punição dos culpados e abriu uma devassa, que levou à decretação da prisão de muitos dos que haviam sido fundamentais para que a independência se concretizasse, inclusive Gonçalves Ledo, José Clemente Pereira e Domingos Alves Branco Muniz Barreto. Ledo conseguiu fugir, escapando para Buenos Aires, mas os demais foram levados para a fortaleza de Santa Cruz e de lá mandados para o exílio na França.

A repercussão da aclamação

As notícias sobre a aclamação de d. Pedro começaram a chegar à Europa em novembro. O representante brasileiro em Londres, Felisberto Caldeira Brant, estava então em conversas com o secretário de Estado para Assuntos Estrangeiros britânico, George Canning. Ele buscava o reconhecimento do rompimento do Brasil com as Cortes, mantendo-se, porém, ligado a Portugal, conforme o *Manifesto às nações amigas*, enviado por d. Pedro em agosto. Canning havia se mostrado simpático ao reconhecimento, com a condição de que o tráfico de africanos escravizados fosse abolido, quando, de acordo com Brant, recebeu a *Gazeta do Rio de Janeiro* de 26 de setembro com o anúncio da aclamação do imperador. Imediatamente, mandou chamar o brasileiro a seu gabinete para que se explicasse:

> Como se entende isso, Sr. General: A 6 de agosto declarara S.A.R a todos os soberanos a firme resolução de conservar inteira a monarquia portuguesa [...] e no mês seguinte se declara imperador? Até aqui defendia seus direitos contra a usurpação de uma facção, e agora, nada, nada, e nada de Portugal? Como contar com qualquer ajuste, ou asserção do Ministério do Rio, quando nos atos de maior ponderação mostra frequente mudança de princípios?[70]

Brant, que ouvia a respeito da aclamação pela primeira vez, declarou que não havia recebido nenhuma notificação a respeito. No entanto, afirmou que provavelmente isso se devia à evolução da situação, com novos decretos passados pelas Cortes que cerceavam os direitos do governo de d. Pedro, tornando a separação completa inevitável. Apesar do espanto causado, o governo britânico manteria as conversações e mais tarde viria a atuar como intermediário no reconhecimento da Independência brasileira.

Angola e a independência

As notícias também repercutiram em Angola. Os deputados às Cortes dessa possessão portuguesa haviam decidido aderir ao governo de d. Pedro em junho, quando fizeram uma escala no Rio de Janeiro a caminho de Lisboa. Em vez de seguir viagem, ficaram na cidade, com a intenção de enviar delegados à Constituinte convocada pelo então regente. Seu argumento era o de que a posição geográfica angolana e as relações comerciais entre os dois países, que incluíam o tráfico de escravizados, tornavam mais interessante ao território africano permanecer subordinado ao Brasil.

Essa ideia permaneceu após a Independência e só foi abandonada com o tratado de reconhecimento do Brasil por Portugal, em 1825, que estabelecia ao governo brasileiro respeitar todo o território pertencente à Coroa portuguesa, inclusive as colônias na África.

A coroação

Enquanto o mundo, estupefato, tomava conhecimento da Independência, no Brasil decidia-se que apenas a aclamação, de acordo com a tradição portuguesa, não era suficiente para consolidar o Império e d. Pedro deveria ser coroado imperador.

O cerimonial da sagração e da coroação foi decidido por uma comissão composta de José Bonifácio, o barão de Santo Amaro, frei Arrábida, o bispo capelão-mor e Monsenhor Fidalgo. Era baseado na cerimônia usada para coroar os imperadores romano-germânicos, na de Napoleão e no costume do Reino da Hungria de se cortar o ar com uma espada.[71]

No dia da coroação, 1º de dezembro, um domingo tranquilo de céu claro, as tropas da guarnição da corte começaram a formar às seis horas da manhã, enquanto contingentes da polícia e da guarda de honra dirigiam-se para São Cristóvão para servir de escolta ao imperador e sua família. A comitiva chegou às nove e meia ao Campo de Santana, onde já havia uma multidão, convocada nos dias anteriores por grupos de oficiais que percorriam a cidade lendo a proclamação sobre a festa. Dali, foram até o Paço da Cidade, atravessando seis arcos do triunfo entre as casas enfeitadas e ao som de bandas de música.

A cerimônia teve lugar na Capela Imperial, atual igreja de Nossa Senhora do Carmo da Antiga Sé, onde o trono foi colocado na capela--mor. Às onze horas, formou-se a comitiva que seguiria do Paço até lá, composta dos principais membros da corte. Depois das insígnias impe-riais, compostas de espada, bastão, luvas, manto, cetro e coroa, levados por representantes das províncias, seguia d. Pedro sob um pálio, com a cabeça descoberta, usando uma farda e botas de montaria.

Nas tribunas, além de d. Leopoldina e d. Maria da Glória, que não participaram diretamente da cerimônia, estavam presentes os represen-tantes da Inglaterra, da França e dos Estados Unidos. Depois de fazer o juramento sobre o Evangelho, em latim, d. Pedro foi ungido pelo bispo e coberto com as vestes majestáticas. Estas eram compostas de um man-to de veludo verde com forro de seda amarela, em formato de poncho, como a vestimenta usada em boa parte da América do Sul, bordado com motivos que lembravam palmeiras e estrelas de ouro. Sobre ele, ia uma murça amarela, que substituía o arminho europeu por penas de papos de tucano, representando a continuidade entre os povos originários e esse novo monarca tropical.

Seguiu-se uma missa, no fim da qual d. Pedro recebeu do cape-lão-mor uma espada de ouro, que ergueu e, simbolicamente, manejou golpeando o ar. Em seguida, tomando a coroa, o celebrante colocou-a na cabeça do imperador, dizendo em latim: *Accipe Coronam Imperii* [Recebe a coroa do Império]. A última das insígnias a ser recebida foi o cetro, antes que d. Pedro se assentasse no trono, como o monarca legítimo do Brasil. O rei de armas, então, ecoando a aclamação de d. João VI, anunciou: "Imperial! Imperial! Imperial! pelo nosso muito alto e poderoso Senhor e Imperador D. Pedro I!", fórmula repetida pelos presentes. A cerimônia terminou com o alferes-mor, o barão de Itanhaém, desenrolando um estandarte e pronunciando: "O muito Augusto Imperador D. Pedro I, Imperador Constitucional, Perpétuo Defensor do Império do Brasil, está coroado e entronizado. Viva o Imperador!".[72]

O cortejo voltou ao Paço, onde foi lida e assinada a ata do juramento perante os membros do Senado da Câmara do Rio de Janeiro. Em seguida, de acordo com Octávio Tarquínio de Sousa, d. Pedro foi até uma das janelas e, diante do povo, declarou: "Juro defender a Constituição que está para ser feita, se for digna do Brasil e de mim".[73] Assim, embora não jurasse a carta magna que ainda nem começara a ser feita, o imperador, de livre vontade, se comprometia com ela.

Apesar de todas as novas fórmulas para se coroar o primeiro imperador das Américas, também se buscou manter vínculos com a tradição. Um exemplo é a data escolhida para a cerimônia. A *Gazeta do Rio de Janeiro*, no seu suplemento especial da edição 145, de 3 de dezembro de 1822, afirmava que o dia da coroação de d. Pedro I era célebre nos anais da nação portuguesa

> [...] por haver ela nesse dia sacudido o jugo opressivo dos intrusos Filipes, reis de Espanha, elevando ao sólio da monarquia o senhor d. João, oitavo duque de Bragança, e quarto entre os reis de Portugal daquele nome; depois de 182 anos torna a ser ainda mais célebre nos anais do Brasil, por se haver nele sagrado, coroado e colocado no áureo trono deste vastíssimo Império, o augustíssimo senhor d Pedro, seu 5º neto [...].

A data de 1º de dezembro era muito simbólica. Até hoje ainda é comemorada em Portugal como o dia da Restauração da Independência. Dessa forma, a dinastia de Bragança ligava-se novamente, pela tradição, a um movimento de independência ao associar as duas datas, dando ideia de continuidade.

Gravura de Jean-Baptiste Debret mostrando as vestes majestáticas de d. João VI e de d. Pedro I, onde podemos reparar nas diferenças também das coroas e dos cetros. Gravura de 1835. Acervo: Biblioteca Brasiliana Guita e José Mindlin – PRCEU/USP.

Além da efeméride significativa para os Braganças, também nesse dia, como d. João havia feito em sua aclamação anos antes, d. Pedro criou a primeira ordem honorífica do Brasil independente, a Ordem Imperial do Cruzeiro. Segundo o decreto de d. Pedro, ela foi estabelecida para "assinalar por um modo solene e memorável a época da minha aclamação, sagração e coroação, como Imperador Constitucional do Brasil e seu Perpétuo Defensor".[74]

Os primeiros a serem agraciados seriam o general Joaquim Xavier Curado, que deu suporte militar a d. Pedro no Fico e, principalmente, durante o Levante da Divisão Auxiliadora, e Antônio Carlos Ribeiro de Andrada Machado e Silva, irmão de José Bonifácio. D. Pedro, na realidade, havia oferecido a condecoração a José Bonifácio, que não aceitou. O Andrada disse que não ficava bem condecorar o ministro que havia feito o decreto e que, se d. Pedro quisesse, podia dar a condecoração a seu irmão Antônio Carlos, que também já havia feito muito pelo Brasil e não fazia parte do governo.

Outra ordem criada por d. Pedro no contexto da Independência foi a Imperial Ordem de Dom Pedro Primeiro, em 16 de abril de 1826, em lembrança ao reconhecimento internacional da Independência do Brasil. O período transcorrido entre a criação de uma ordem e da outra permite perceber que não foi um "grito" nos arrabaldes de São Paulo, nem uma aclamação e uma coroação ocorridas no Rio de Janeiro que resolveram todo o processo. Muita coisa teve que ocorrer no Brasil e no mundo para que a Independência do Brasil fosse conquistada e reconhecida.

A Guerra da Independência

EMBORA AS províncias do centro-sul tenham aceitado com entusiasmo a nova ordem independente, isso não foi verdade em todas as partes do Brasil. Num país tão grande e com tanta diferença entre as regiões, muita gente não via com bons olhos a separação de Portugal. As Cortes também não aceitariam pacificamente a perda dos territórios americanos.

Durante o Conselho de Estado, presidido por d. Leopoldina em 2 de setembro de 1822, as notícias de que as Cortes exigiam o retorno de d. Pedro e da família para a Europa, a prisão de José Bonifácio e de outros que lutavam pela autonomia deixaram claro que os portugueses enviariam novas tropas para o Brasil. O Rio de Janeiro naquela ocasião encontrava-se alarmado com a notícia de que navios portugueses haviam furado o fraco bloqueio brasileiro na Bahia e desembarcado seiscentos homens.

Diante disso, o Conselho resolveu proceder imediatamente a um embargo dos fundos da Companhia dos Vinhos do Douro, como represália, e definiu que deviam ser tomadas todas as medidas necessárias de segurança e defesa do Brasil. Todos os conselheiros militares e os ministros da Guerra e da Marinha deveriam fazer os seus projetos de campanha. Ou seja: era a guerra, antes do Grito.

O Brasil procuraria engrossar suas fileiras de defesa contra os portugueses contratando militares estrangeiros. Entre eles estavam 450 britânicos, como lorde Thomas Cochrane, John Taylor, John Pascoe Greenfell, Thomas Sackville Crosbie, Matheus Welch, James Shepherd, Jorge Manon, Bartholomew Hayden, Guilherme January, Guilherme Parker, Alexander Reid, Diego Walles, Guilherme Mark, David Carter, João Williams e muitos outros, além de um norte-americano, David Jewett, que entraram para a nascente Marinha brasileira. Outra nacionalidade que tomou parte nas operações militares, em menor número, foram os franceses, como Carlos Augusto Taunay, veterano do Exército napoleônico, o conde Jacques de Beaurepaire, Pierre Labatut e Jacinto Hipólito Guion.

De todos, o mais famoso acabaria sendo lorde Cochrane. O escocês, após cair em desgraça em seu próprio país, começou a vender internacionalmente seus serviços para a marinha de guerra de outros locais. Um deles foi o Chile, onde até hoje Cochrane é honrado com nome de ruas e monumentos por comandar os navios chilenos contra os últimos baluartes do exército espanhol na América. Em 13 de setembro de 1822, José Bonifácio, no cargo de ministro do Interior e Relações Exteriores do Reino do Brasil, enviou-lhe uma carta convidando-o para entrar a serviço do Brasil.

Cochrane recebeu por decreto, em 21 de março de 1823, a patente de primeiro-almirante da Marinha brasileira. Como comandante em chefe, embarcado na nau *Pedro I*, ele tomou parte das lutas de libertação do Brasil, primeiro na Bahia e depois no Maranhão. Pelos serviços prestados, o imperador lhe concederia o título de marquês do Maranhão.

Nessa província, como na Bahia e no Grão-Pará, havia uma grande lealdade a Portugal por parte da elite política e econômica reacionária, que mantinham com a antiga metrópole poderosos laços. Boa parte desses laços, que demorariam a ser cortados, tinha mais a ver com o regime das correntes marítimas e suas posições geográficas, mais próximas da Europa que do Rio de Janeiro. As lutas pela independência foram mais intensas nessas três províncias, por isso nos ateremos mais a elas e à esquecida Cisplatina, que, nessa época, era parte do Brasil.

Bahia

A decisão de acatar a autoridade das Cortes não foi pacífica na Bahia. Depois dos conflitos de 10 de fevereiro de 1821, o novo governo baiano, escolhido com participação do governador anterior, o conde da Palma, passou a ter brasileiros em altos postos. Entre eles estava o militar Manuel Pedro de Freitas Guimarães, que assumiu o comando das armas da província. Essa nova junta acabou se recusando a manter relações com a regência de d. Pedro no Rio de Janeiro, obedecendo somente ao governo em Lisboa.

As Cortes Constitucionais Portuguesas determinaram em 1º de outubro de 1821 a criação de novas juntas governamentais nas províncias, e o último dia de janeiro de 1822 foi determinado para a eleição. O novo governo da Bahia, que tomou posse em 2 de fevereiro, parecia mais propenso a aceitar a liderança do governo do príncipe regente no Rio de Janeiro.

Essa nova junta confirmou a posse de Manuel Pedro na patente de brigadeiro e comandante de armas da província da Bahia. Logo, o fato de um brasileiro estar no comando supremo das forças armadas passou a ser motivo de conflito, principalmente pelo fato de o governo português não ter dado sua autorização para a medida. Em 10 de fevereiro de 1822, em comemoração ao primeiro aniversário da tomada de poder da primeira junta, Manuel Pedro ordenou a graduação de todos os oficiais do regimento de artilharia que ele comandara um ano antes para o posto imediato. Além disso, autorizou que a bandeira do regimento fosse ornada em letras de ouro para enfatizar a homenagem a esses soldados. Os militares portugueses não gostaram nada nem da mudança da bandeira, nem das promoções e começaram a acusá-lo de revoltoso, fazendo a rivalidade entre os dois grupos explodir.

No dia 11, chegou a nomeação do militar português Inácio Luís Madeira de Melo para a patente e o posto até então ocupados por Manuel Pedro. O povo conseguiu reunir-se e entregar uma petição com quatrocentas assinaturas pedindo à Câmara que não registrasse a posse de Madeira de Melo. Tanto essa assembleia quanto a junta do governo decidiram aceitar o pedido, alegando defeitos formais na nomeação. Sem respaldo do governo, o militar português tentou que os comandantes das fortalezas e dos batalhões o reconhecessem como comandante de armas e se recusassem a marchar com suas tropas sem ordem dele. O 1º Regimento de Artilharia e o Batalhão de Caçadores puseram-se ao lado de Manuel Pedro, enquanto as tropas portuguesas apoiaram Madeira de Melo.

As tropas, armadas, permaneceram aquarteladas nos dias 16 e 17, e nenhum acidente grave ocorreu. No dia 18, foi feita uma reunião, à qual Manuel Pedro não compareceu, em que deveria ser encontrada uma solução a respeito de quem deteria o controle do exército. Foi decidido, por unanimidade, que o governo das armas deveria ser realizado por uma junta militar com os dois brigadeiros, dois oficiais nomeados por cada um deles e mais um decidido pela sorte, até que as Cortes Constitucionais em Lisboa deliberassem sobre o caso. Madeira de Melo afirmou que todos os oficiais precisavam opinar sobre o assunto até o dia seguinte. Mas essa data, 19 de fevereiro, entraria para a história brasileira como um dia de infâmia.

Madeira de Melo, encabeçando uma turba de marinheiros, uma milícia formada por portugueses e um esquadrão de cavalaria, começou a visitar os quartéis dos corpos que lhe obedeciam. Aos gritos de "fora a Câmara" e "morra Manuel Pedro", o brigadeiro português convocou a Legião Constitucional Lusitana, estacionada na cidade, para invadir a Fortaleza de São Pedro e apoderar-se dos locais onde havia soldados brasileiros, que estavam, segundo ele, em rebelião contra suas ordens.

Depois disso, a Legião Lusitana e o Batalhão de Caçadores tiveram um embate nas ruas de Salvador. As tropas de Madeira de Melo avançaram contra o 12º Batalhão, o Quartel de Artilharia, a Casa do Trem e a Fortaleza de São Pedro, apesar dos protestos da junta de governo e do povo baiano.

Quando o Quartel de Artilharia foi tomado, os soldados portugueses, muitos dos quais estavam bêbados, avançaram em direção ao Convento da Lapa, localizado nas proximidades, para verificar se os brasileiros que conseguiram fugir haviam se abrigado no local. Os militares foram barrados por sóror Joana Angélica, uma religiosa de 60 anos, pela segunda vez na direção do convento. Ela tentou impedir que os soldados entrassem no claustro, vetado para os homens, e acabou sendo atingida com golpes de baioneta. O capelão Daniel Nunes da Silva também foi ferido na ação.

A religiosa faleceu no dia seguinte, 20 de fevereiro de 1822.
Nascida em 12 de dezembro de 1761, Joana Angélica manifestou desde
cedo inclinação pela vida religiosa. Seus pais, José Tavares de Almeida
e Catarina Maria da Silva, acolheram de bom grado a vocação da filha,
que acabaria entrando para a história nacional como uma das primeiras
vítimas civis da Independência do Brasil.

Foto de 1862 de Rafael Castro y Ordoñez, mostrando o Convento da Lapa, em Salvador,
onde sóror Joana Angélica foi morta quarenta anos antes. Acervo: Biblioteca Nacional.

Manuel Pedro e seus homens, que se encontravam na Fortaleza de
São Pedro, receberam ordens de Madeira de Melo para que se rendes-
sem. Como este não obteve resposta positiva, resolveu bombardear o
local em 20 de fevereiro. A junta de governo, que continuava instando
para que o comandante português e seus subordinados parassem com a
destruição e o morticínio em Salvador, pediu a ele para que abandonas-
se o plano. Se a fortaleza respondesse ao fogo, mais vidas civis seriam
perdidas no caos militar que se abatera sobre a cidade. Madeira de Melo
ignorou a junta e permitiu apenas a saída das religiosas do Convento das
Mercês, que acabaria sendo arrasado pelas bombas.

Além de suas tropas, nessa ocasião Madeira de Melo já tinha junto de si um grupo de milicianos formado por portugueses moradores de Salvador e região e grande número de comerciantes da mesma origem, que providenciavam ao militar tudo de que ele necessitava. O forte caiu após o bombardeio, com o brigadeiro Manuel Pedro, alguns oficiais e cadetes sendo presos.

Em dois dias, duzentas pessoas morreram, muitas foram feridas, casas foram invadidas e destruídas, o claustro do convento foi violado, e a abadessa da Lapa, assassinada a sangue frio. Madeira de Melo, com uma representação de militares e comerciantes portugueses, enviou Manuel Pedro para ser julgado em Lisboa, enquanto tentava pôr ordem novamente na cidade e na província, com o apoio da junta de governo.

Pouco mais tarde, o brigadeiro recebeu os primeiros reforços portugueses. Dois dos navios da frota que levavam a Divisão Auxiliadora de volta a Portugal depois do levante no Rio de Janeiro conseguiram chegar à Bahia e, em 27 de março, desembarcaram em Salvador 166 soldados. A chegada dos homens do general Avilez desrespeitava não só as ordens do príncipe regente, mas também as disposições decretadas pelas Cortes quanto ao número de tropas a ser mantidas nas províncias.

A esse reforço inicial, se somariam mais 620 soldados portugueses, que chegaram em 7 de agosto de 1822, notícia que levou pânico ao Rio de Janeiro e motivou uma das cartas de d. Leopoldina, durante a sua regência, ao marido. Em outubro, chegou uma importante esquadra com dez navios de guerra portugueses transportando três batalhões, e outros reforços ainda se juntariam a eles. Somando-se o total de forças do Exército e da Marinha, os portugueses contariam na Bahia com um total de cerca de 15 mil homens.

Com tudo o que ocorreu, boa parte da população e dos soldados brasileiros fugiram da cidade e começaram a preparar uma reação contra Madeira de Melo, seus soldados e a população que os apoiava. Mesmo assim, Salvador reagia. Ainda em março, os brasileiros atacaram a pedradas uma procissão realizada por portugueses. Os nativistas pretendiam fazer com que a Câmara de Salvador declarasse sua lealdade ao príncipe e à unidade brasileira, mas Madeira de Melo enviou uma escolta armada para rondar a casa e impedir a reunião, dando lugar a protestos. A Câmara, com essas ameaças, oficiou a Portugal acusando Madeira de Melo de impedir que continuasse a exercer suas funções.

Mais tarde, em 15 de abril, cidadãos baianos enviaram às Cortes uma representação afirmando que preferiam permanecer unidos ao governo brasileiro sob o comando do príncipe regente.

Logo o Rio de Janeiro tomou conhecimento dos trágicos acontecimentos na Bahia, e d. Pedro, com seu ministério, decidiu enviar para lá soldados sob o comando do general francês Pierre Labatut. Esse oficial, que havia chegado ao Rio de Janeiro em 1819, lutara com o Exército de Napoleão Bonaparte e acabou sendo contratado para as Forças Armadas brasileiras por d. Pedro na patente de brigadeiro. Ele foi despachado com tropas fiéis ao príncipe regente e uma esquadra comandada pelo chefe de divisão, e depois almirante, Rodrigo de Lamare, composta de uma fragata, duas corvetas e dois brigues, com a missão de enfrentar Madeira de Melo.

Numa carta régia de 15 de junho de 1822, o príncipe ordenou que o militar português deixasse a Bahia e partisse com suas tropas para Portugal. Também lançou uma proclamação aos baianos no dia 17, onde dizia:

> Vós vedes a marcha gloriosa das Províncias coligadas, vós querereis tomar parte nela, mas estais aterrados pelos invasores. Recobrai ânimo. Sabei que as tropas comandadas pelo infame Madeira são susceptíveis de igual terror: *haja coragem, haja valor*.[75]

Ao pai, d. João VI, d. Pedro escreveu em 22 de junho: "[...] O Madeira na Bahia tem feito tiranias, mas eu vou já, já, pô-lo fora, ou por bem, ou à força de miséria, fome, e mortes feitas de todo o modo possível, para salvar a inocente Bahia".[76] Essa previsão acabou ocorrendo: Madeira de Melo e a força militar portuguesa não iriam embora da Bahia antes de derramar muito sangue.

A Independência da Bahia

Reagindo à opressão em Salvador, as demais vilas do Recôncavo Baiano, que sustentavam a economia da Bahia, cada vez mais se voltavam para o Rio de Janeiro. Os baianos passaram a considerar a ideia de um Brasil unido ao redor do príncipe regente como a única maneira de evitar a recolonização do país, ideal encarnado por Madeira de Melo e os portugueses que lhe davam suporte.

Em 25 de junho, a Câmara da Vila de Cachoeira, presidida por um juiz de fora, com a presença de oficiais brasileiros, do clero e do povo, aclamaram d. Pedro como regente do Reino do Brasil, e os cidadãos decidiram não obedecer a Madeira de Melo. Os portugueses de Cachoeira e das vilas próximas, apoiados por uma escuna portuguesa, partiram para o ataque contra a tropa e a população que saía de um *Te Deum* na igreja para solenizar o ato da aclamação. A luta durou do início da manhã até a meia-noite, e a escuna acabou se rendendo alguns dias depois. Esse foi o estopim da Guerra da Independência na Bahia.

O primeiro passo para a independência da Bahia, aclamação de d. Pedro na vila de Cachoeira, Bahia, em 25 de junho de 1822. Pintura de Antônio Parreiras, 1931. Acervo: Palácio do Rio Branco, Salvador, Bahia.

As demais vilas da região do Recôncavo juntaram-se a Cachoeira, e logo Santo Amaro, Maragogipe, Inhambupe e Itapicuru aclamavam d. Pedro como regente. Salvador esvaziava-se, com a população cada vez mais procurando o interior, e o Recôncavo acabou virando o centro de convergência das novas tropas que estavam sendo criadas, com ajuda dos grandes latifundiários brasileiros, para dar combate aos portugueses.

Labatut, com seus homens, desembarcou em Maceió em 21 de agosto e foi por terra até Recife, aonde chegou no final do mês. Em 27 de outubro, atingiu Feira da Mata, a cerca de oitocentos quilômetros de Salvador.

A guerra na Bahia teria diversos desdobramentos, com o próprio Labatut acabando preso pelos brasileiros e enviado de volta ao Rio de Janeiro. Em maio de 1823, Salvador foi cercada pela esquadra de lorde Cochrane e pelas tropas do coronel e comandante em chefe José Joaquim de Lima e Silva. Madeira de Melo viu-se preso com seus homens, aproximadamente 4.500 soldados, na cidade sitiada e, na calada da noite de 1º para 2 de julho, abandonou o Brasil sem se render. Apesar da perseguição marítima conduzida por Cochrane, que chegou a capturar algumas das 83 embarcações portuguesas em fuga, o comandante português conseguiu escapar e retornar para Lisboa.

As mulheres na Independência

Entre os diversos baianos que lutaram pela independência do Brasil, estava Maria Quitéria de Jesus Medeiros (1792-1853). Órfã de mãe aos 9 anos e criada pelo pai, aprendeu a montar, atirar e caçar. A 6 de setembro de 1822, a junta provisória do governo baiano instalou-se na região onde o pai dela possuía fazenda. Enviados foram para as fazendas explicar o que estava ocorrendo e pedir auxílio de homens e munições para enfrentarem os portugueses. A pessoa recebida na casa do pai de Maria Quitéria, segundo ela se recordaria tempos depois, "falou longa e eloquentemente dos serviços que Dom Pedro prestara ao Brasil, de suas virtudes e nas da Imperatriz", de modo que, afinal, "[...] senti o coração ardendo em meu peito".[77]

Maria Quitéria, entusiasmada pela causa, quis se alistar, mas foi impedida pelo pai. Ela então pediu ajuda à irmã, que lhe cortou o cabelo e emprestou as roupas do marido. Assim, com os cabelos curtos e vestida como homem, apresentou-se na vila de Cachoeira como "soldado Medeiros". Quitéria ingressou no Regimento de Artilharia, mas, como era franzina para o manejo da artilharia e dos canhões, foi transferida para a infantaria.

Sua fuga da fazenda ocorreu quando o pai estava ausente, e ele, assim que retornou, começou a procurá-la, mas já a achou no exército. Apesar da revelação de que na verdade o "soldado Medeiros" não era "ele", e sim "ela", o pai de Maria Quitéria não conseguiu que a filha fosse expulsa da força, pois ela era útil. Além de querer lutar, tinha experiências com armas e já estava recebendo treinamento militar.

O batismo de fogo dela ocorreu em fevereiro de 1823, em Itapuã. Foi citada na ordem do dia por sua valentia em atacar uma trincheira inimiga, fazendo vários prisioneiros. Em abril, avançando com água até os seios, impediu o desembarque de tropas inimigas na barra do Paraguaçu. Foi recebida em júbilo em Salvador junto com o exército que libertou a cidade dos portugueses, em 2 de julho de 1823.

Outra mulher que teria se destacado, segundo a tradição popular, foi Maria Felipa, moradora da ilha de Itaparica. Ela seria uma mulher negra, líder de comunidade, pobre, iletrada e lutadora de capoeira. Junto com outras mulheres da ilha, Maria Felipa decidiu participar da guerra aos portugueses. Primeiro atuou como espiã, informando os brasileiros a respeito do movimento dos navios lusitanos e indicando suas posições. Depois passou, com suas companheiras, à ação. Segundo a tradição popular, elas teriam chegado a seduzir soldados portugueses, e, quando estes tiravam as roupas e ficavam nus, eram surrados com cansanção, uma planta que arde e queima a pele. Neutralizados os inimigos, as mulheres queimavam suas embarcações.

Seguiam-na cerca de quarenta mulheres, que, além de apelarem à sedução, também partiam para o combate armadas com facões e qualquer outra coisa de que pudessem se servir. Teriam sido responsáveis por incendiarem a canhoneira *Dez de Fevereiro*, em 1º de outubro de 1822, na praia de Manguinhos, e a barca *Constituição*, no dia 12, na Praia do Convento. Maria Felipa continuou a viver em Itaparica até seu falecimento, em 1873.

Até d. Leopoldina teve provas da lealdade das mulheres da Bahia. Ela recebeu no Rio de Janeiro em 23 de agosto de 1822 um grupo de senhoras, que lhe trouxeram um manifesto assinado em 13 de maio por 186 mulheres baianas. O documento dizia:

As baianas abaixo assinadas, sensíveis ao muito que tem S.A.R. o senhor d. Pedro Príncipe Regente contribuído para a política e prosperidade de todo o Brasil sob os auspícios das bases constitucionais por
todo ele juradas; esforçando-se inteiramente por que se acabe o anár-
quico sistema de desunião que ia retalhar estre reino em outros tantos
Estados independentes, quantas as suas províncias, caso se desse execução ao decreto do primeiro de outubro passado [...]: E ponderando
nós que nesta heroica resolução teve V.A.R., anuindo ao que delibera-
va seu augusto e adorado esposo [...] mostrando assim quanto é digna
do trono para onde a vontade do Onipotente arbítrio dos impérios a
tem chamado; possuídas do maior respeito, depois de congratularmos
aos nossos conterrâneos por termos entre nós tão preciosas e augus-
tíssimas pessoas, vimos oferecer os nossos corações, únicas oblações
que pôs a natureza ao alcance do nosso sexo, para que faça a posteri-
dade o devido conceito das brasileiras e, em particular das baianas.[78]

A carta era um reconhecimento a d. Leopoldina por sua participação no Dia do Fico. A futura imperatriz aproveitou-se do manifesto
para, no *post scriptum* de uma carta, acutilar o ainda indeciso príncipe
regente, d. Pedro, dizendo que essa era uma "prova que as mulheres têm
mais ânimo e são mais aderentes à causa boa".[79]

Os negros que lutaram na Bahia

A luta pela Independência na Bahia não desordenou apenas a forma
como a sociedade patriarcal havia se organizado, a ponto de fazer com
que mulheres tomassem parte na luta. Essa mesma sociedade também
era escravagista e ficou muito reticente em relação às ideias do general Labatut. Pouco depois de chegar à província, o francês criou o
Batalhão dos Voluntários do Príncipe, também chamado de "Batalhão
dos Periquitos" por causa das mangas e da gola verde de seus uniformes.
Maria Quitéria pertenceu a essa unidade. Além disso, Labatut começou a recrutar escravizados para ingressarem na força. Ele confiscou e

treinou escravizados de latifúndios de propriedade de portugueses que não tinham aderido à causa brasileira.

A mesma necessidade que levou mulheres a participar da guerra acabaria derrubando também, ao menos por algum tempo, a barreira existente desde a época colonial, que dificultava a entrada de afrodescendentes nas forças armadas. Assim, foi permitido que negros livres se alistassem sem restrições. Para horror do governo interino da Bahia, Labatut chegou a levantar a ideia de que os senhores de escravos, por meio de incentivos fiscais, contribuíssem com escravizados para o batalhão. Mas, segundo os latifundiários, a causa deles não era a mesma. Os proprietários afirmavam que queriam a liberdade da pátria para si e julgavam que os escravizados não lutariam pelo Brasil, mas apenas em busca de saque. Além disso, os que se alistassem em busca de serem libertos, se não o fossem, se juntariam a outros escravizados e, por terem armas, se levantariam contra seus senhores.

Aos olhos do governo local, Labatut estava induzindo a sociedade ao caos. Não contente com ir aos representantes do povo pedir que os escravizados fossem incluídos no exército, ele foi ao próprio povo. A questão começou a correr pelas ruas de Cachoeira, e os afrodescendentes passaram a comentar sobre isso, levando a uma inquietação da parte dos proprietários, ao imaginarem os escravizados armados, numa proporção muito acima da dos cidadãos brancos, lutando por suas liberdades.

Muitos escravizados acabaram escapando de seus senhores e sendo absorvidos pelo exército durante a luta contra os portugueses. Ao final da Guerra da Independência, alguns acabariam sendo devolvidos para seus antigos proprietários, enquanto outros seriam alforriados e incorporados ao exército.

O caso do Batalhão dos Periquitos

A unidade formada por Labatut tomaria parte na luta. Em fevereiro de 1823, o Batalhão dos Periquitos participou da batalha em Itapuã, e em abril defendeu a foz do rio Paraguaçu para impedir o desembarque das forças portuguesas.

Após o final da guerra, esse batalhão não foi desmobilizado e acabou incorporado ao exército na Bahia, sendo que as seções formadas por pessoas não brancas foram segregadas. Numa sociedade escravagista, mesmo os negros, mulatos e pardos tendo conseguido entrar para a força militar, eles continuavam sendo alvo de preconceito, zombarias e rixas da parte de outros batalhões formados por brancos.

No final de 1824, o major José Antônio da Silva Castro, o popular comandante do Batalhão dos Periquitos, recebeu ordens de transferência para o Rio de Janeiro, enquanto o batalhão deveria seguir para fora de Salvador, em destino a Pernambuco, sublevado na Confederação do Equador. Essas ordens, aliadas a constantes atrasos no pagamento do soldo, acabaram levando a um motim, no qual o comandante da guarnição, o coronel Felisberto Gomes Caldeira, foi morto.

O levante estendeu-se com o apoio de outros batalhões de soldados negros, a que se juntaram cidadãos pobres de Salvador, que se voltaram contra o governo da província. Depois de semanas de negociações, muitos homens do Batalhão dos Periquitos acabaram aceitando o embarque para Pernambuco e, posteriormente, seriam desterrados para a guarnição de Montevidéu. Assim, o governo retomou o controle da cidade. Entre os soldados que não acataram as ordens, muitos foram condenados e mortos; outros, expulsos; e o restante, dispersados para outras unidades.

Após a consolidação da Independência, passada a necessidade, retornou-se à fórmula colonial. Negros e pardos voltaram a ter restrições para se juntarem às fileiras do Exército e precisavam comprovar que eram livres se quisessem entrar voluntariamente.

Não foram apenas os negros, escravizados ou não, que lutaram na Guerra da Independência na Bahia. Os indígenas também tiveram seus papéis nesse conflito, ora lutando ao lado dos portugueses contra os brasileiros, ora do lado dos brasileiros contra os portugueses, alguns simplesmente enfrentando os brasileiros por comida, dinheiro e gado.[80]

Piauí

Não foi apenas na Bahia que houve lutas. No Piauí, o processo de libertação foi semelhante. Uma junta governamental pró-Portugal foi instalada em 7 de abril de 1822, tendo como governador de armas da província o tenente-general João José da Cunha Fidié, militar português experiente que havia lutado na Guerra Peninsular. As vilas piauienses, assim como as baianas, acabaram se levantando contra o processo de recolonização do Brasil. São João da Parnaíba, Campo Maior e até a capital Oeiras se rebelaram.

Em 19 de outubro de 1822, pouco mais de um mês após o Grito do Ipiranga, a vila de Parnaíba declarou adesão ao movimento de independência. Fidié, com suas tropas, dirigiu-se para lá para conter o movimento, mas acabou recebendo notícias de que Oeiras também se sublevara. No caminho de volta, ele e seus homens foram surpreendidos, em 13 de março de 1823, por um grupo de combatentes piauienses, maranhenses e cearenses às margens do rio Jenipapo, em Campo Maior.

Armados apenas com facões, porretes e armas artesanais, os brasileiros tinham pouco preparo para enfrentar os soldados portugueses, treinados e fortemente armados. Assim, os portugueses ganharam a batalha, mas foram surpreendidos ao retornar ao acampamento: num ataque surpresa, os brasileiros apoderaram-se dos armamentos e da munição, além do dinheiro e da bagagem de Fidié. Com as armas tomadas aos portugueses, os nativistas conseguiram dificultar o retorno do general e seus homens para Oeiras, forçando-os a abandonar o Piauí. Fidié acabaria preso no Maranhão e enviado de volta a Portugal.

Maranhão

O primeiro combate pela independência no Maranhão deu-se somente em 28 de abril de 1823, no arraial de São José dos Matões. Até então, a junta governativa estabelecida em São Luís não só ignorava todas as ordens e decisões enviadas do Rio de Janeiro como também tomara a iniciativa de tentar abafar o movimento da independência no Piauí, o que não deu certo, como visto.

Enquanto o Exército brasileiro seguia por terra conquistando posições no Maranhão, lorde Cochrane, que durante a campanha em Salvador havia descoberto documentos afirmando que se esperavam reforços de Portugal, não teve dúvida em se aproximar de São Luís com a bandeira portuguesa içada na nau *Pedro I*. Quando um navio de guerra português se aproximou e seu comandante se viu preso num barco brasileiro, Cochrane tranquilizou-o, dizendo que poderia partir se levasse para a junta governativa do Maranhão algumas cartas.

Lorde Thomas Cochrane, 10º conde de Dundonald e marquês do Maranhão.
Gravura baseada numa pintura de James Ramsay, 1866. Domínio público.

Tomando por verdades as mentiras que Cochrane contou a ele, o comandante português voltou para a terra informando a todos que aquele era um navio de guerra brasileiro que viera adiante do resto da esquadra naval. Esta teria a missão de destruir a cidade e desembarcar tropas, que estavam chegando em barcos de transporte, caso São Luís não se rendesse. Para aumentar a pressão, Cochrane chegou a disparar tiros de advertência por cima da cidade. A 27 de julho de 1823, a junta governativa subiu a bordo do *Pedro I* para dar sua adesão ao Império Brasileiro. No dia seguinte, proclamou-se a independência, e uma junta provisória de governo foi eleita.

Embora a capital tenha sido tomada sem o disparo de nenhum tiro, o mesmo não ocorreu no interior, onde Fidié tentou resistir em Caxias ao cerco comandado por José Pereira Filgueiras, que liderava cerca de 10 mil brasileiros, entre cearenses, piauienses e pernambucanos. O cerco às tropas portuguesas teve início em 23 de maio, e houve duras batalhas entre 17 e 19 de julho. A 31 de julho de 1823, Fidié capitulou, sendo preso e levado para o Rio de Janeiro. Posteriormente, foi despachado para Portugal, onde foi recebido como herói.

Grão-Pará

A última província a se unir ao Brasil após a Independência foi o Grão-Pará, cujo processo de adesão teve certas semelhanças com o que ocorreu na Bahia. Em 27 de fevereiro de 1823, após a eleição da primeira câmara constitucional de Belém, o governador das armas, general José Maria de Moura, ficou preocupado com o resultado, pois os vereadores eleitos pareciam inclinados a se declararem pró-Independência do Brasil. O comandante não compareceu à posse na Câmara, depois reuniu seus oficiais de mais confiança, e, em 1º de março, o coronel João Pereira Vilaça deu início a um motim, prendendo os vereadores em sessão.

Em 14 de abril, oficiais e soldados brasileiros do Regimento de Macapá, unidos à causa da Independência, invadiram o quartel do Corpo de Artilharia no Convento de Santo Amaro e detiveram as tropas estacionadas ali. Mas isso não durou muito: eles acabaram sendo dominados pelos homens do general Moura, com o apoio da tropa do coronel Vilaça. Os participantes da revolta só não foram executados graças à intervenção do bispo d. Romualdo Antônio de Seixas, feito anos depois marquês de Santa Cruz.

Na ilha de Marajó, em Muaná, houve uma rebelião em maio, na qual o povo se colocou ao lado do Brasil independente, mas em julho o movimento já estava sufocado pelos portugueses, e mais de duzentos presos foram mandados para Lisboa. As lutas entre brasileiros e portugueses continuaram ocorrendo até que, em 11 de agosto de 1823, fundeou na baía de Guajará, diante de Belém, um navio com a bandeira imperial brasileira. Seu comandante, o inglês a serviço da Marinha brasileira John Pascoe Grenfell, despachou à terra um ofício do almirante Thomas Cochrane, chefe da Esquadra Imperial. O ofício informava que o Grão-Pará era a única província que ainda não estava unida ao Brasil e que, caso não houvesse uma solução pacífica, Belém sofreria bloqueio naval e seria invadida.

Grenfell pessoalmente garantiu que os portugueses que aderissem à causa teriam suas propriedades poupadas. Mesmo com a tentativa do comandante das armas José Maria de Moura em adiar a decisão da junta governativa e do conselho e até mesmo em tentar levantar as tropas em favor de Portugal, a população elegeu um novo governo no dia 14. No dia 15, a bandeira imperial foi hasteada, realizou-se uma parada militar, e um *Te Deum* solene sacramentou a separação de Portugal e a adesão do Grão-Pará à Independência do Brasil.

Os militares portugueses contrários foram embarcados no navio de Grenfell e presos. No entanto, o blefe do comandante de que havia uma esquadra, além do seu navio, acabou revelado, e os portugueses irritaram-se com ele, que acabou escapando por pouco de ser assassinado.

Com a chegada do comandante inglês, os chamados Patriotas, liberais radicais, favoráveis à Independência do Brasil, que devido aos embates haviam sido obrigados a fugir para o interior da província, retornaram à capital. O grupo, liderado pelo cônego Batista Campos, participou da eleição para o novo governo. O resultado foi péssimo para os brasileiros que queriam realmente algo diferente do que estavam acostumados. Com a adesão de última hora dos latifundiários e comerciantes portugueses à Independência, o novo governo já nascia velho. Os antigos detentores do poder assumiram os mesmos postos e cargos, sendo o único revolucionário brasileiro eleito o cônego Batista Campos.

Os brasileiros levantaram-se contra esse governo em 16 de outubro. Entre soldados e a população, uma multidão de três mil pessoas, a maioria armada, exigiu a demissão do presidente da junta e a prisão e deportação dos portugueses. Grenfell desembarcou suas tropas, prendeu muitas pessoas e desarmou os revoltosos. Ordenou que se pegasse a esmo um soldado de cada batalhão e o fuzilasse para servir de exemplo. Batista Campos, que, segundo os portugueses no governo, seria o comandante do levante e que, segundo outros, não passaria de bode expiatório de quem os detentores do poder queriam se livrar, acabou detido por Grenfell e amarrado à boca de um canhão, que só não foi disparado por pedido da junta governativa.

Foram presos 256 indivíduos, entre soldados e cidadãos brasileiros, envolvidos direta ou indiretamente nos ataques. Mais tarde, eles foram transferidos para os porões do brigue *São José Diligente*, posteriormente denominado *Brigue Palhaço*, que estava ancorado no porto sob o comando do tenente Joaquim Lúcio Azevedo. As escotilhas foram fechadas, e apenas uma fresta ficou aberta para entrada de ar. O calor levou os presos ao desespero, gritando para abrirem as escotilhas, porque não havia como respirar. Também gritavam pedindo água e lançando ameaças à guarnição do navio e às demais autoridades do Pará. Foram jogados baldes de água para os presos, o que só aumentou o tumulto no porão do navio, com os homens praticamente se matando por um gole.

Com medo da balbúrdia e temendo que os presos conseguissem escapar, os soldados de Grenfell dispararam contra eles e depois lançaram cal virgem. Os prisioneiros debateram-se em agonia por duas horas e, depois, silêncio.

Na manhã de 22 de outubro, quando abriram as escotilhas, havia 252 mortos. Os cadáveres foram transportados para a margem esquerda da baía de Guajará e sepultados numa vala comum. Quatro pessoas ainda vivas agonizavam e receberam socorro, mas somente um rapaz de 20 anos sobreviveu. Até então, haviam ocorrido mortes de portugueses e seus apoiadores pelos que lutavam pela Independência e vice-versa. Essa foi uma das primeiras chacinas de pessoas completamente anônimas, executada por representantes do Estado brasileiro independente. Além do massacre no porão do barco, mais de mil vidas foram perdidas no Grão-Pará durante todo o processo da Independência do Brasil.

O cônego Batista Campos acabou sendo enviado para o Rio de Janeiro e preso na Fortaleza de Santa Cruz. Anos depois, ele seria um dos líderes da Cabanagem.

Vice-almirante Grenfell, gravura de Antônio Rafael Pinto Bandeira, de 1881. Acervo: Biblioteca Nacional.

Cisplatina

O último ponto liberado de tropas portuguesas foi a Cisplatina, atual Uruguai, que havia sido incorporado ao Reino do Brasil. Em julho de 1822, chegaram ao Rio de Janeiro notícias daquela província, informando que os militares portugueses estacionados em Montevidéu, reunidos num conselho militar, protestavam contra a união da Cisplatina ao Brasil.

Em 11 de setembro, o general Álvaro da Costa de Macedo, subcomandante da parte da Divisão Auxiliadora com base em Montevidéu, decidiu que d. Pedro não deveria mais ser reconhecido como regente e que essa unidade só receberia ordens vindas das Cortes. Isso levou o general Lecor, fiel ao Rio de Janeiro, a se retirar, primeiro para Canelones, depois para São José. Aí estabeleceria o comando das armas e o governo brasileiro na região até conseguir derrotar Álvaro da Costa. Para isso, ele esperava reforços do Rio Grande do Sul e o bloqueio de Montevidéu pela Marinha brasileira, o que ocorreu em janeiro de 1823.

Em Portugal, na realidade, ninguém se importava tanto assim com o destino da Cisplatina, que muitos consideravam uma aventura militar cara e desnecessária de d. João VI. O gasto com as tropas lusitanas ali estacionadas representava um peso injustificável para as contas públicas do reino. Apesar disso, o general Álvaro da Costa, em contato com o general Madeira de Melo na Bahia, tudo fez para dificultar o processo da Independência brasileira. Mesmo com ordens de retornar à Europa, só as obedeceu quando Montevidéu se encontrava completamente bloqueada, em 21 de outubro de 1823. Cercado, Costa abriu negociações com Lecor, comandante das tropas brasileiras. A partir de 18 de novembro, as tropas portuguesas começaram a ser embarcadas, e, em 14 de fevereiro de 1824, os brasileiros entraram em Montevidéu.

A guerra pela Independência do Brasil vitimou milhares de pessoas, mas não foi tão sangrenta e longa quanto outras no continente americano. Entre 19 de fevereiro de 1822, início da luta entre brasileiros e portugueses na Bahia, e 14 de fevereiro de 1824, com a entrada das tropas brasileiras em Montevidéu, foram dois anos até a expulsão definitiva dos militares portugueses. A luta pela independência norte-americana durou oito anos; a da América Espanhola, mais de dez; e a do Haiti, muito menor que o Brasil, dois anos.

A Assembleia Constituinte de 1823 e a Constituição de 1824

DOIS MESES antes de Salvador ser liberta das tropas portuguesas, a 3 de maio de 1823, reuniram-se na antiga Casa da Câmara e Cadeia do Rio de Janeiro, onde atualmente fica o Palácio Tiradentes, os deputados da primeira Assembleia Constituinte do Brasil. Até hoje a data é lembrada e, por isso, 3 de maio é o Dia do Parlamento Nacional. Pela primeira vez, o Brasil reunia representantes de várias províncias para deliberar sobre o ordenamento jurídico da nação.

Esses deputados haviam sido convocados pela decisão nº 57, de 19 de junho de 1822, assinada por José Bonifácio, que instruiu o processo das eleições para a Assembleia Geral Constituinte e Legislativa, convocada por d. Pedro em 3 de junho de 1822. Na época, dezenove províncias formavam o Reino do Brasil: Cisplatina, Rio Grande do Sul, Santa Catarina, São Paulo, Mato Grosso, Goiás, São João da Palma (incorporada a Goiás em 1823), Minas Gerais, Rio de Janeiro, Espírito Santo, Bahia, Alagoas, Pernambuco, Paraíba, Rio Grande do Norte, Ceará, Piauí, Maranhão e Grão-Pará.

Dessas províncias, quatorze estavam representadas na abertura da Assembleia por 84 deputados, de cem eleitos. As províncias do Pará, do Maranhão, do Piauí e da Cisplatina não enviaram representantes por seus governos ainda responderem a Portugal. Os deputados eram representantes da elite existente no Brasil na ocasião: latifundiários, religiosos, militares, magistrados e funcionários graduados, quando não pertenciam a mais de uma dessas classes. Obviamente, não representavam todos os brasileiros, mas apenas uma parte deles. Estima-se que o Brasil possuía, na época, cerca de 4,5 milhões de habitantes, dos quais 800 mil eram indígenas; 1 milhão, brancos; 1,2 milhão, negros escravizados e 1,5 milhão, mulatos, pardos, caboclos e mestiços.[81]

D. Pedro chegou à antiga Casa de Câmara e Cadeia usando uma farda verde e o manto da coroação em forma de poncho, com a murça de plumas amarelas. Os demais símbolos do poder, como o cetro e a coroa, foram postos numa mesa próxima ao trono. Nessa ocasião, deu-se início a um costume que perdurou ao longo de todo o período monárquico brasileiro, chamado de "Fala do Trono". Esse evento ocorria na abertura e no encerramento de cada ano legislativo, quando o imperador ou o regente, desde os civis da época da menoridade de d. Pedro II até a princesa Isabel, se ocupava de inventariar as ações do governo tomadas anteriormente e as aspirações da Coroa em relação aos trabalhos legislativos que se seguiriam.

D. Pedro I usou a ocasião, entre outras coisas, para fazer um resumo do que seu governo já realizara até aquele momento e aproveitou para reafirmar o juramento feito no dia da coroação:

> Como Imperador Constitucional, e mui especialmente como Defensor Perpétuo deste Império, disse ao povo no dia 1º de dezembro [...] que com a minha espada defenderia a Pátria, a Nação e a Constituição, se fosse digna do Brasil e de mim. Ratifico hoje mui solenemente perante vós essa promessa, e espero que me ajudeis a desempenhá-la, fazendo uma Constituição sábia, justa, adequada e executável, ditada pela razão, e não pelo capricho, que tenha em vista somente a felicidade geral, que nunca será grande sem que esta Constituição tenha bases sólidas, bases que a sabedoria dos séculos tenha mostrado que são as verdadeiras para darem uma justa liberdade aos povos, e toda a força necessária ao Poder Executivo.[82]

Além de insistir ao longo de sua fala que a Constituição deveria merecer a aceitação do imperador, d. Pedro ainda pediu aos constituintes que criassem uma divisão de poderes como a idealizada pelos iluministas John Locke, Jean-Jacques Rousseau e o barão de Montesquieu,

> [...] em que os três poderes sejam bem divididos de forma que não possam arrogar direitos que lhe não compitam, mas que sejam de tal modo organizados e harmonizados, que se lhes torne impossível, ainda pelo decurso de tempo, fazerem-se inimigos.[83]

Diversos críticos de d. Pedro afirmariam que, do liberalismo, ele teria aprendido somente o vocabulário, mas pouco do espírito. Lutando entre a educação absolutista que recebera e as ideias liberais que defendia, não demoraria muito para o imperador entrar em choque com a Assembleia. O primeiro desses conflitos teve início com essa Fala do Trono, pois alguns deputados afirmariam que a Constituição não deveria ser digna do imperador, mas sim do povo brasileiro.

A questão dos escravizados

A versão lida na Assembleia foi uma das várias em que d. Pedro tinha trabalhado. No Arquivo Histórico do Museu Imperial, existe um rascunho de outro texto,[84] no qual podemos ver que ele pretendia trazer a público a questão do combate à escravização de pessoas. A versão final desse texto acabou sendo publicada de forma anônima, sob o pseudônimo de "O Filantropo", no jornal *O Espelho* a 30 de maio de 1823. No início do artigo, o autor mostra-se preocupado com o impacto da escravidão no destino do Brasil e dos brasileiros:

> O amor que consagro à minha Pátria, os princípios de uma justa liberdade que tenho, e o quanto me interesso pela prosperidade e grandeza deste Império, me instam a que faça patente ao Público as minhas ideias acerca do comércio da escravatura, que, segundo penso, é uma das causas do atrasamento em que, por ora, estamos. [...]

> Poucas pessoas ignorarão que a escravatura é o cancro que rói o Brasil!; posto isto, é mister extingui-la. [...] Ao primeiro golpe de vista, saltam aos olhos os imensos e incalculáveis males que a escravatura nos traz consigo. Estes males são o justo prêmio de um direito por nós arrogado, e não adquirido, porque me não consta que haja direito algum dos homens se escravizarem uns aos outros. [...]
>
> Deixamos de ser industriosos, não buscamos modo algum de ganhar a vida, nem trabalhando em benefício particular, nem em público; não fazemos invenção alguma para vivermos, porque quem tem um escravo, manda-o a ganho. Não lhe importa que ele roube, fira ou mate, contanto que ele lhe traga o dinheiro que lhe estipulou por dia. Se o escravo assim o não faz – pancada de criar bicho [...].

No artigo, um verdadeiro recado para a elite que compunha a Assembleia Constituinte, d. Pedro chegou a mencionar a substituição da mão de obra escrava por imigrantes. Estes seriam trazidos ao Brasil por meio de agentes na Europa encarregados de empregá-los, pagando os custos do transporte – o que efetivamente d. Pedro e d. Leopoldina estavam tentando fazer naquele momento, recrutando pessoas nos países germânicos. Segundo o plano, a frota utilizada pelo tráfico negreiro, remodelada, poderia trazer as famílias europeias que quisessem vir para o Brasil. As ideias não incluíam o fim imediato da escravidão: o tráfico seria proibido, e não se poderia mais adquirir seres humanos, no entanto os escravizados, tidos como propriedade, não seriam tirados dos seus donos, e as crianças nascidas de pais escravizados continuariam sendo escravizadas. Por alguma razão que parecia fazer sentido para d. Pedro, isso deveria humanizar a relação entre o proprietário e sua propriedade.

Aos deputados, o imperador, por trás do pseudônimo, suplicava que aqueles que se interessavam pela "felicidade do Brasil" deveriam fazer algo a respeito da escravidão, pois "alguma medida ditada pela humanidade e justiça" deveria ser tomada para que o Brasil saísse "do letargo em que há trezentos anos temos estado".[85]

O interesse da maioria dos deputados constituintes passava ao largo da ideia mínima de humanidade exortada por d. Pedro. As elites das províncias, das quais faziam parte os deputados constituintes, não tinham nenhum interesse na perda de seus privilégios, entre eles o de escravizar e explorar a mão de obra dos seus semelhantes. Além disso, muitos dos deputados lucravam diretamente com o tráfico transatlântico de escravizados. Definitivamente, a pregação não tinha solo fértil para cair e dar frutos nem em 1823, nem nas décadas seguintes do século XIX no Brasil.

As divisões da Assembleia Constituinte

Na época em que a eleição para a Assembleia ocorreu, não havia partidos no Brasil como conhecemos hoje. Se para as Cortes reunidas em Lisboa os deputados que partiram daqui levavam as suas demandas locais sem considerar o país como um todo, na Assembleia Constituinte não foi tão diferente. Os deputados que ali se reuniram haviam sido eleitos de forma indireta e pelo voto censitário, ou seja, só podia votar e ser votado quem possuísse rendas de um certo valor, o que já excluía uma grande parte da população.

Câmara dos Deputados. Desenho de Ferdinand Denis, 1846. Acervo: Biblioteca Nacional.

A falta de objetivos claros dos deputados acabou forjando ao longo dos trabalhos, nem sempre harmoniosos, diversas facções, das quais três tiveram mais influência. José Bonifácio, seus irmãos e correligionários acabaram sendo conhecidos como "os bonifácios" e defendiam uma Monarquia forte, nos moldes constitucionais, com o poder centralizado para evitar a fragmentação do Brasil. Esse grupo foi um dos poucos a possuir elementos favoráveis à abolição da escravidão e à implementação da mão de obra imigrante, além de diversos outros pontos explicitados no artigo publicado anonimamente por d. Pedro no jornal *O Espelho*. José Bonifácio chegou a escrever uma representação à Assembleia em que sugeria a extinção gradual da escravidão e outra em que incentivava a incorporação dos indígenas à sociedade. Também defendia ideias consideradas polêmicas, como a reforma agrária, acabando com extensos latifúndios do tamanho de países europeus, a preservação de rios e florestas, a abertura de universidades e a transferência da capital para o centro do país.

Outra facção era a dos chamados "portugueses absolutistas", formada não apenas por naturais de Portugal que decidiram continuar no Brasil, mas também por brasileiros natos. Eles defendiam uma Monarquia mais centralizada nas mãos do imperador, com maiores poderes para a Coroa e para a elite, privilegiada social e economicamente. Essa corrente começou a engrossar mais e ter respaldo da população portuguesa e dos reacionários no Rio de Janeiro após a "Vilafrancada", um levante em Portugal no segundo trimestre de 1823 que acabou com o parlamento e marcou o retorno do absolutismo nesse país.

A terceira grande facção era a dos "liberais federalistas", também uma mistura de portugueses e brasileiros natos. Para estes, a Monarquia deveria ser simbólica e o poder, descentralizado, com cada uma das províncias brasileiras se autogovernando. A escravidão deveria ser mantida, o que os indispunha diretamente contra os "bonifácios". Essa ideia da federalização do Brasil, retirando parte do poder da corte, com as províncias gerindo a si mesmas e escolhendo os seus próprios presidentes, iria conduzir boa parte das elites a embates com a Coroa ao longo de todo o período monárquico no Brasil.

A simpatia de d. Pedro pelo grupo dos "bonifácios", que aglutinava as ideias de José Bonifácio, era clara. Ele era o seu principal conselheiro e ministro, e, entre os projetos sociais e econômicos do grupo e a ideia de se tornar um imperador apenas simbólico, d. Pedro preferia o primeiro. Entretanto, com o tempo, os "portugueses absolutistas" dariam mais apoio ao monarca que os Andradas.

Os Andradas

Durante o ministério de José Bonifácio, a estrutura do novo Estado brasileiro foi criando forma. Poucos eram tão capazes e ilustrados como o principal ministro do Império, mas muitos eram bem mais pacientes e menos arrogantes e intransigentes. A cultura, aliada à falta de paciência e ao senso de urgência de José Bonifácio, fez com que ele acabasse sendo condenado por muitas ações de que efetivamente não era culpado.

Com a reunião dos deputados brasileiros no Rio de Janeiro, o espírito democrático e o debate de ideias tornaram-se intensos, para o bem e para o mal. O despotismo de José Bonifácio contra os implicados na Bernarda de Francisco Inácio em São Paulo, contra os quais empreendeu devassas e aprisionou diversas pessoas, foi motivo de críticas acirradas. Acabou também caindo na conta dele e de seus irmãos um atentado contra o jornalista Luís Augusto May. O redator do jornal *A Malagueta*, desafeto dos Andradas e do próprio imperador, havia dirigido ofensas contra eles. Embora provavelmente o ataque ao jornalista tenha sido instigado por d. Pedro, José Bonifácio é quem levaria a culpa.

Uma das primeiras ações da Assembleia foi a tentativa de criar um apaziguamento nacional anistiando todos os presos políticos, porém a proposta foi derrubada pelos Andradas. Outra ação derrotada foi a do deputado Muniz Tavares, ao propor que todos os portugueses no Brasil deveriam ser declarados brasileiros, mas apenas se dessem provas de sua adesão à causa nacional, e nesse caso poderiam manter suas posses. D. Pedro acabou sendo citado por Antônio Carlos de Andrada no seu discurso para sustentar a proposta, dizendo que no "ápice da nação" havia um ser "raro, e que despira todo o lusitanismo para professar de coração o genuíno brasileirismo, mas que como homem não poderá nunca sufocar de todo os gritos da sua origem [...]".[86]

Não apenas d. Pedro havia nascido em Portugal e tomado parte no processo da independência, mas Clemente Pereira também, assim como diversas outras pessoas. Havia uma enorme quantidade de portugueses que aderiram, ou por necessidade, para não perder seus bens, ou por idealismo, à causa da Independência. Eles estavam lutando contra outros portugueses nas fileiras do Exército e da Marinha brasileiros, ajudavam no governo como ministros e secretários, eram membros da elite, médicos e professores. A lei não foi aprovada, mas a animosidade era cada vez mais palpável, e os Andradas pareciam ser as vítimas preferidas.

Após uma queda de cavalo sofrida em 30 junho de 1823, o imperador passou muito tempo imobilizado em tratamento devido a diversas escoriações e costelas fraturadas. Nesse período, vários deputados passaram a visitá-lo, e ele tomou mais contato com outras ideias e com as críticas a José Bonifácio. O então poderoso ministro havia conseguido que grupos historicamente antagônicos, como os liberais que queriam um imperador figurativo e o federalismo e os portugueses absolutistas, ambos perseguidos pelo ministro, se unissem para derrubá-lo.

Isso efetivamente ocorreu em 16 de julho de 1823. Um dia antes, d. Pedro tinha mandado lavrar decretos libertando todos os prisioneiros políticos pelo Brasil e dando por finalizada a devassa aberta em São Paulo. Tudo foi feito por ato executivo, o que irritou José Bonifácio e o restante da família. Ele, seu irmão Martim Francisco e até a irmã deles, dama de companhia da imperatriz, deixaram seus postos.

Além da libertação dos presos, d. Pedro também soltou uma proclamação, "Aos habitantes do Brasil",[87] na qual oficializava o fim das perseguições políticas, afirmando que só recentemente tivera conhecimento dos atos arbitrários e despóticos tomados contra os brasileiros. No texto, ele voltava a reafirmar as ideias iluministas que já havia demonstrado quando assumiu a regência do Reino do Brasil após a partida de d. João VI para Portugal, como o direito à segurança dos cidadãos, à propriedade e à inviolabilidade do lar.

O ato de d. Pedro era praticamente um rompimento com a família daquele que fora seu principal ministro. José Bonifácio assumiu seu posto como deputado por São Paulo na Assembleia Constituinte e, junto com os irmãos, criou, em 12 de agosto, o jornal *O Tamoio*. O nome escolhido para o periódico já dizia a que vinha: os tamoios eram uma tribo que liderara uma confederação indígena contra os portugueses na época da colonização. Por esse jornal, os Andradas pregariam diante da opinião pública o seu antilusitanismo e o pró-nativismo de seus ideais. Um dos primeiros números alertava para a presença e a influência maciça de portugueses no nascente Exército brasileiro, e isso era só o começo.

A Constituição

Em 1º de setembro de 1823, Antônio Carlos Ribeiro de Andrada Machado e Silva, irmão de José Bonifácio, ex-participante da Revolução Pernambucana e relator da Constituinte, apresentou um projeto de constituição com 272 artigos. Esse projeto acabaria ganhando o apelido de "Constituição da Mandioca", por ter fixado a renda mínima dos eleitores habilitados a votar e ser votados no equivalente a um determinado número de alqueires de farinha de mandioca, regulados pelo preço médio de cada freguesia. O eleitor de primeiro grau, também conhecido como eleitor paroquial, para poder votar, deveria comprovar renda mínima equivalente a 150 alqueires de farinha de mandioca. Esses elegiam os eleitores provinciais, cuja renda mínima seria de 250 alqueires. Os eleitores provinciais elegiam deputados e senadores. Os deputados, para se candidatarem, tinham que demonstrar possuir renda superior a quinhentos alqueires, e os senadores, superior a mil alqueires.

O anteprojeto deixava de lado, obviamente, tanto a questão da reforma agrária quanto a da abolição da escravidão, pois nenhuma delas era relevante do ponto de vista da elite brasileira. O imperador era o chefe do Executivo, podendo nomear e demitir livremente seus ministros e conselheiros de Estado e prorrogar e adiar a Assembleia, mas não poderia dissolvê-la. O poder político efetivo seria reservado para a elite, principalmente os grandes latifundiários. As definições de quem poderia ser eleito como deputado ou senador, ser nomeado como ministro ou conselheiro de Estado excluíam os estrangeiros naturalizados e os cidadãos nascidos em Portugal que não tivesse doze anos de residência no Brasil e não fossem casados ou viúvos de cidadãs brasileiras.

Com o projeto pronto, José Bonifácio chegou a propor ao imperador que o ministro chefe que o substituíra no governo apoiasse uma moção dos Andradas solicitando que a Constituição fosse promulgada imediatamente, sem discussão dos artigos em plenário. D. Pedro não concordou e classificou a atitude como antiparlamentar,[88] o que levou ao debate público dos assuntos.

A xenofobia contra os lusitanos

O anteprojeto de Constituição, com a proibição de portugueses naturalizados poderem entrar para a política ou serem nomeados ministros, ajudou a incendiar ainda mais a sociedade e a imprensa. As discussões na Assembleia foram ficando acaloradas até que um caso ocorrido no dia 5 de novembro foi transformado pelos deputados num fato político e fez explodirem os ânimos já exaltados.

Dois oficiais portugueses, naturalizados brasileiros, invadiram e atacaram a bengaladas um boticário no largo da Carioca, no centro do Rio de Janeiro. Eles haviam tomado o comerciante como o autor de um artigo contra os lusitanos. O acontecimento causou ultraje, e dois dos irmãos Andrada, Martim Francisco e Antônio Carlos, aproveitando a onda antilusitana, propuseram na Assembleia em 10 de novembro um decreto expulsando todos os portugueses do Exército e deportando-os do Brasil. Os brasileiros nas galerias ouviram com entusiasmo os discursos deles, que foram carregados nos braços. De um balcão do Paço Imperial, ao lado da Constituinte, d. Pedro assistiu preocupado à manifestação, que muito se assemelhava à falta de controle que ocorrera anos antes na Praça do Comércio: uma assembleia começando uma revolução.

O que os Andradas não contavam é que o Exército não seria conivente com essa xenofobia contra os irmãos de armas que, apesar de terem nascido em Portugal, estavam lutando pela Independência do Brasil. Os militares denunciavam a demagogia, e a indignação da classe tomou conta dos quartéis.

D. Pedro enviou ordens para o general Curado levar as tropas que estavam na cidade para São Cristóvão. No dia 11, o imperador dissolveu o gabinete e nomeou o brasileiro Francisco Vilela Barbosa como chefe do novo governo. O ministro comunicou para os deputados que as tropas estavam aquarteladas para evitar mais desentendimentos. Também culpou os jornais e os políticos pelo modo como as coisas estavam se desenrolando e exigiu que se processasse os irmãos Andrada pelo caso. Entretanto, os parlamentares, numa demonstração de força contra o governo, não se dispuseram a tomar qualquer decisão contra os colegas e os jornais envolvidos. Eles afirmaram que só deliberariam a respeito caso as tropas fossem enviadas para mais de quarenta quilômetros de distância da cidade.

Por essa época, em novembro de 1823, somente 24 dos 272 artigos do projeto proposto em setembro haviam sido discutidos no plenário, e possivelmente demoraria mais um ano para que a Constituição fosse aprovada. Nesse ritmo, com sentimentos antilusitanos encontrando voz dentro da Assembleia, os debates pareciam um grande paiol de pólvora.

A "Noite da Agonia"

No mesmo dia, Martim Francisco propôs que a Assembleia entrasse em sessão permanente "enquanto durassem as inquietações na cidade e que se solicitem ao governo os motivos dos estranhos movimentos militares que perturbam a tranquilidade da capital".[89] Aprovada a proposta, essa noite entraria para a história como a "Noite da Agonia", em que a sessão varou a madrugada de 11 para 12 de novembro de 1823. No entanto, no início da tarde, tropas do Exército cercaram a Assembleia, que recebeu uma notificação assinada pelo imperador de que havia sido dissolvida.

Os deputados, que, segundo Oliveira Lima,[90] teriam afirmado estarem prontos para cair varados pelas baionetas, deixaram tranquilamente a Assembleia e voltaram para suas casas. Seis deles acabaram deportados para a França, entre os quais os três irmãos Andrada. Conta-se que os portugueses teriam insistido com d. Pedro para que eles fossem enviados para Portugal, onde acabariam sendo executados por traição, mas o imperador teria afirmado que não consentia isso porque era uma deslealdade com quem havia se batido pela causa brasileira.[91]

Constituição de 1824

D. Pedro, no decreto de dissolução, afirmou que daria ao Brasil uma Constituição duas vezes mais liberal que a que estava sendo discutida. Em 13 de novembro, nomeou um Conselho de Estado cuja função era a de criar um novo projeto constitucional, aproveitando-se do anteprojeto apresentado pela Constituinte. Esse novo texto foi enviado às câmaras das vilas e cidades brasileiras, e mais da metade delas retornaram dando seu aval.

A Constituição foi finalmente outorgada por d. Pedro em 25 de março de 1824 com uma cerimônia solene na Capela Imperial, no Rio de Janeiro. Houve uma missa pontifical, após a qual todo o texto da Constituição foi lido e jurado solenemente tanto pelo imperador quanto por d. Leopoldina e as demais autoridades presentes. À noite, no teatro, d. Pedro deu vivas à Constituição, por cinco vezes, e à perpétua independência.

Essa Constituição de 1824 vigorou até a queda da Monarquia, em 1889. Ela continha os princípios básicos de Direito Público mais modernos da época e um quarto poder, o Poder Moderador, idealizado pelo filósofo e político suíço Benjamin Constant de Rebecque, com quem d. Pedro se correspondia. Esse poder dava ao imperador do Brasil o direito de dissolver a Câmara e convocar novas eleições, aprovar e suspender interinamente as resoluções dos conselhos provinciais, suspender magistrados nos casos previstos, perdoar e moderar as penas impostas a réus condenados por sentença e conceder anistia. Outras prerrogativas, como prorrogar ou adiar a abertura da Assembleia, nomear e demitir livremente os ministros e conselheiros e nomear senadores, já faziam parte das atribuições imperiais pelo projeto da Constituição de 1823. O Poder Moderador foi a fórmula jurídica encontrada por d. Pedro para regular os demais poderes, se fosse o caso, por meio do direito de vetar leis e dissolver a Assembleia.

Alegoria ao juramento da Constituição do Brasil. Gravura de Gianni, [s.d.]. Acervo do autor.

Analisando as propostas da Constituinte de 1823 e a Constituição de 1824, uma coisa é certa: se, por um lado, esta concentrava mais poder na mão do imperador, por outro, era mais liberal em diversos pontos. Por exemplo, embora o Catolicismo fosse reconhecido como religião oficial, qualquer comunidade não católica tinha direito a ter seu local de culto. A xenofobia contra os portugueses foi banida do texto constitucional, e, quanto aos direitos invioláveis das pessoas e propriedades, a Constituição de 1824 listava 34 pontos, enquanto o projeto de 1823 mencionava somente seis.

A questão dos escravizados na Constituição de 1824

Tanto o projeto de 1823 quanto a Constituição de 1824 mantinham o sistema escravagista e não contemplavam a reforma agrária. A Assembleia Constituinte é notável pela ausência de debate sobre o assunto, sendo a escravidão aceita como parte integrante da estrutura social. A discussão acabou se resumindo à atribuição de cidadania aos negros libertos, presente no projeto, que sofreu grande resistência dos deputados.

Depois de conhecer o interior das províncias do Rio de Janeiro, de Minas Gerais e de São Paulo, onde foi recebido pela elite latifundiária local, d. Pedro tinha consciência de que não governaria mais um único dia se decretasse a abolição da escravidão sem ter a concordância de boa parte da sociedade e das elites. Estas, que se aproveitaram por séculos do trabalho dos escravizados, como se pode ver pelos discursos na Assembleia Constituinte, não tinham a menor intenção de abrir mão das benesses usufruídas desse sistema. Segundo o historiador Neill Macaulay, d. Pedro sufocaria seus sentimentos a respeito do assunto pois acreditava que um tema tão polêmico poderia dificultar a rápida aceitação da Carta Constitucional pelas câmaras das cidades e vilas. [92]

Futuramente, d. Pedro tentaria usar o direito que a Constituição lhe assegurava a respeito dos tratados diplomáticos como arma contra a escravidão, ao acertar com a Inglaterra o fim do tráfico interatlântico pelo acordo realizado em 1826 entre os dois países. Por uma das cláusulas, os britânicos poderiam capturar qualquer navio no Atlântico que trouxesse escravizados para o Brasil. D. Pedro continuava tentando implantar o plano de José Bonifácio de uma abolição gradual, que deveria se iniciar com o fim do tráfico. Isso, como era esperado, enfureceu a bancada escravagista da Câmara, que efetivamente só daria uma solução ao assunto muitos anos depois.

A Confederação do Equador

O fato de d. Pedro ter colocado tanto no ministério quanto no Conselho de Estado apenas brasileiros natos não acalmou os ânimos do país, dividido entre portugueses e brasileiros. A vila de Campo Maior, no Ceará, não aceitou a Constituição, dizendo que o imperador e sua família não governavam mais o Brasil após o golpe contra a Assembleia, em 12 de novembro. Esse não seria o único local do Brasil contrário ao ato de d. Pedro, considerado tirânico.

A promulgação da Constituição de 1824 também não foi bem recebida em Pernambuco. Os principais líderes pernambucanos, como Manuel de Carvalho Paes de Andrade e o jornalista e frei carmelita Joaquim do Amor Divino Caneca, chegaram a apoiar inicialmente o fechamento da Assembleia por achar que esse era dos males o menor. Apesar do seu republicanismo, esses liberais aceitavam a Monarquia pois pensavam que com ela ao menos haveria autonomia política local. No entanto, a Constituição de 1824 pôs por terra essa ideia ao manter a centralização do poder no Rio de Janeiro, de lá partindo a nomeação dos presidentes para as províncias.

Antes mesmo da nova Constituição, Recife estava em luta. Havia os partidários da Monarquia, liderados por Francisco Pais Barreto, e a vertente liberal, liderada por Manuel Carvalho Paes de Andrade. Pais Barreto havia sido nomeado por d. Pedro quando a Assembleia ainda estava ativa, em outubro de 1823, mas renunciou em dezembro, e uma junta elegeu ilegalmente Manuel Carvalho para o seu lugar. Quando a notícia chegou ao Rio de Janeiro, o governo mandou que Pais Barreto fosse recolocado no seu posto, mas isso foi totalmente ignorado pelos liberais, que permaneceram no poder. O governo enviou dois navios para forçar os pernambucanos a reempossar o antigo governador, mas foi em vão.

D. Pedro tentou contemporizar e nomeou outro presidente, José Carlos Mayrink da Silva Ferrão, aparentado com famílias da elite pernambucana e ligado aos liberais. Entretanto, ele acabou também não assumindo. Em 2 de julho de 1824, Manuel Carvalho, aproveitando a partida dos navios de guerra do Recife, proclamou a independência de Pernambuco. Em seguida, enviou convites para que as demais províncias do Nordeste e do Norte brasileiros compusessem a Confederação do Equador, uma república independente. Ao contrário da Revolução Pernambucana de 1817, dessa vez uma das medidas tomadas pelos dirigentes do levante foi a suspensão do tráfico de escravizados, o que acabou por afastar do movimento boa parte dos latifundiários e outros setores economicamente importantes.

O convite às outras províncias foi praticamente em vão: somente aderiram algumas vilas da Paraíba e do Ceará, estas últimas comandadas pelo padre Gonçalo Inácio de Loiola Albuquerque Melo, apelidado de padre Mororó. Mesmo em Pernambuco, a revolução não foi aceita em todos os lugares. Pais Barreto arregimentou tropas para combater os revolucionários, mas, derrotado, foi para o interior. A 2 de agosto, foi enviada uma frota comandada por lorde Cochrane, que bloqueou o porto, enquanto o brigadeiro Francisco de Lima e Silva liderava uma tropa de 1.200 homens. Esses soldados somaram-se àqueles que Pais Barreto havia conseguido reunir, e, ao longo do caminho, milicianos reforçaram o grupo, que chegou a contar com mais de três mil pessoas. Em 12 de setembro, as forças do Império atacaram o Recife. Manuel Carvalho e outros acabaram fugindo, deixando os revoltosos sem liderança e levando-os a se renderem poucos dias depois.

Em julho de 1824, d. Pedro suspendeu as garantias constitucionais para esmagar os revoltosos. Foi criada uma Comissão Militar, que julgou de forma sumária os acusados de participarem do levante. Pelo decreto de 7 de março de 1825, todos os réus foram sentenciados à morte, e os vencedores perseguiram amigos e familiares dos revolucionários. Propriedades foram confiscadas, e diversas pessoas foram aprisionadas sob pretexto de recrutamento.

Os processos, feitos de tal forma que davam poucos recursos jurídicos aos réus, levaram à morte Frei Caneca, padre Mororó e mais de trinta pessoas. D. Pedro recusou-se a comutar as penas dos condenados e deixou que eles servissem de exemplo. Outra medida punitiva foi a divisão da província de Pernambuco, que se veria reduzida de 250 mil para 98 mil quilômetros. A parte removida do território foi primeiro administrada por Minas e depois anexada definitivamente à província da Bahia.

O reconhecimento do Brasil

DEPOIS DA Constituição, do estabelecimento de um ordenamento político interno e da consolidação do território nas mãos dos brasileiros, o último passo era o reconhecimento internacional da Independência do Brasil. Mas isso foi o mais árduo de ser alcançado. Enquanto o Brasil levou praticamente um ano e meio, entre 7 de setembro de 1822, com o Grito na colina do Ipiranga, e 14 de fevereiro de 1824, com a libertação da Cisplatina, para se ver livre das tropas portuguesas, o reconhecimento por parte da antiga metrópole levaria mais tempo.

Além de vidas, o processo de Independência custou ao Brasil dinheiro, e não foi pouco. Já antes de as negociações avançarem com os portugueses, diversos diplomatas brasileiros nas cortes europeias começaram a oferecer suborno para ministros e conselheiros de reis e imperadores para que estes influenciassem de maneira positiva seus governos em prol da Independência. Esse foi o caso, por exemplo, do conselheiro Friedrich von Gentz, do gabinete do primeiro-ministro austríaco Metternich. Antônio Teles da Silva Caminha e Meneses, futuro marquês de Rezende, um português que aderiu à causa brasileira e continuou em seu posto diplomático em Viena representando os interesses do Brasil, entrou em contato com esse homem próximo ao governo da Áustria procurando ajuda.

Inicialmente, Teles da Silva informou a von Gentz que d. Pedro havia tido ciência no Rio de Janeiro de que o conselheiro havia escrito uma memória a respeito da diferença entre a Independência brasileira e a das colônias espanholas. Afirmou que o imperador desejaria reconhecer seu trabalho dando-lhe uma comenda, mas que, dado o não reconhecimento da separação do Brasil por parte da Áustria, isso seria inviável. Von Gentz explicou ao diplomata que já tinha várias comendas de diversos países e que, se houvesse algum reconhecimento ao seu trabalho presente e futuro, ele preferia que fosse feito em forma de lingotes de ouro. Além disso, solicitou que, caso o diplomata brasileiro fosse fazer esse pedido ao Rio de Janeiro, não enviasse a solicitação por correio comum, que poderia ser aberto pelo governo austríaco, mas pela correspondência que era despachada via embaixador inglês em Viena.

Além dos quase cinco mil florins que von Gentz recebeu na época, outros milhares se dispersariam pela Europa em subornos brasileiros, sem que surtissem efeito.

D. Leopoldina e o reconhecimento

Além de diplomatas fiéis a d. Pedro que atuavam em embaixadas no exterior como representantes de Portugal antes da independência e que passaram a trabalhar para o Brasil e pelo seu reconhecimento, os próprios imperadores atuaram como puderam junto a suas famílias nesse sentido. D. Leopoldina, por exemplo, onze dias após a coroação de d. Pedro como imperador, escreveu para o pai tentando explicar que todas as decisões tomadas no Brasil pelo casal se justificariam para "afastar o espírito popular das ideias republicanas".[93]

Tanto o encarregado de negócios austríacos no Rio de Janeiro quanto o próprio país ficaram estarrecidos. A filha do imperador da Áustria, uma das nações forjadoras da Santa Aliança, que queria prevenir as ideias liberais e o constitucionalismo, agia como uma das participantes do rompimento entre o Brasil e Portugal ao lado dos liberais e dos constitucionalistas, contra quem Francisco I e Metternich lutavam e que, agora, incluíam seu marido.

Enquanto os brasileiros e portugueses enfrentavam-se nos campos de batalha, d. Leopoldina trabalharia sua diplomacia pessoal sempre defendendo, em todas as oportunidades possíveis, a necessidade de d. Pedro ter virado imperador e se posto à frente do processo da separação. Um exemplo dessas várias surtidas da imperatriz junto ao pai é uma carta em que ela aproveita para apresentar Antonio Teles como encarregado dos negócios do Brasil na Áustria. Na longa mensagem a Francisco I,[94] levada pelo portador em 6 de abril de 1823, a imperatriz informava:

> Como esta bela oportunidade me permite falar abertamente, quero lhe contar tudo, querido papai, e descrever o que até agora infelizmente lhe apresentaram sob uma ótica equivocada, ou por maldade para nos prejudicar, ou por pouco conhecimento, não quero julgar isso! Desde que meu esposo tomou as rédeas do Estado, Deus sabe que não por sede de poder ou ambição, mas para satisfazer o desejo do probo povo brasileiro, que se sentia sem regente, dilacerado em seu íntimo por partidos que ameaçavam com uma anarquia ou República, qualquer um que se encontrasse na mesma situação faria o mesmo, aceitar o título de imperador para satisfazer a todos e criar a unidade; estou convicta, querido pai, de que devem ter lhe dito ou escrito que querem instituir aqui uma constituição igual às das vis Cortes portuguesas ou das sanguinárias Cortes espanholas; é uma mentira grosseira, e para provar tomo a liberdade de citar os editoriais. A família real não apenas está segura, como desfrutamos do amor e confiança do povo, de quem temos as demonstrações mais comoventes e seguras. A grandeza do Brasil é de supremo interesse para as potências europeias, especialmente do ponto de vista comercial, e o maior desejo [...] é fechar contratos comerciais com as possessões austríacas na Itália e estabelecer seu monopólio comercial em seus portos, o que seria extremamente vantajoso para minha querida pátria, pela riqueza extraordinária do Brasil em madeiras corantes e mercadorias coloniais.

Além da parte econômica, que segundo d. Leopoldina, seria vantajosa para a Áustria, ela tentou apaziguar o pai informando sobre os deputados e a Constituinte que havia se reunido, afirmando que eles eram possuidores da "máxima capacidade e dignidade, que honram o poder real e sabem mantê-lo". Sobre como seria a estrutura do poder, amparada nas aspirações do trono e pouco na realidade e nos anseios dos constituintes, defendia:

> A assembleia compõe-se de duas câmaras, o imperador tem veto absoluto, seus conselheiros e ministros particulares são de sua escolha, sem qualquer protesto nem intromissão, assim como sua criadagem e cargos na corte; o imperador possuirá todas as atribuições que fomentem o êxito de seu governo, como chefe do poder executivo e como dirigente da máquina política.

Quanto a si mesma, d. Leopoldina informava que encarnaria o "papel de intercessora do nobre povo brasileiro, pois todos nós lhe devemos algo, nas circunstâncias mais críticas este povo fez os maiores sacrifícios, que demonstram amor à pátria, para proteger sua unidade e o poder real".

Depois de todos esses informes, ela passou a explicar como seria a perpetuação da dinastia na América. Caso ela não conseguisse dar um filho homem a d. Pedro, a filha mais velha do casal seria a herdeira do trono. Ainda dava a entender ao imperador austríaco que, se as antigas colônias espanholas na América voltassem ao sistema monárquico, o Brasil poderia ajudar com sua força para que um príncipe austríaco assumisse o poder em algum desses países.

Depois de explicar da economia à política interna e externa, d. Leopoldina passou para a ameaça velada no final dos seus argumentos em prol do reconhecimento da independência do Brasil:

> [...] Se lhe contarem que falta dinheiro na força naval estarão mentindo ou querendo iludi-lo, devido a uma administração sensata e adequada, as finanças nunca estiveram em melhor situação [...] dentro de poucos anos uma força naval poderosa estará pronta, sendo que o começo já está feito [...].

Em resumo: se o Brasil fosse atacado, saberia e teria com o que se defender. No final, ela colocou-se aos pés do pai:

> [...] Querido pai, assuma o papel de nosso verdadeiro amigo e aliado; certamente será para meu esposo e para mim um dos nossos dias mais felizes quando tivermos essa certeza; quanto a mim, caríssimo pai, pode estar convicto de que, caso aconteça o contrário, para nosso maior pesar, sempre permanecerei brasileira de coração, pois é o que determinam minhas obrigações como esposa, mãe e gratidão de um povo honrado, que se dispôs, quando nos vimos abandonados por todas as potências, a ser nosso esteio, não temendo quaisquer sacrifícios ou perigos.

Antônio Teles também partiu para a Europa com cartas para a irmã de d. Leopoldina, Maria Luísa, e para o barão Sturmer, antigo diplomata da Áustria no Rio de Janeiro. D. Leopoldina pedia a Sturmer para que interviesse junto ao imperador Francisco I para que este se declarasse protetor e aliado do Brasil. Para a irmã, a imperatriz foi bem mais longe no seu pedido de ajuda: "Espero que [...] interceda com tua inteligência junto a nosso querido pai e ao príncipe Metternich, que é afeiçoado a ti, para que sejam nossos aliados e reconheçam o governo do Brasil". Na continuação, blefou: "[...] Embora o Brasil seja capaz, por sua grandeza, força e poderio, de resistir a todas as potências europeias unidas, é sempre melhor ter amigos do que inimigos".[95]

D. Leopoldina bombardeava a família na Europa achando que obteria respostas, mas estas não vieram. Até que tivesse início o processo de reconhecimento do Brasil por Portugal, as cartas de Viena ao Rio de Janeiro cessariam.

Enquanto o Velho Mundo aguardava para ver o que iria acontecer, o Novo Mundo fazia acontecer. Os Estados Unidos reconheceram a Independência brasileira em maio de 1824, seguidos pelo Reino de Onim, na África e, no ano seguinte, o México e a Argentina fariam o mesmo.

O retorno do absolutismo
em Portugal

Mas, em Portugal, a questão do reconhecimento do Brasil deveria esperar mais um pouco. Enquanto d. Leopoldina escrevia ao pai em Viena, tropas da Santa Aliança invadiram a Espanha no início de 1823, acabaram com o governo liberal, derrubaram a Constituição e conduziram novamente os Bourbons ao trono. Do mesmo modo que a revolução espanhola anteriormente havia levado as ideias constitucionais a Portugal, em 1820, os ventos contrarrevolucionários que se abateram sobre a nação vizinha sopraram também para o outro lado da fronteira.

Em 23 de fevereiro de 1823, durante a procissão do Senhor dos Passos, ocorreu a chamada "Revolta do Conde de Amarante", em Trás-os-Montes. O povo, instigado por absolutistas, passou a dar gritos de "Viva El-Rei absoluto" e "Morra a Constituição". Assim, o norte de Portugal levantou-se pela causa absolutista. D. Miguel, filho mais novo de d. João VI, tomou a frente da revolta na região de Vila Franca de Xira, em 27 de maio de 1823. O príncipe buscava a deposição do pai, que inicialmente continuava fiel à Constituição, mas que, ao ver o movimento popular, acabou por se juntar à causa e, num golpe, tomou a liderança do filho que queria tirá-lo do poder.

A chamada "Vilafrancada" foi vencedora, políticos e ministros acabaram presos, e o absolutismo retornou a Portugal. Em abril de 1824, estourou outra revolta, com d. Miguel novamente à frente. O movimento, conhecido como "Abrilada", considerava que os propósitos da revolta anterior não haviam sido totalmente aplicados. Por isso, o príncipe aprisionou o pai e diversos servidores e ministros, acusando-os de serem maçons e liberais.

Os diplomatas estrangeiros em Lisboa intervieram, e, sob proteção dos embaixadores francês e britânico, d. João conseguiu escapar e embarcar na nau inglesa *Windsor Castle*. Assim que o rei subiu a bordo, o navio disparou uma salva de tiros em honra a ele e ergueu a bandeira de Portugal e o pavilhão real, transformando-se em território lusitano. Nesse novo paço improvisado, o rei convocou o filho e exilou-o para

Viena, enquanto a esposa, d. Carlota Joaquina, também participante do golpe, foi posta em prisão domiciliar em Queluz.

D. Pedro e d. João

D. Pedro, ao tomar conhecimento de tudo isso, escreveu ao pai[96] dizendo que, por dever do amor que consagrava a ele, punha de lado a coroa que a nação brasileira lhe havia dado para dizer que desaprovava tudo o que d. Miguel havia feito e que, a partir desse momento, não o consideraria mais como irmão, "pois um bom filho jamais pode amar traidores".

Aproveitando essa ocasião de reaproximação filial, d. Pedro tocou na questão do reconhecimento do Brasil por Portugal:

> Permita-me Vossa Majestade que eu, como filho, lhe dê (posto que não pedidos) meus conselhos. Vossa Majestade, já, quanto antes, deve reconhecer a Independência do Brasil para seu próprio interesse. Da estabilidade do Império, jamais se pode duvidar, ele vai andando (apesar de alguns reveses que não enumero), sustentando-se e adquirindo cada vez mais força física e moral, que nunca poderá ser domada pelo velho e encanecido Portugal que, quanto mais quiser conquistar o Brasil, tanto mais se irá aniquilando, pois ele, sem o Brasil amigo, não tem comércio e sem comércio é nada. Posso assim falar, pois, de Portugal, já disse a Vossa Majestade que não queria nada.

D. Pedro lembrou que ele, como imperador, e d. João VI, como rei, estavam em guerra e, por isso, deviam sustentar os direitos das duas nações de que eram chefes, porém, como filho e como pai, deveriam se amar. Afirmando acreditar nisso, teceu diversos conselhos para que d. João buscasse o reconhecimento do Brasil por parte de Portugal, não só pelo bem do povo português, mas para o da permanência do rei no trono:

> A vida de Vossa Majestade está em muito perigo, pois, em os fidalgos se unindo (como pretendem) ao descontente comércio, que se acha

moribundo, ao desgraçado lavrador, que já não tem com que mate
a fome à sua miserável família e ao artista, que não trabalha por não
terem extração suas manufaturas, Vossa Majestade vai debaixo irre-
mediavelmente e ninguém lhe poderá, infelizmente, valer. Reconhecendo, Vossa Majestade, a independência, o comércio toma alentos, o
lavrador já tem dinheiro com que mate a fome à sua família, o artista
já trabalha, em uma palavra, já tudo fica contente.

Novamente, d. Pedro buscou uma oportunidade para se dizer fiel
ao pai, a quem recomendou

> [...] reconhecer a independência do império brasílico em um filho tão
> seu amigo, em um filho que se não fez imperador, pois foi o amor dos
> brasileiros em paga de serviços e as circunstâncias, vistas de antemão
> por Vossa Majestade, que me fizeram.

Lembrou também que d. João, em carta de 31 de março de 1822,
havia lhe dito "regularás a tua conduta conforme as circunstâncias em
que te achares regulando tudo com toda a prudência e cautela".

Enquanto d. Pedro tentava por todos os meios o reconhecimento
oficial, agia de maneira muito pragmática. Mesmo enquanto somente
os Estados Unidos reconheciam o Brasil, o que interessava a ele eram as
contas, e estas estavam fechando. Em carta a Antônio Teles em Viena, o
imperador contabilizaria:

> Olhando eu o reconhecimento político como uma espécie de sanção
> dada por todas as nações à Independência do Brasil, não o acho, con-
> tudo, essencial para gozarmos daquelas felicidades resultantes a uma
> nação independente. [...] Apesar da falta do reconhecimento político,
> não deixam de entrar diariamente neste porto navios de todas as na-
> ções, motivo por que o comércio tem aumentado; a alfândega rende
> mensalmente duzentos e tantos contos e não rende mais (o que em
> breve acontecerá) por haver poucos cômodos para despachar-se mais
> fazenda [mercadoria].[97]

Início das conversações diplomáticas

Na mesma carta para António Teles,[98] d. Pedro referiu-se a uma conversa que teve com sir Henry Chamberlain, diplomata britânico encarregado dos negócios da Inglaterra no Rio de Janeiro. Este o informou de que, para o reconhecimento do Brasil, tanto o gabinete inglês quanto o austríaco esperavam três coisas de d. Pedro:

> – Que os enviados de Portugal fossem bem tratados.
> – Que somente os nossos navios de guerra tomassem os navios de guerra portugueses, e se suspendessem as hostilidades contra o comércio, visto que Portugal não fazia a guerra, antes queria a paz entre os dois hemisférios.
> – Que para o futuro se tratasse da união das duas coroas brasileira e portuguesa.

Quanto à primeira exigência, d. Pedro achava ser o mínimo tratar bem qualquer pessoa que viesse resolver a questão, já que isso impactaria diretamente na dignidade do Brasil perante os outros países. Quanto ao segundo ponto, não concordava, porque, para ele, demonstrava que Portugal não possuía nem força para atacar o Brasil, nem quem o ajudasse na reconquista. Segundo d. Pedro, o país europeu queria ver se o governo brasileiro, "com medo da intercessão, (não lembrado, que tem no seu braço escrito – Independência ou Morte), cai na esparrela de suspender as hostilidades e perde a força moral, donde se seguiria por consequência necessária a dissolução do Império".

O último ponto era ainda mais delicado. D. Pedro, da parte do seu pai, nunca deixara de ser o herdeiro oficial do trono português. Mas, longe de querer os dois tronos e a reunificação dos dois Estados, sob a mesma coroa, o imperador afirmou:

> Nem eu, que sou brasileiro e amante da prosperidade do Brasil, poderia jamais consentir que ele houvesse de se unir a Portugal, e portanto,

enquanto eu vivo, contém, que nunca se fará tal união e que deixarei
em meu testamento que o Brasil, logo que veja um descendente meu
ratificar algum tratado de incorporação com Portugal, o amaldiçoe e
expulse de seu seio, por indigno de governar povos, amantes e zelosos
de sua liberdade e inimigos do despotismo até pintado.

Essa ideia de união sob a mesma coroa ficou patente com a che-
gada em setembro de 1823 do conde do Rio Maior, João Saldanha
Oliveira Juzarte Figueira e Souza, e do desembargador Francisco José
Vieira, que de 1821 a 1822 fora ministro dos Negócios Estrangeiros do
Reino Unido de Portugal e do Brasil. Enviados por d. João, eles vinham
com a missão de tratar da conciliação entre o Brasil e Portugal visan-
do à futura união dos dois países, retomando a ideia do Reino Unido.
Porém, como não trouxeram nenhuma instrução do rei para discutir a
Independência brasileira, a missão foi convidada a se retirar dezessete
dias depois.
Em julho de 1824, também se tentou discutir, sem sucesso, e com
a mediação da Grã-Bretanha e da Áustria, o reconhecimento entre
Portugal e o Brasil em Londres. Mas os resultados não foram os mais
satisfatórios.

O Tratado do Rio de Janeiro de 1825

No ano seguinte, o secretário de Estado para Assuntos Estrangeiros da
Grã-Bretanha, George Canning, enviou ao rei d. João VI um ministro
plenipotenciário, sir Charles Stuart, para mediar o reconhecimento entre Portugal e Brasil. Stuart chegou ao Rio de Janeiro em 18 de julho de
1825 com três cartas régias emitidas pelo rei de Portugal. A primeira
delas, assinada por d. João em 13 de maio de 1825, aniversário do rei e
do casamento de d. Pedro com d. Leopoldina, dizia:

[...] E por a sucessão das duas Coroas Imperial e Real diretamente pertencer a meu sobre todos muito amado e prezado Filho o Príncipe D. Pedro, nele, por este mesmo ato e carta patente, cedo e transfiro já, de minha livre vontade, o pleno exercício da soberania do Império do Brasil para o governar denominando-se Imperador do Brasil e Príncipe Real de Portugal e Algarve, reservando para mim o título de Imperador do Brasil e o de Rei de Portugal e Algarve com a plena soberania destes dois Reinos e seus domínios.[99]

Ou seja, d. João reconhecia o antigo Reino do Brasil como Império e tomava, para si e seus descendentes, o título de imperador do Brasil e rei de Portugal e Algarves, cedendo e transmitindo a d. Pedro, como seu sucessor explícito, o exercício pleno do cargo imperial do Brasil. Era uma saída honrosa para d. João, que simultaneamente tentava garantir para o filho mais velho e sucessores também o trono de Portugal.

A presença constante da Inglaterra em diversos momentos importantes ligados tanto a Portugal quanto ao Brasil é notória. Por que interessava a ela especificamente a questão do reconhecimento a ponto de intermediar o negócio representando Portugal? Além da questão geopolítica, havia interesses econômicos envolvidos. Em 1825, chegava ao fim o tratado de comércio realizado entre Portugal e a Inglaterra envolvendo a alfândega brasileira. Pelo tratado de 1810, obtido por lorde Strangford, os comerciantes ingleses recebiam vantajosas taxas de impostos para negociar com o Brasil, o que afetou as finanças de Portugal. O descontentamento gerado em consequência disso acabaria se transformando numa das causas da Revolução do Porto.

Mas ainda havia outra questão. Ao longo dos anos, Portugal acabou se transformando num dos principais devedores da Inglaterra, onde levantava fundos por meio de empréstimos na praça de Londres para pagar pela ajuda britânica contra Napoleão e pela dívida pública do Reino Unido. Sem o Brasil, a chance de os britânicos recuperarem o que Portugal lhes devia era mínima, por isso sir Charles Stuart também veio incumbido de negociar uma reparação financeira pelas perdas portuguesas na América.

D. Pedro assumiu imediatamente as negociações com Stuart. Embora os vários encontros ocorressem a portas fechadas, os despachos para Londres dão conta de que o imperador se irritou diversas vezes, inclusive contra o pai. Entre outras coisas, ele achou absurda a ideia de d. João se tornar "imperador do Brasil". Outra questão controversa era a tentativa clara do rei português em fazer a futura união das coroas quando morresse, de modo que d. Pedro assumisse como governante dos dois países.

Durante as negociações, d. Pedro propôs ceder o trono de Portugal para uma das filhas, mas Stuart não tinha autorização de d. João para negociar nesses termos, e nada ficou acordado sobre isso no tratado final. O imperador acabou, por fim, afastando-se de participar diretamente das conversas e nomeou um conselho para tratar com o diplomata.

Hoje, algumas das desavenças parecem pueris, mas elas tinham relevância na época. O problema com d. João querer para si o título de imperador do Brasil, por exemplo, envolvia uma questão mais ampla. Em 12 de outubro, d. Pedro fora aclamado imperador do Brasil pelos povos do país. Pela fórmula com a qual sir Charles Stuart estava autorizado a negociar em nome do rei de Portugal, d. João aparecia como um ser benevolente que por "livre vontade" cedia e transferia para o filho e seus sucessores "a soberania do dito império". Ou seja, isso fazia com que a Independência fosse uma concessão sua, como monarca absoluto, fazendo cair por terra a fórmula de que d. Pedro havia sido aclamado imperador pelos cidadãos do Brasil. De acordo com essa ideia, o povo, de posse da sua soberania, pela qual havia lutado, havia escolhido por sua própria vontade o seu imperador. A fórmula adotada por d. João era conservadora e só reconhecia a legitimidade da soberania do rei: só ele podia conceder a outra pessoa um direito que lhe pertencia. Da parte do Estado brasileiro, a doutrina era diferente e revolucionária, reconhecendo que o povo era soberano para decidir seu próprio líder.

O governo brasileiro fez tentativas de mudar o texto, no entanto isso não foi possível pois Stuart dispunha de pouca ação de manobra, engessado como estava pelos limites traçados pelas cartas patentes dadas a ele por d. João. O título de d. Pedro "por graça de Deus e unânime aclamação dos Povos, Imperador Constitucional e Defensor Perpétuo do Império do Brasil" não podia constar no documento e não foi aceito na minuta entregue para o diplomata britânico. O Conselho de Estado teve que ser convocado, e foi deliberado que se seguisse um meio-termo, mencionando d. Pedro apenas como "Majestade Imperial".

Sir Charles Stuart, diplomata britânico acreditado por d. João VI para negociar o tratado de paz entre Brasil e Portugal. Retrato feito pelo barão Gerard, 1825. Coleção particular.

Stuart, em despacho de 5 de setembro de 1825[100] para George Canning, informou que a "influência da senhora Domitila", a amante paulista do imperador, havia sido, junto com a de Felisberto Caldeira Brant, futuro marquês de Barbacena, decisiva para o bom andamento das conversações de paz entre os dois países. Finalmente, o texto final foi aprovado, dando origem ao Tratado de Amizade e Aliança entre os dois países, de 29 de agosto de 1825.

O tratado foi intempestivamente publicado no Brasil em 7 de setembro de 1825, em comemoração ao ato da Independência realizado em São Paulo três anos antes. D. Pedro simplesmente não esperou que o documento chegasse a Portugal e que d. João concordasse com tudo, afinal bem pouco ficara por concordar que não o estipulado pelo rei português. Em carta ao pai, escrita em 3 de setembro, d. Pedro informava:

> Meu augusto pai.
>
> Por sir Charles Stuart, plenipotenciário de sua majestade britânica e de Vossa Majestade, recebi a carta de Vossa Majestade, [...] em a qual Vossa Majestade o acreditou perante mim como seu plenipotenciário [...].
>
> Nomeei imediatamente os plenipotenciários [...]. Começaram-se a entabular as negociações, que tiveram fim a 29 de agosto pretérito, por haverem concluído o tratado, assinado nesse mesmo dia e ratificado por mim no imediato [...]. Vossa Majestade verá que fiz, de minha parte, tudo quanto podia e, por mim, no dito tratado, está feita a paz. É impossível que Vossa Majestade, havendo alcançado suas reais pretensões, negue ratificar um tratado que lhe felicita seus reinos, abrindo-lhe os portos ao comércio estagnado, e que vai pôr em paz tanto a nação portuguesa, de que Vossa Majestade é tão digno chefe, digo rei, como a brasileira, de que tenho a ventura de ser imperador.
>
> Neste passo Vossa Majestade vai mostrar ao mundo que ama a paz e igualmente a um filho que anuiu às suas reais pretensões, concedendo no tratado pontos bem difíceis e bastantemente melindrosos, como Vossa Majestade não ignora. Eu, meu pai, conto tanto que Vossa Majestade ratificará o tratado e convenção, pois conheço seu coração dócil, benigno e amigo da paz, que no dia 7 deste setembro publico o tratado e me reputo já reconhecido por Vossa Majestade e estabelecida a mais perfeita harmonia entre as nações portuguesa e brasileira.

Consulte Vossa Majestade seu real coração: ele lhe ordenará que ajude a Realeza na América, por seu próprio interesse, independente daquelas relações de amizade que devem haver entre um pai e um filho, ambos soberanos.

Não perca Vossa Majestade a ocasião de se fazer ainda mais célebre aos olhos do mundo e a glória de ser chamado, não só pelos portugueses, mas até pelos brasileiros, o generoso João Sexto.

Agora só me resta fazer votos ao céu para que dilate os anos de Vossa Majestade e lhe faça conhecer quanto é querido e amado por este seu filho que, como tal, lhe beija sua real mão – Pedro.[101]

Cópia do Tratado do Rio de Janeiro de 1825. Acervo: Biblioteca Nacional.

No mesmo dia 7 de setembro de 1825, já com o reconhecimento da Inglaterra, os diplomatas estrangeiros no Rio de Janeiro, como o barão de Mareschal, do império austríaco, e o conde de Gestas, da França, decidiram tomar parte nas comemorações do Grito. Durante as festividades, d. Pedro distribuiu, de uma das janelas do Paço Imperial, cópias do tratado entre Portugal e o Brasil e, num gesto simbólico, arrancou o tope verde e amarelo com a inscrição "Independência ou Morte". Com a Independência oficializada perante as demais nações mundiais, pelo reconhecimento internacional, não haveria mais por que se lutar por ela.

O tratado foi publicado em Portugal em 15 de novembro de 1825. As datas que acompanham esse acordo da parte de d. João foram, claramente, uma tentativa de honrar sua nora, d. Leopoldina. Em 22 de janeiro de 1825, aniversário da imperatriz, o rei decidiu pelo restabelecimento da paz entre as duas nações e nomeou um gabinete português favorável à Independência brasileira para dar início às negociações. Em 13 de maio, dia do seu aniversário e do casamento em Viena de d. Leopoldina com o filho, d. João assinou a primeira das cartas régias com as diretrizes a serem seguidas por sir Charles Stuart durante as negociações. Quanto a 15 de novembro, data escolhida pelo monarca para divulgar o tratado, era o dia de São Leopoldo da Áustria, padroeiro daquele país e santo onomástico da nora.

Após tudo acertado, d. João, no Palácio de Mafra, respondeu ao filho em 18 de novembro:

> [...] Na conformidade do que me pedes, ratifiquei o tratado, tu não desconheces quantos sacrifícios por ti tenho feito, sê grato e trabalha também de tua parte para cimentar a recíproca felicidade destes povos que a Divina Providência confiou ao Meu cuidado, e nisto darás um grande prazer a este Pai que tanto te ama e a Sua bênção te deita.[102]

Conclusão

AS COMEMORAÇÕES dos brasileiros pelo tratado de reconhecimento de sua Independência seriam breves. Na ocasião em que o documento foi publicado, foi dado ao conhecimento da nação apenas o tratado em si, e não a Convenção Adicional ao Tratado de Amizade e Aliança.

Num dos trechos da carta escrita por d. Pedro ao pai em 3 de setembro de 1825, ele tocava no assunto sobre a ratificação dessa convenção:

> [...] Sobre indenizações, na qual foi acordado dar o Brasil, na forma nela expressada, 2 milhões de libras esterlinas, de cuja soma Vossa Majestade poderá tirar já para si, por indenização das suas propriedades, a quantia de £250 mil, pois Gameiro já tem ordem para as pôr à disposição de Vossa Majestade e, quando Vossa Majestade julgue pouco a soma, pode reclamar, na forma da citada convenção, o que espero não tenha lugar, atenta a generosidade de Vossa Majestade.[1]

Em 1826, com a reabertura da Assembleia Geral, fechada desde 1823, foi necessário submeter aos deputados e senadores do Império a convenção secreta, pois dependia da discussão dos representantes do povo o ordenamento de como deveriam ser cumpridas as indenizações. Desde 1822, Portugal já dava mostras de que pretendia um ressarcimento pelas suas perdas. Stuart viera também para resolver essa questão, que constava na convenção secreta, pela qual o Brasil teria que pagar a Portugal 2 milhões de libras esterlinas.

Uma das alegações era que grande parte dos empréstimos tomados em Londres entre 1822 e 1823, e que haviam endividado Portugal, era para pagar a dívida interna brasileira enquanto o Brasil foi sede da corte. Com o país independente, não era justo, do ponto de vista português, que a antiga metrópole arcasse sozinha com esse pagamento. Além da dívida pública contraída por Portugal, este também exigia diversas outras indenizações, como:

1 – Indenização pelas embarcações portuguesas aprisionadas pelos brasileiros.

2 – Dote das infantas, irmãs de d. Pedro, que se casaram na Espanha em 1816.

3 – Dívida contraída com o Banco de Lisboa.

4 – Dívida antiga consolidada.

5 – Dívida antiga flutuante.

6 – Indenização aos donatários de várias províncias do Brasil.

7 – Indenização aos proprietários de ofício que, em razão dos seus empregos, acompanharam d. João VI.

8 – Indenização pelas propriedades particulares de d. João VI no Brasil.

Além disso, também eram passadas para o Estado brasileiro todas as propriedades da nação portuguesa aqui, incluindo a Real Biblioteca, que daria origem à Biblioteca Nacional.

As discussões a respeito de todas essas cobranças por parte dos portugueses incendiariam a Câmara e o Senado, não apenas ao longo de 1826, mas durante vários anos. De pronto, os brasileiros passaram a contestar algumas das cobranças, como os dotes das filhas de d. João VI. A questão indenizatória, que não existiu em outras nações que se libertaram de suas antigas metrópoles, como os Estados Unidos, perduraria até 11 de janeiro de 1843. Foi só então que, pelo Decreto nº 265, era aprovada e ratificada por d. Pedro II a convenção entre Portugal e o Brasil relativa aos ajustes de contas pendentes entre as duas nações.

No final do processo da Independência, tínhamos um tratado internacional em que o povo, junto com sua vontade de escolher seu governante, era suprimido do documento. A soberania conquistada passava a ser uma soberania cedida por um rei que estava fora do país e que não mandava nele já fazia mais de quatro anos, e tudo, no final, se resumiria a dinheiro.

Essa dívida assumida pelo Brasil seria mais uma de sua longa história com Portugal. No início da década de 1660, o território americano teve que cobrir parte dos custos da indenização à Holanda, de 8 milhões de florins, o equivalente a 63 toneladas de ouro. A indenização dizia respeito às perdas sofridas pelos holandeses no Brasil após terem sido obrigados a abandonar suas possessões pelo nascente Exército brasileiro. Na realidade, os holandeses ameaçaram Lisboa caso essa indenização não fosse paga e chegaram a bloquear seu porto. Na mesma época, o Brasil teve que ajudar no dote para o casamento de d. Catarina de Bragança, filha de d. João IV que se casou com o rei da Inglaterra, Carlos II, em 1662. Os dois novos tributos perdurariam por décadas, juntando-se a eles novos valores de outros casamentos realizados pela casa de Bragança. Em 1775, devido ao terremoto que destruiu Lisboa, o Brasil arcaria com uma nova taxa, dessa vez para a reconstrução da capital da metrópole. O país também assumiu parte do valor gasto na Guerra Peninsular, que expulsou os franceses de Portugal, e, por fim, pagou pela própria Independência, mesmo que, contra o Brasil, a nação europeia nada pudesse fazer além de tentar impedir os outros países de nos reconhecerem.

A nova elite política brasileira emergente no pós-Independência, que passou a ter acesso a postos antes negados nas Forças Armadas e na administração pública, deu seu aval a essa indenização, como os administradores coloniais antes deles haviam feito. Se a elite era relativamente nova em alguns aspectos, por outro lado, era formada em grande parte por latifundiários defensores do trabalho escravo que deram seu apoio ao movimento da Independência. Essa classe social, ciosa dos seus privilégios de nascimento e econômicos, iria ditar as próximas décadas da nossa história, sem a participação totalmente consciente do povo no processo. Este, muitas vezes, ao invés de ser protagonista, seria levado a se bater por guerras e revoluções que não eram realmente suas, mas dessas elites.

Como bem lembraria a historiadora Isabel Lustosa, em 1822 o "povo mal ouviu falar da Independência porque esse tipo de assunto não lhe dizia respeito. Afinal, o chicote que cortava as costas das vítimas da escravidão não se tornaria menos violento se o Brasil fosse independente".[2] Era o mesmo espírito da Revolução Pernambucana e, antes dela, da Inconfidência Mineira. As ideias da igualdade entre os homens e seus direitos não eram para todos os homens, não eram para todos os direitos e, na verdade, não haveria na prática nenhuma igualdade.

O povo que, em 15 de novembro de 1889, nas palavras do jornalista Aristides Lobo, assistiu à queda da Monarquia "bestializado, atônito, surpreso, sem conhecer o que significava",[3] trazia o mesmo espírito das pessoas que podem ter testemunhado um príncipe no Ipiranga, em 7 de setembro de 1822, como meros espectadores. Tratava-se de um povo que agia como mero coadjuvante e que ainda hoje busca entender melhor sua própria história e seu papel nela.

Agradecimentos

ANTES DE tudo, agradeço a Adriana Moura, minha companheira, sem a qual este livro não teria sido possível. Também a Cláudia Thomé Witte e António Cerveira de Moura, pela leitura atenta e seus comentários e correções mais que pertinentes. A toda a equipe do Museu Imperial, a quem sempre tenho uma dívida de gratidão imensa, sobretudo a Ana Luísa Alonso Camargo e Aline Maller Ribeiro, do setor de Museologia. Também gostaria de deixar registrado meu agradecimento a todas as pessoas que se comunicam comigo pelas minhas redes sociais e me mandam suas dúvidas. Este livro, em grande parte, foi construído buscando respostas para essas perguntas, que acabaram virando minhas também.

Notas

Parte I: Uma terra chamada Brasil

1 CALMON, *D. Pedro I, proclamações, cartas, artigos de imprensa*, 1973, p. 117-8.

2 DEL PRIORE; VENANCIO, *Uma breve história do Brasil*, 2010, p. 25.

3 Entre portugueses, africanos escravizados e indígenas aculturados, excluindo os demais indígenas.

4 FURTADO, *Formação econômica do Brasil*, 1959, p. 93.

5 FIGUEIREDO, Lucas. *Boa ventura!*, 2011.

6 RICUPERO, O estabelecimento do exclusivo comercial metropolitano e a conformação do antigo sistema colonial no Brasil, 2016, p. 6.

7 SILVA, *Colleção da legislação portuguesa*, 1828, p. 233 apud VIANNA, O império luso-brasileiro em perspectiva, 2020, p. 4.

8 Apud CALDEIRA, *Brasil*, 2008, p. 269-70.

9 Arquivo Nacional, códice 439, folhas 27-8. Disponível em: http://historiacolonial. arquivonacional.gov.br/index.php?option=com_content&view=article&id=3674& catid=145&Itemid=286#:~:text=Essa%20repress%C3%A3o%20culminou%20com%20 a,e%20para%20vestu%C3%A1rio%20dos%20escravos. Acesso em: 1 fev. 2022.

10 FAUSTO, *História do Brasil*, 2006, p. 111.

11 NOGINO, *A educação no período colonial brasileiro no século XVIII*, 2010, p. 27.

12 Apud PAPAVERO, Gentílicos derivados de "Brasil" e o "Português de torna-viagem" em fontes portuguesas dos séculos XVI, XVII e XVIII, 2019, p. 49.

13 Apud ibidem, p. 50.

14 Apud ibidem, p. 60.

15 *Declaração de Independência dos Estados Unidos da América.* Disponível em: http://www.uel.br/pessoal/jneto/gradua/historia/recdida/declaraindepeEUAHISJNeto.pdf. Acesso em: 3 fev. 2022.

16 CALMON, *D. Pedro I, proclamações, cartas, artigos de imprensa*, 1973, p. 129.

17 CALMON, *D. Pedro I, proclamações, cartas, artigos de imprensa*, 1973, p. 118.

18 JEFFERSON, 1953 apud MAXWELL, *Conjuração mineira: novos aspectos*, 1989, p. 8.

19 DEL PRIORE; VENANCIO, *Uma breve história do Brasil*, 2010, p. 149.

Parte II: A construção do Estado

1 REZZUTTI, *D. Pedro I, a história não contada*, 2015, p. 48.

2 OLIVEIRA LIMA, *D. João VI no Brasil*, 1908, p. 38.

3 MORAIS, *História da trasladação da corte portuguesa para o Brasil*, 1872, p. 53 apud REZZUTTI, *D. Pedro, a história não contada*, 2015, p. 55.

4 FRONTEIRA, *Memórias do marquês de Fronteira e d'Alorna D. José Trazimundo Mascarenhas Barreto*, 1928, p. 31.

5 GOMES, *1808*, 2007, p. 211.

6 HOLANDA, *História geral da civilização brasileira*, 1976, tomo II, v. 1, p. 13.

7 FLEIUSS, *História administrativa do Brasil*, 1925, p. 68.

8 CASTRO, *Collecção dos tratados, convenções, contratos e actos públicos...*, 1856, p. 274-5.

9 NEVES; MACHADO, *O Império do Brasil*, 1999, p. 32.

10 PORTO ALEGRE apud PRADO, *Thomas Ender*, 1955, p. 100.

11 DANTAS, *A casa do imperador*, 2007, p. 17.

12 Físico era um termo usado para médico. O físico-mor, maior cargo da hierarquia médica em Portugal, tinha a função de delinear políticas oficiais de saúde.

13 MEIRELLES, *A família real no Brasil*, 2015, p. 12.

14 NEVES; MACHADO, *O Império do Brasil*, 1999, p. 41.

15 ARMITAGE, *História do Brasil*, 1972, p. 9.

16 BENTIVOGLIO, Palacianos e aulicismo no Segundo Reinado, 2010, p. 190.

17 SILVA, *Primeira invasão francesa 1807-1808*, 2012, p. 6.

18 KANN; LIMA, *Cartas de uma imperatriz*, 2006, p. 215.

19 Apud MEIRELLES, *A família real no Brasil*, 2015, p. 45.

20 MENCK, *O constitucionalismo e o fim do absolutismo régio*, 2020, p. 90.

21 Ofício secretíssimo do marquês de Aguiar ao marquês estribeiro-mor, em 15 de março de 1816, apud MONTEIRO, *História do Império*, 1981, v. 1, p. 157.

22 Arquivo do Museu Imperial - II-POB-[1826]-L.B.-dc.

23 SIERRA Y MARISCAL, *Ideias gerais sobre a Revolução do Brasil e suas consequências*, 1931 apud LYRA, *A utopia do poderoso império*, 1994, p. 165.

24 Carta de Luís Joaquim dos Santos Marrocos a seu pai, 28 maio 1816 apud OLIVEIRA LIMA, *D. João VI no Brasil*, 1908, p. 951.

25 CASTRO, Servir e celebrar o rei, 2014, p. 15.

26 HERMANN, *O rei da América*, 2007, p. 146.

27 OLIVEIRA LIMA, *D. João VI no Brasil*, 1908, p. 994.

28 WITTE, *Etiqueta da corte e rituais de aparato no período joanino brasileiro*, 2015 (No prelo).

29 MENCK, *O constitucionalismo e o fim do absolutismo régio*, p. 68-9.

30 FURTADO, *Formação econômica do Brasil*, 2005, p. 47.

31 LYRA, *A utopia do poderoso império*, 1994, p. 151-4.

32 Apud AZEVEDO, *Portugal e Brasil dos Afonsinos aos Braganças*, 2008, p. 367.

33 *DOCUMENTOS para a história das Cortes Gerais da nação portuguesa*, 1883, p. 9-10.

34 Ibidem, p. 16.

35 Disponível em: https://www2.senado.leg.br/bdsf/bitstream/handle/id/518749/000144211. pdf. Acesso em: 11 abr. 2022.

36 O título viria a ser elevado a marquês e, posteriormente, duque de Palmela.

37 KANN; LIMA, *Cartas de uma imperatriz*, 2006, p. 372.

38 VARNHAGEN, *História da Independência do Brasil*, 2010, p. 50.

39 *COLEÇÃO das Leis do Brasil de 1821*, parte II, 1889, p. 22.

40 PINHEIRO FERREIRA, Memórias e cartas biográficas, 1877, p. 270-1.

41 Arquivo Histórico do Museu Imperial. I-POB-09.01.1822-PI.B.c 1-7.

42 LIMA, *Cartas de d. Pedro I a d. João VI relativas à Independência do Brasil*, 1941, p. 20-1.

43 SOUSA, *José Bonifácio*, 2015, p. 116.

44 LIMA, *Cartas de d. Pedro I a d. João VI relativas à Independência do Brasil*, 1941, p. 30.

45 LUSTOSA, *D. Pedro I*, 2006, p. 118.

46 Carta a sua irmã Maria Luísa. *In*: KANN; LIMA, *Cartas de uma imperatriz*, 2006, p. 381.

47 LUSTOSA, *D. Pedro I*, 2006, p. 119.

48 KANN; LIMA, *Cartas de uma imperatriz*, 2006, p. 399.

49 *A IMPERATRIZ Maria Leopoldina*, 1926, p. 129.

50 MORAIS, *História do Brasil Reino e do Brasil Império*, 1982, p. 96.

51 Ibidem, p. 88.

52 *A IMPERATRIZ Maria Leopoldina*, 1926, p. 130.

53 MORAIS, *História do Brasil-Reino e Brasil-Império*, 1871, p. 98-9.

54 LUSTOSA, *D. Pedro I*, 2006, p. 124.

Parte III: A Independência

1 LIMA, *Cartas de d. Pedro I a d. João VI relativas à Independência do Brasil*, 1941, p. 45.

2 MONTEIRO. *História do Império*, 1981, v. 1, p. 416.

3 GRAHAM, *Escorço biográfico de dom Pedro I*, 2010, p. 71-2.

4 *DOCUMENTOS para a história da Independência*, 1923, p. 371.

5 CALMON, *D. Pedro I, proclamações, cartas, artigos de imprensa*, 1973, p. 275.

6 GALVÃO, *O púlpito no Brasil*, 1922, p. 136.

7 *COLEÇÃO das Leis do Brasil de 1822*, 1889, parte II, p. 6.

8 Apontamentos de Estêvão Ribeiro de Resende, marquês de Valença, *Anais do Museu Paulista* apud SACRAMENTO, *Da Corte, passando por Barbacena e São Francisco da Onça, até a Vila de São João Del-Rei*, [201-], p. 3, nota 13.

9 KANN; LIMA, *Cartas de uma imperatriz*, 2006, p. 406.

10 Apud FRANCHINI, *Independência e morte*, 2019, p. 198.

11 CALMON, *D. Pedro I, proclamações, cartas, artigos de imprensa*, 1973, p. 113.

12 Ibidem, p. 117-34.

13 Ibidem, p. 133-4.

14 *The Courier*, 14 de setembro de 1822 apud REZZUTTI, *D. Pedro, a história não contada*, 2015, p. 142.

15 *Correspondência oficial do duque de Palmela* apud PEREIRA, *D. João VI, príncipe e rei*, 1956, p. 340, nota 3.

16 ROMEIRO, 1915 apud PASIN, *A jornada da Independência*, 2002, p. 24.

17 PASIN, *A jornada da Independência*, 2002, p. 11.

18 PASIN, *A jornada da Independência*, 2002, p. 29.

19 ZALUAR, *Peregrinação à província de São Paulo*, 1943, p. 89.

20 GURGEL, Notas sobre o príncipe dom Pedro, 1923, p. 377.

21 GURGEL, op. cit., p. 376.

22 CANTO E MELO, *Memórias sobre a declaração da Independência*, 1878, p. 337.

23 *Correio Paulistano*, 23 dez. 1934, p. 2.

24 KANN; LIMA, *Cartas de uma imperatriz*, 2006, p. 400.

25 Ibidem, p. 405.

26 Idem.

27 OBERACKER, *A imperatriz Leopoldina*, 1973, p. 274.

28 MORAIS, *História do Brasil-Reino e do Brasil-Império*, 1871, tomo I, p. 384.

29 LOPES, Leopoldina nos bastidores do grito, 1998, p. 88.

30 DRUMMOND, Anotações de A. M. V. de Drummond à sua biografia, 1885-6, p. 40.

31 CELLIEZ apud OBERACKER, op. cit., p. 375.

32 OBERACKER, *O Grito do Ipiranga*, 1972, p. 446-7.

33 Ibidem, p. 444-5.

34 PEIXOTO, *Duas palavras sobre d. Pedro I na época da Independência*, 1893, p. 11.

35 Sobre essa questão, ver: OBERACKER, *O Grito do Ipiranga*, 1972.

36 TAUNAY, *A história da cidade de São Paulo*, 2004, p. 239.

37 OBERACKER, *O movimento autonomista no Brasil*, 1977, p. 298.

38 Idem.

39 Ibidem, p. 299.

40 Vigia.

41 OBERACKER, *O movimento autonomista no Brasil*, 1977, p. 300.

42 Ibidem, p. 303-4.

43 CANTO E MELO, Memórias sobre a declaração da Independência, 1878, p. 339.

44 Ibidem, p. 279-80.

45 OBERACKER, *O movimento autonomista no Brasil*, 1977, p. 333.

46 CINTRA, *Brasil Reino e Brasil Império*, 1945, p. 280.

47 Idem.

48 OBERACKER, *O movimento autonomista no Brasil*, 1977, p. 335-6.

49 CINTRA, *Brasil Reino e Brasil Império*, 1945, p. 281.

50 Carta do Barão de Iguape a Francisco de Castro Canto e Melo. Arquivo Histórico, Museu Imperial, Maço 135, doc. 6612.

51 CANTO E MELO, Memórias sobre a declaração da Independência, 1878, p. 343.

52   *D. PEDRO e D. Leopoldina perante a História*, 1972, p. 312-3.

53   SILVA, *Memórias*, 1959, p. 54.

54   DRUMMOND, Anotações de A. M. V. de Drummond à sua biografia, 1885-6, p. 42.

55   *COLEÇÃO das Leis do Brasil de 1822*, 1889, p. 47.

56   Ibidem, p. 46.

57   LIMA, *Cartas de d. Pedro I a d. João VI relativas à Independência do Brasil*, 1941, p. 75, nota.

58   Arquivo Histórico do Museu Imperial: II-POB-22.09.1822-PI.B.c 1-2.

59   Alguns livros dão a data de 20 de agosto, colocando a Maçonaria adiante de todos os fatos, inclusive da chegada das notícias de Lisboa e da reunião do Conselho de Estado. A confusão dá-se pela forma da contagem do tempo para os maçons. A ata é datada do "20º dia do 6º Mês da Verdadeira Luz, 5822". Pelo Calendário Maçônico Gregoriano, cujo ano tem início em 21 de março, o vigésimo dia do sexto mês é 9 de setembro. Pelo Rito Francês e Moderno, o calendário maçônico tem início em 1º de março, o que faria essa data ser 20 de agosto. Como a criação do Grande Oriente do Brasil ocorreu nos "28 dias do terceiro mês do ano da Verdadeira Luz de 5822", sendo registrado no calendário convencional que essa data é 17 de junho de 1822, o calendário usado nesse período era o Maçônico Gregoriano, e não o do Rito Moderno.

60   RODRIGUES, *Independência*, 1975-6, v. 1, p. 260.

61   Apud RODRIGUES, *Independência*, 1975-6, v. 1, p. 261.

62   OLIVEIRA LIMA, *O movimento da Independência*, 2019, p. 340.

63   WEBSTER apud SOUSA, *A vida de d. Pedro I*, 1952, p. 452.

64   SOUSA, *A vida de d. Pedro I*, 1952, p. 455.

65   RODRIGUES, *Independência*, 1975-6, v. 1, p. 257-8.

66   Ibidem, p. 258.

67   *FALAS do trono*, 2019, p. 37.

68   KRAAY, A invenção do Sete de Setembro, 2010, p. 54.

69   RODRIGUES, *Independência*, v. 1, 1975-6, p. 265.

70   Apud RODRIGUES, *Independência*, 1975-6, v. 1, p. 260.

71   RODRIGUES, *Independência*, 1975-6, v. 1, p. 269.

72   Ibidem, p. 271.

73   SOUSA, *A vida de d. Pedro I*, 1952, p. 493.

74   *COLEÇÃO das Leis do Brasil de 1822*, 1889, parte II, p. 83.

75   CALMON, *D. Pedro I, proclamações, cartas, artigos de imprensa*, 1973, p. 99.

76   LIMA, *Cartas de d. Pedro I a d. João VI relativas à Independência do Brasil*, 1941, p. 68.

77   GRAHAM, *Diário de uma viagem ao Brasil*, 1956, p. 330.

78   OBERACKER, *A imperatriz Leopoldina*, 1973, p. 33.

79   REZZUTTI, *D. Leopoldina, a história não contada*, 2017, p. 229.

80   Para saber mais sobre o assunto, ver: GUERRA FILHO, Sérgio A. D. *O povo e a guerra*: participação das camadas populares nas lutas pela Independência do Brasil na Bahia. Orientador: Lina Maria Brandão de Aras. 2004. Dissertação (Mestrado em História Social) – Faculdade de Filosofia e Ciências Humanas, Universidade Federal da Bahia, Salvador. Disponível em: http://portal2dejulho.ffch.ufba.br/wp/wp-content/uploads/2020/01/dissertacao_SAGF.pdf. Acesso em: 31 mar. 2022.

81 CONSTITUINTE de 1823 assinala o início do processo legislativo, 2013. Disponível em: http://www12.senado.leg.br/noticias/materias/2013/08/07/constituinte-de-1823-assinala-o-inicio-do-legislativo. Acesso em: 22 mar. 2022; ESTATÍSTICAS históricas do Brasil: séries econômicas, demográficas e sociais de 1550 a 1988. IBGE: Rio de Janeiro, 1990. Disponível em: https://biblioteca.ibge.gov.br/visualizacao/livros/liv21431.pdf. Acesso em: 22 mar. 2022.

82 *FALAS do trono*, 2019, p. 38.

83 Idem.

84 Arquivo Histórico do Museu Imperial: I-POB-1823-PI.B.fa.

85 Ibidem.

86 *ANAIS do Parlamento Brasileiro, Assembleia Constituinte 1823*, 1874, tomo 2, p. 86.

87 CALMON, *D. Pedro I, proclamações, cartas, artigos de imprensa*, 1973, p. 177-9.

88 MONTEIRO, Tobias. *História do Império*: elaboração da Independência, 1981, p. 764-5.

89 *FALAS do trono*, 2019, p. 52.

90 OLIVEIRA LIMA, *O Império brasileiro*, 1989, p. 17.

91 COSTA, *As quatro coroas de D. Pedro I*, 1995, p. 315.

92 MACAULAY, *Dom Pedro I*, 1993, p. 188.

93 KANN; LIMA, *Cartas de uma imperatriz*, 2006, p. 414.

94 Ibidem, pp. 417-8.

95 Ibidem, p. 419.

96 Arquivo Histórico do Museu Imperial. II-POB-15.07.1824-PI.B.c (d1).

97 Arquivo Histórico do Museu Imperial: II POB 00.02.1824 p PI.B.c 1-3.

98 Idem.

99 CASTRO, *Coleção dos tratados, convenções, contratos e atos públicos*, 1857, p. 504.

100 SOUSA, *Fatos e personagens em torno de um regime*, 1988, p. 177.

101 Arquivo Histórico do Museu Imperial Id.I-POB-03.09.1825-PI.B.c.

102 Arquivo Histórico do Museu Imperial. Maço LIV – doc. 2994.

Conclusão

1 Arquivo Histórico do Museu Imperial Id.I-POB-03.09.1825-PI.B.c

2 LUSTOSA, Em 1822, o povo mal ouviu falar da Independência do Brasil, 2021.

3 *Diário Popular*, 18 de novembro de 1889.

Bibliografia

A IMPERATRIZ Maria Leopoldina: documentos interessantes publicados para comemorar o primeiro centenário de sua morte, ocorrida no dia 11 de dezembro de 1826. Rio de Janeiro: Arquivo Nacional, 1926.

AMARAL, Antonio Barreto do. *Dicionário de história de São Paulo*. São Paulo: Governo do Estado, 1980. Coleção Paulística, 19.

ANAIS do Parlamento Brasileiro, Assembleia Constituinte 1823. 6 v. Rio de Janeiro: Imperial Instituto Artístico, 1874.

ARMITAGE, João. *História do Brasil*: desde o período da chegada da família de Bragança até a abdicação de d. Pedro I, em 1831, compilada à vista dos documentos públicos e outras fontes originais formando uma continuação da História do Brasil de Southey. São Paulo: Martins, 1972.

AZEVEDO, Jorge Duarte de. *Portugal & Brasil dos Afonsinos aos Braganças*: origens, governos, leis e justiça. Brasília: Senado Federal, 2008.

BANDECCHI, Brasil. *A Bucha, a Maçonaria e o espírito liberal*. São Paulo: Parma, 1982.

BARATA, Alexandre Mansur. "Nos traços do esquadro e do compasso": a sociabilidade maçônica no mundo luso-brasileiro (1790-1822). *In*: XXII Simpósio Nacional de História, João Pessoa, 2003.

Disponível em: https://anpuh.org.br/uploads/anais-simposios/pdf/2019-01/1548177545_bc6aa6a6c527ebd6aa7efd963c016c1e.pdf. Acesso em: 14 mar. 2022.

BARREIROS, Eduardo Canabrava. *Itinerário da Independência*. Rio de Janeiro: José Olympio, 1972.

BENTIVOGLIO, Julio. Palacianos e aulicismo no Segundo Reinado: a facção áulica de Aureliano Coutinho e os bastidores da corte de d. Pedro II. *Revista Esboços*, Espírito Santo, v. 17, n. 23, p. 187-221, 2010. Disponível em: https://periodicos.ufsc.br/index.php/esbocos/article/view/2175-7976.2010v17n23p187/17598. Acesso em: 8 mar. 2022.

BOAVENTURA, Edivaldo M. A educação brasileira no período joanino. *In*: BOAVENTURA, Edivaldo M.*A construção da universidade baiana*: objetivos, missões e afrodescendência [on-line]. Salvador: EDUFBA, 2009. P. 129-41. Disponível em: https://books.scielo.org/id/4r/pdf/boaventura-9788523208936-08.pdf. Acesso em: 22 fev. 2022.

BOXER, Charles Ralph. *A idade do ouro no Brasil*: dores de crescimento de uma sociedade colonial. São Paulo: Ed. Nacional, 1969. Brasiliana 341.

CALDEIRA, Jorge (org.). *Brasil*: a história contada por quem viu. São Paulo: Mameluco, 2008.

CALMON, Pedro (org.). *D. Pedro I, proclamações, cartas, artigos de imprensa*. Rio de Janeiro: Imprensa Nacional, 1973.

CANTO E MELO, Francisco de Castro. Memórias sobre a declaração da Independência. *Revista do IHGB*, tomo 41, segunda parte, 1878.

CARVALHO, Amanda Lima dos Santos. A transferência da família real portuguesa e a introdução do discurso higienista no Rio de Janeiro oitocentista. *Anais Enanpur*, v. 16, n. 1, 2015. Disponível em: https://anais.anpur.org.br/index.php/anaisenanpur/article/view/2068/2047. Acesso em: 22 fev. 2022.

CASTRO, Giovanna Milanez de. Servir e celebrar o rei: o cerimonial de aclamação de d. João VI e a Casa Real Portuguesa no Rio de Janeiro. *In*: Anais eletrônicos do XXII Encontro Estadual de História da ANPUH-SP, Santos, 1 a 4 de setembro de 2014. Disponível em: http://www.encontro2014.sp.anpuh.org/resources/anais/29/1406685128_ARQUIVO_ApresentacaoSTGiovannaMilanezdeCastro.pdf. Acesso em: 7 abr. 2022.

CASTRO, José Ferreira Borges de (coord.). *Collecção dos tratados, convenções, contratos e actos públicos celebrados entre a Coroa de Portugal e as mais potências desde 1610 até ao presente*. Tomo III. Lisboa: Imprensa Nacional, 1856. Disponível em: https://www. google.com.br/books/edition/Collec%C3%A7%C3%A3o_dos_ tratados_conven%C3%A7%C3%B5es_co/AXQIAAAAQAAJ. Acesso em: 23 fev. 2022.

CASTRO, José Ferreira Borges de (org.). *Coleção dos tratados, convenções, contratos e atos públicos celebrados entre a Coroa de Portugal e as mais potências desde 1640 até ao presente*. Tomo V. Lisboa: Imprensa Nacional, 1857.

CINTRA, Assis. *Brasil Reino e Brasil Império*. São Paulo: Renascença, 1945.

COLEÇÃO das Leis do Brasil de 1821. Parte II. Rio de Janeiro: Imprensa Nacional, 1889.

COLEÇÃO das Leis do Brasil de 1822. Partes I e II. Rio de Janeiro: Imprensa Nacional, 1889.

CORREIA, Jonas. *Símbolos nacionais na Independência*. [*S.l.: s.n.*], 1994.

COSTA, Cel. António José Pereira da. Conspirou? Sim, mas... *Revista Militar*, n. 2605/2606, Lisboa, fev.-mar. 2019. Disponível em: https:// www.revistamilitar.pt/artigo/1414. Acesso em: 11 mar. 2022.

COSTA, Sérgio Corrêa da. *As quatro coroas de d. Pedro I*. Rio de Janeiro: Paz e Terra, 1995.

COTRIM, Cássio Ramiro Mohallem. *Villa de Paraty*. Rio de Janeiro: Capivara, 2012.

D. PEDRO e D. Leopoldina perante a História: vultos e fatos da Independência. São Paulo: IHGSP, 1972.

DANTAS, Regina Maria Macedo Costa. *A casa do imperador*: do Paço de São Cristóvão ao Museu Nacional. Orientador: Regina Abreu. 2007. Dissertação (Mestrado em Memória Social) – Universidade Federal do Rio de Janeiro, Rio de Janeiro. Disponível em: http://www. memoriasocial.pro.br/documentos/Disserta%C3%A7%C3%B5es/ Diss210.pdf. Acesso em: 22 fev. 2022.

DEL PRIORE, Mary; VENANCIO, Renato. *Uma breve história do Brasil*. São Paulo: Planeta, 2010.

DOCUMENTOS *para a história da Independência.* Rio de Janeiro: Biblioteca Nacional, 1923.

DOCUMENTOS *para a história das Cortes Gerais da nação portuguesa.* Tomo I: 1820-1825. [*S.l.: s.n.*], 1883.

DRUMMOND, A. M. V. Anotações de A. M. V. de Drummond à sua biografia. *Anais da Biblioteca Nacional do Rio de Janeiro*, Rio de Janeiro: Leuzinger e Filhos, v. 13, 3ª parte, 1885-1886.

FALAS *do trono: desde o ano de 1823 até o ano de 1889.* Brasília: Senado Federal, 2019.

FAUSTO, Boris. *História do Brasil.* 12. ed. São Paulo: Edusp, 2006.

FERREIRA, Letícia dos Santos. *É pedido, não tributo*: o donativo para o casamento de Catarina de Bragança e a paz de Holanda (Portugal e Brasil c.1660-c.1725). Orientador: Rodrigo Bentes Monteiro. 2014. Tese (Doutorado em História) – Instituto de Ciências Humanas e Filosofia, Universidade Federal Fluminense, Niterói. Disponível em: https://www.historia.uff.br/stricto/td/1597.pdf. Acesso em: 1 abr. 2022.

FIGUEIREDO, Lucas. *Boa ventura!*: a corrida do ouro no Brasil. 3. ed. Rio de Janeiro: Record, 2011.

FLEIUSS, Max. *História administrativa do Brasil.* 2. ed. São Paulo: Melhoramentos, 1925.

FRANCHINI NETO, Helio. *Independência e morte*: política e guerra na emancipação do Brasil (1821-1823). Rio de Janeiro: Topbooks, 2019.

FRONTEIRA, 7º Marquês de. *Memórias do marquês de Fronteira e d'Alorna D. José Trazimundo Mascarenhas Barreto*: ditadas por ele próprio em 1861. Tomo I. Rev. e coord. por Ernesto de Campos de Andrada. Coimbra: Imprensa da Universidade, 1928. Disponível em: https://purl.pt/12114. Acesso em: 25 fev. 2022.

FURTADO, Celso. *Formação econômica do Brasil.* Rio de Janeiro: Fundo de Cultura, 1959.

FURTADO, Celso. *Formação econômica do Brasil.* São Paulo: Nacional, 2005.

GALVÃO, Ramiz. O púlpito no Brasil. *Revista do Instituto Histórico e Geográfico Brasileiro*, v. 92, n. 146, p. 9-160, 1922.

GARCIA, Rodolfo. *Ensaio sobre a história política e administrativa do Brasil*. Rio de Janeiro: José Olympio, 1956.

GASPAR, Tarcísio de Souza. Derrama, boatos e historiografia: o problema da revolta popular na Inconfidência Mineira. *Topoi*, v. 11, n. 21, jul.-dez. 2010, p. 51-73. Disponível em: https://www.scielo.br/j/topoi/a/jStrwgGFM6HjxTzS3jLB4dq/?format=pdf&lang=pt. Acesso em: 3 fev. 2022.

GOMES, Laurentino. *1808*: como uma rainha louca, um príncipe medroso e uma corte corrupta enganaram Napoleão e mudaram a História de Portugal e do Brasil. São Paulo: Planeta, 2007.

GRAHAM, Maria Dundas. *Diário de uma viagem ao Brasil*: e de uma estada nesse país durante parte dos anos 1821, 1822, 1823. São Paulo: Ed. Nacional, 1956.

GRAHAM, Maria Dundas. *Escorço biográfico de dom Pedro I*. Rio de Janeiro: Fundação Biblioteca Nacional, 2010.

GUERRA Filho, Sérgio A. D. *O povo e a guerra*: participação das camadas populares nas lutas pela Independência do Brasil na Bahia. Orientador: Lina Maria Brandão de Aras. 2004. Dissertação (Mestrado em História Social) – Faculdade de Filosofia e Ciências Humanas, Universidade Federal da Bahia, Salvador. Disponível em: http://portal2dejulho.ffch.ufba.br/wp/wp-content/uploads/2020/01/dissertacao_SAGF.pdf. Acesso em: 26 mar. 2022.

GUIMARÃES, A. C. D'Araújo. *A corte no Brasil*. Porto Alegre: Globo, 1936.

GURGEL, Leôncio do Amaral. Notas sobre o príncipe dom Pedro. *Revista do Instituto Histórico e Geográfico de São Paulo*, v. 23, 1923.

HERMANN, Jaqueline. O rei da América: notas sobre a aclamação tardia de d. João VI no Brasil. *Topoi*, v. 8, n. 15, p. 124-58, jul.-dez. 2007. Disponível em: https://www.scielo.br/j/topoi/a/ww7Zd99 3XrXfZp8mnQYWdNK/?format=pdf&lang=pt. Acesso em: 10 mar. 2022.

HOLANDA, Sérgio Buarque de (org.). *História geral da civilização brasileira*. 4. ed. São Paulo: Difel, 1976.

KANN, Bettina; LIMA, Patrícia Souza. *Cartas de uma imperatriz*. São Paulo: Estação Liberdade, 2006.

KRAAY, Hendrik. A invenção do Sete de Setembro, 1822-1831. *Almanack Braziliense*, São Paulo, n. 11, p. 52-61, maio 2010.

KRAAY, Hendrik. Em outra coisa não falavam os pardos, cabras, e crioulos: o "recrutamento" de escravos na guerra da Independência na Bahia. *Revista Brasileira de História*, São Paulo, v. 22, n. 43, p. 109-126, 2002. Disponível em: https://www.scielo.br/j/rbh/a/gzWDrtc mgTZYvJCTJD6JqQF/?lang=pt. Acesso em: 29 mar. 2022.

LIMA Júnior, Augusto de (org.). *Cartas de d. Pedro I a d. João VI relativas à Independência do Brasil*. Rio de Janeiro: Jornal do Commercio, 1941.

LINDLEY, Thomas. *Narrativa de uma viagem ao Brasil*. São Paulo: Nacional, 1969. Brasiliana 343.

LOPES, Claudio Fragata. Leopoldina nos bastidores do grito. *Revista Galileu*, ed. Globo, ano 8, n. 86, p. 87-96, set. 1998.

LUSTOSA, Isabel. *D. Pedro I*: um herói sem nenhum caráter. São Paulo: Companhia das Letras, 2006.

LUSTOSA, Isabel. Em 1822, o povo mal ouviu falar da Independência do Brasil. *Folha de S. Paulo*, 9 out. 2021. Disponível em: https://www1.folha.uol.com.br/ilustrissima/2021/10/em-1822-o-povo--mal-ouviu-falar-da-independencia-do-brasil.shtml. Acesso em: 19 mar. 2022.

LYRA, Maria de Lourdes Viana. *A utopia do poderoso império*: Portugal e Brasil: bastidores da política 1798-1822. Rio de Janeiro: Sette Letras, 1994.

LYRA, Maria de Lourdes Viana. Memória da Independência: marcos e representações simbólicas. *Revista Brasileira de História*, São Paulo, v. 15, n. 29, p. 173-206, 1995.

LYRA, Maria de Lourdes Viana. *O império em construção*: Primeiro Reinado e Regências. São Paulo: Atual, 2000.

MACAULAY, Neill. *Dom Pedro I*. Rio de Janeiro: Record, 1993.

MALERBA, Jurandir. *A corte no exílio*: civilização e poder no Brasil às vésperas da Independência (1808 a 1821). São Paulo: Companhia das Letras, 2000.

MAXWELL, Kenneth. Conjuração mineira: novos aspectos. *Estudos Avançados*, v. 3, n. 6, 1989, p. 4-24. Disponível em: https://www.scielo.br/j/ea/a/wDzPGXqrjV6rJYHyNbsxRXq/?format=pdf&lang=pt. Acesso em: 7. fev. 2022.

MEIRELLES, Juliana Gesuelli. *A família real no Brasil*: política e cotidiano (1808-1821) [on-line]. São Bernardo do Campo: Ed. UFABC, 2015. Disponível em: https://books.scielo.org/id/j56gd. Acesso em: 1 mar. 2022.

MENCK, José Theodoro Mascarenhas (org.). *O constitucionalismo e o fim do absolutismo régio*. Brasília: Edições Câmara, 2020.

MONGLAVE, Eugène de. *Correspondance de Don Pèdre Premier, Empereur Constitutionnel du Brésil, avec le Feu Roi Don Jean VI, son Père, durant les Troubles du Brésil*. Paris: Tenon, 1827.

MONTEIRO, Tobias. *História do Império*: a elaboração da Independência. 2 v. Belo Horizonte: Itatiaia, 1981.

MORAIS, A. J. de Melo. *História do Brasil Reino e do Brasil Império*. 2 v. Belo Horizonte: Itatiaia; São Paulo: Edusp, 1982.

MORAIS, A. J. de Melo. *História do Brasil-Reino e Brasil-Império, v. 1*. Rio de Janeiro: Pinheiro, 1871.

MOREIRA, Neuracy Maria de Azevedo. Maria Quitéria. *Resgate de Memória*, n. 2, jul. 2014. Disponível em: http://200.187.16.144:8080/jspui/bitstream/bv2julho/840/1/RM_n02_Maria%20Quit%C3%A9ria.pdf. Acesso em: 29 mar. 2022.

MOREL, Marco. *Frei Caneca*: entre Marília e a pátria. Rio de Janeiro: FGV, 2000.

NEVES, Lúcia Maria Bastos Pereira das; MACHADO, Humberto Fernandes. *O Império do Brasil*. Rio de Janeiro: Nova Fronteira, 1999.

NOGINO, Silvia Braga. *A educação no período colonial brasileiro no século XVIII*: o caso da Capitania de Minas Gerais. Orientador: Rosilene Ribeiro. 2010. Dissertação (Monografia de especialização em Cultura e Arte Barroca) – Instituto de Filosofia, Artes e Cultura, Universidade Federal de Ouro Preto, Ouro Preto. Disponível em: https://www.monografias.ufop.br/bitstream/35400000/824/1/MONOGRAFIA_Educa%C3%A7%C3%A3oPer%C3%ADodoColonial.pdf. Acesso em: 7 fev. 2022.

NORTON, Luís. *A corte de Portugal no Brasil*. 2. ed. São Paulo: Ed. Nacional, 1979.

OBERACKER Jr., Carlos H. *A imperatriz Leopoldina*: sua vida e sua época. Ensaio de uma biografia. Brasília: Conselho Nacional de Cultura; Rio de Janeiro, IHGB, 1973.

OBERACKER Jr., Carlos H. Comentários às cartas da imperatriz Leopoldina a João Martinho Flach. *Revista do Instituto Histórico e Geográfico de São Paulo*, v. 93, 1997.

OBERACKER Jr., Carlos H. O Grito do Ipiranga – Problema que desafia os historiadores: certezas e dúvidas acerca de um acontecimento histórico. *Revista de História*, FFLCH/USP, n. 92, 1972.

OBERACKER, Jr., Carlos H. *O movimento autonomista no Brasil.* Lisboa: Cosmos, 1977.

OLIVEIRA LIMA, Manuel de. *D. João VI no Brasil.* 2 v. Rio de Janeiro: Jornal do Commercio, 1908.

OLIVEIRA LIMA, Manuel de. *O Império brasileiro.* São Paulo: Edusp, 1989.

OLIVEIRA LIMA, Manuel de. *O movimento da Independência.* Edição fac-similar. Brasília: Fundação Alexandre de Gusmão, 2019.

OLIVEIRA, Cecília Helena de Salles. *A Independência e a construção do Império, 1750-1824.* São Paulo: Atual, 1995.

PAPAVERO, Nelson. *Gentílicos derivados de "Brasil" e o "Português de torna-viagem" em fontes portuguesas dos séculos XVI, XVII e XVIII.* São Paulo: NEHiLP/FFLCH/USP, 2019. E-book. Disponível em: http://www.usp.br/nehilp/arquivosdonehilp/NEHiLP_17.pdf. Acesso em: 7 mar. 2022.

PASIN, José Luiz. *A jornada da Independência.* Guaratinguetá: Vale Livros, 2002.

PEIXOTO, José Maria. Duas palavras sobre d. Pedro I na época da Independência. *Revista do IHGB*, v. 56, parte II, 1893.

PEREIRA, Ângelo. *D. João VI, príncipe e rei, v. 3*: a Independência do Brasil. Lisboa: Empresa Nacional de Publicidade, 1956.

PEREIRA, Antônio Celso Alves. A diplomacia portuguesa no Congresso de Viena – 1815. *Revista do IHGB*, Rio de Janeiro, ano 177, n. 470, p. 77-96, jan.-mar. 2016.

PINHEIRO FERREIRA, Silvestre. Memórias e cartas biográficas [primeira parte]. *Anais da Biblioteca Nacional*, v. 2, Rio de Janeiro, Leuzinger e Filhos, 1877, p. 247-314.

PINTO, Raymundo. Maria Quitéria e o dois de julho. *Direito UNIFACS – Debate Virtual*, n. 151, 2013. Disponível em: https://revistas.unifacs.br/index.php/redu/article/view/2459/1803. Acesso em: 29 mar. 2022.

PRADO, J. F. de Almeida. *Tomas Ender: pintor austríaco na corte de d. João VI no Rio de Janeiro*. São Paulo: Nacional, 1955. Brasiliana Grande Formato, 7.

REIS, Arthur Ferreira. Os corcundas e os periquitos: a visão áulica sobre a Revolta dos Periquitos na Bahia. *In*: Anais dos VI Congresso Internacional Ufes/Paris-EST, 2017. Disponível em: https://periodicos.ufes.br/ufesupem/article/view/18040. Acesso em: 28 mar. 2022.

REIS, João; KRAAY, Hendrik. "The Tyrant is Dead!" The Revolt of the Periquitos in Bahia, 1824. *Hispanic American Historical Review*, v. 3, n. 84, jul. 2009.

REVOLTA dos Periquitos – Salvador, Bahia. Impressões Rebeldes [on-line]. Disponível em: https://www.historia.uff.br/impressoesrebeldes/?revoltas_categoria=1824-revolta-dos-periquitos-salvador-bahia. Acesso em: 28 mar. 2022.

REZZUTTI, Paulo. *D. Leopoldina, a história não contada*: a mulher que arquitetou a Independência do Brasil. São Paulo: LeYa Brasil, 2017.

REZZUTTI, Paulo. *D. Pedro II, a história não contada*: o último imperador do Novo Mundo revelado por cartas e documentos inéditos. São Paulo: LeYa Brasil, 2019.

REZZUTTI, Paulo. *D. Pedro, a história não contada*: o homem revelado por cartas e documentos inéditos. São Paulo: LeYa Brasil, 2015.

REZZUTTI, Paulo. *Domitila*: a verdadeira história da marquesa de Santos. 2. ed. São Paulo: Geração, 2017.

REZZUTTI, Paulo. *Mulheres do Brasil, a história não contada*. São Paulo: LeYa Brasil, 2018.

RICUPERO, Rodrigo. O estabelecimento do exclusivo comercial e a conformação do antigo sistema colonial no Brasil. *História*, v. 35, e100, 2016. Disponível em: https://www.scielo.br/j/his/a/fv6Nn7yZPzpYHskJ3gcHmjs/. Acesso em: 26 jan. 2022.

RODRIGUES, José Honório. *Independência*: revolução e contra-revolução. 5 v. Rio de Janeiro: Francisco Alves, 1975-6.

SACRAMENTO, José Antônio de Ávila. *Da Corte, passando por Barbacena e São Francisco do Onça, até a Vila de São João Del-Rei*. [201-]. Disponível em: http://www.patriamineira.com.br/imagens/img_noticias/152144290614_Viagem_do_Principe_D._Pedro_a_

Minas_Gerais,_em_1822,_passando_por_Barbacena_e_pelo_distrito_sao-joanense_de_Sao_Francisco_do_Onca.pdf. Acesso em: 23 mar. 2022.

SANTOS, Guilherme de Paula Costa. *No calidoscópio da diplomacia*: formação da monarquia constitucional e reconhecimento da Independência e do Império do Brasil, 1822-1827. Orientador: Cecília Helena L. Salles Oliveira. 2015. Tese (Doutorado em História Social) – Faculdade de Filosofia, Letras e Ciências Humanas, da Universidade de São Paulo, São Paulo. Disponível em: https://www.teses.usp.br/teses/disponiveis/8/8138/tde-01072015-142741/publico/2015_GuilhermeDePaulaCostaSantos_VCorr.pdf. Acesso em: 31 mar. 2022.

SILVA, Francisco Gomes da. *Memórias do conselheiro Francisco Gomes da Silva (o Chalaça)*. 2. ed. Rio de Janeiro: Souza, 1959.

SILVA, João Paulo Ferreira da. *Primeira invasão francesa 1807-1808*: a invasão de Junot e a revolta popular. Lisboa: Academia de Ciências de Lisboa, 2012. Disponível em: http://www.acad-ciencias.pt/document-uploads/1679225_primeira_invasao_francesa_1807-1808.pdf. Acesso em: 24 fev. 2012.

SOUSA, Otávio Tarquínio de. *A vida de d. Pedro I*. 3 v. Rio de Janeiro: José Olympio, 1952.

SOUSA, Otávio Tarquínio de. *Fatos e personagens em torno de um regime*. Belo Horizonte: Itatiaia; São Paulo: Edusp, 1988.

SOUSA, Otávio Tarquínio de. *José Bonifácio*. Brasília: Senado Federal, 2015. História dos Fundadores do Império do Brasil, 1.

TAUNAY, Afonso de E. *A história da cidade de São Paulo*. Brasília: Senado Federal, 2004.

TAUNAY, Afonso de E. Depoimentos vários sobre a corte de D. Pedro I e sobre este monarca. *In*: TAUNAY, Afonso de E. *Do reino ao império*. São Paulo: Diário Oficial, 1927.

TOSTES, Vera Lúcia Bottrel (org.). *Um novo mundo, um novo império*: a corte portuguesa no Brasil, 1808-1822. Rio de Janeiro, MHN, 2008.

VARNHAGEN, Francisco Adolfo de. *História da Independência do Brasil*. Brasília: Senado Federal, 2010.

VIANNA, Hélio. *D. Pedro I e d. Pedro II*: acréscimos às suas biografias. São Paulo: Ed. Nacional, 1966.

VIANNA, Hélio. *D. Pedro I jornalista*. São Paulo: Melhoramentos, 1967.

VIANNA, Maíra Moraes dos Santos Villares. O império luso-brasileiro em perspectiva: impressos e censura nas primeiras décadas do século XIX. *In*: Anais do XIII Encontro Estadual de História [on--line], Anpuh-PE, 15 a 19 de setembro de 2020. Disponível em: https://www.encontro2020.pe.anpuh.org/resources/anais/22/anpuh-pe-eeh2020/1601320869_ARQUIVO_0738633ae9f8befee778b15b8e68799b.pdf. Acesso em: 26 jan. 2022.

WITTE, Cláudia Thomé. *Etiqueta da corte e rituais de aparato no período joanino brasileiro*. 2015. No prelo.

ZALUAR, Emilio. *Peregrinação à província de São Paulo*. 2ª ed. São Paulo: Cultura, 1943.

Em www.leyabrasil.com.br você tem acesso a novidades e conteúdo exclusivo. Visite o site e faça seu cadastro!

A LeYa Brasil também está presente em:

 facebook.com/leyabrasil

@leyabrasil

instagram.com/editoraleyabrasil

LeYa Brasil

ESTE LIVRO FOI COMPOSTO EM MINION PRO,
CORPO 11 PT, PARA A EDITORA LEYA BRASIL